MW01392379

بارقة أمل

من المحنة إلى العزيمة

مذكرات

بقلم

عادل بن هرهرة

تحرير: سمر فتح الله

❖❖❖❖

المجلد الثالث - الولايات المتحدة وكندا

حقوق النشر © 2024 من قبل شركة كتب عادل.

كل الحقوق محفوظة.

لا يجوز استنساخ أي جزء من هذا الكتاب أو نقله بأي شكل أو بأي وسيلة دون إذن كتابي من المؤلف.

اقتباسات الكتاب المقدس مأخوذة من الكتاب المقدس، النسخة® الدولية الجديدة، NIV® حقوق الطبع والنشر © 1973، 1978، 1984، 2011 بواسطة Biblica, Inc.® مستخدمة بإذن. جميع الحقوق محفوظة في جميع أنحاء العالم.

تصميم الغلاف: جانا راد

ISBN طباعة ردمك: 978-1-7780233-0-9

ISBN الكتاب الإلكتروني: 978-1-7780233-1-6

ISBN مسموع: 978-1-7780381-5-0

تنويه

على الرغم من أنني بذلت قصارى جهدي لضمان صحة المعلومات الواردة في هذا الكتاب وقت النشر، إلا أنني لا أتحمل، وأتنصل هنا من أي مسؤولية تجاه أي طرف عن أي خسارة أو ضرر أو اضطراب ناتج عن أخطاء أو سهو، سواءً أكان ذلك نتيجة للإهمال أم الحادث أم أي سبب آخر.

لقد حاولتُ إعادة سرد الأحداث والأماكن والمحادثات من ذاكرتي. لحماية الخصوصية، في بعض الحالات قمت بتغيير أسماء الأفراد والأماكن وبعض الخصائص والتفاصيل المميزة مثل التواريخ والخصائص الفيزيائية والمهن وأماكن الإقامة.

لا ينبغي استخدام هذا الكتاب كنص مرجعي ديني، أو تاريخي، أو جغرافي، أو سياسي. المعلومات والآراء والتفاصيل حول الدين والتاريخ والسياسة والجغرافيا المقدمة في هذا الكتاب تهدف فقط إلى تعزيز قصتي، وليست للتعليم.

المصطلحات "جنوب عربي"، "شبه الجزيرة العربية"، "عرب"، "عربي"، "عرب"، و"عربية" تشير فقط إلى اليمنيين وبلد اليمن.

المصطلح "اليمن" يشير إلى البلد بعد توحيد شمال وجنوب اليمن في عام ١٩٩٠.

تفاني

إلى ابنتيَّ، لينا وسمر، لإعطائي سببًا للعيش.

إلى الأمهات الستة اللواتي ربينني: وينيشت، ورقية، وإميبيت، ومريم، وزينب، وفطومة. والأم الأمريكية التي "تبنتني"، نورما.

إلى مؤيديَّ الرئيسيين خلال فترة وجودي في الولايات المتحدة: كاثلين وارنر ودينيس ماير.

ولأولئك الذين يلعبون دورًا في إضافة الكثير من الإيجابية إلى حياتي الحالية في كالجاري، والذين تم إدراجهم في قسم شكر وتقدير.

المحتويات

استهلال.. ١١
المدخل ١٤
المقدمة ١٥
أحداث الحياة الرئيسية ١٧
المجلد الأول.. ١٧
الأول: في مرحلة انتقالية ٢٣
الثاني: التعليم في بيئة جديدة ٢٩
الثالث: الاستقرار.. ٣٧
الرابع.. ٥٥
أسرار الفتيات ٥٥
الخامس.. ٦٧
توطيد العلاقات ٦٧
السادس.. ٨٣
الزواج المزيف ٨٣
السابع ٩٣
اللجوء الطائش ٩٣
السابع ١٠٩
اعتناق دين آخر.. ١٠٩
التاسع ١٢٥
الخروج الطوعي.. ١٢٥

٨

العاشر	١٣١
في طي النسيان	١٣١
الجزء الثاني.. الحادي عشر	١٣٧
مرحبًا بك في كندا	١٣٧
الثاني عشر	١٤٥
حقوقها، في مواجهة مظهري	١٤٥
الثالث عشر	١٥٣
هنا اكتشفتُ مجتمعي	١٥٣
الرابع عشر	١٦٣
أولويات الأبوّة	١٦٣
الخامس عشر	١٧١
الارتقاء الوظيفي والمهني	١٧١
السابع عشر	١٨٣
مهمة دولية	١٨٣
التاسع عشر	١٩٩
القصور الثقافي	١٩٩
العشرين	٢١٥
تربية المراهقين	٢١٥
الحادي عشر	٢٣٣
تواصل بوسني	٢٣٣
الثاني عشر	٢٣٧

مداواة الجبال	٢٣٧
الثالث والعشرون	٢٥٩
الجبال تلقي بظلالها	٢٥٩
الرابع والعشرون	٢٦٥
أصبح نمطًا متكررًا	٢٦٥
الخامس والعشرون	٢٩٣
منخفض داناكيل ٢٠٢٠	٢٩٣
السادس والعشرون	٣٠١
شلالات النيل الأزرق مع ابنئَّي	٣٠١
كتب أخرى في هذه السلسلة	٣٠٦
الاعترافات	٣٠٨
خاتمة	٣٠٩
Bibliography	٣٢٥

استهلال

"إنما ينظر إليك الأغبياء والكذابون الماهرون في العينين ويقدمون إجابات بسيطة على أسئلة معقدة، فالواقع ليس بسيطًا".

الاقتباس السابق لا يُنسب إلى أي شخص أعرفه. صغته لقصة أكتبها منذ سنوات وتتألف من واحد عشرين كلمة فقط. لا أزال غير متأكد مما إذا كنت قد وضعتها بشكل صحيح. قد تتغير.

ما لن يتغير هو أن عادل بن هرهرة كان أحد الأشخاص الذين أُلهِموا هذا الاقتباس. ولدتُ ونشأتُ في جنوب تكساس عندما كانت المدارس العامة لا تزال مفصولة وكان الأولاد البيض مثلي يرتدون القبعات "جوني ريب" الرمادية أثناء لعبهم دور الجنود في الحرب الأهلية. تعلمت أن "انظر إلى الرجل في العينين وقدِّم إجابة صادقة" عند الرد على الأسئلة. أعتقد أنني فعلت ذلك. أحيانًا وما زلت أفعل. في وقت لاحق، تبيَّن لي أنه بينما قد يكون إظهار اليقين جيدًا، هناك مناسبات تحتاج فيها إلى استجابة أكثر قياسًا. ألوم تعليمي في الهندسة النووية على هذا التغيير في النظرة. فالفيزياء النووية محكومة بالاحتمالات بدلًا من السبب والنتيجة البسيطة. بمجرد أن بدأ عقلي في التفكير في الاحتمالات بدلًا من الحتمية الثنائية، بدأت في تساؤل عن قيمة الإجابات البسيطة على الإطلاق. بدأت ألاحظ أن الأشخاص الذين ينظرون إليَّ ويضمنون شيئًا كانوا على خطأ على الأقل بنفس حدوث الصواب. استنتجت أن الشخص الذي لا يحوِّل نظره قبل الإجابة على سؤال ليس لديه إجابة بسيطة إما (أ) لا يعرف عمَّا يتحدث أو (ب) يكذب.

بعد سنوات، كنت في بويسي، أيداهو، أدير مشروعًا في تكنولوجيا المعلومات لشركة ساينتك إنك.، شركة استشارات ستصل قريبًا إلى قائمة "فورتشن

٥٠٠". كان لدينا عقد لكتابة وصيانة البرمجيات المستخدمة في برنامج إطفاء الحرائق في البرية التابع لخدمة الحدائق الوطنية، جزء من المركز الوطني لمكافحة الحرائق العابرة، الموجود في بويسي. التقيت بعادل بن هرهرة. تفاصيل هذا اللقاء قد هربَتْ من ذاكرتي، لكن نقطتين رئيسيتين تبرزان: الأولى أن عادل كان شابًا هادئ الكلام، يذكرني في ملامحه بشخص رأيته فقط في الصور: هيلا سيلاسي، الإمبراطور السابق لإثيوبيا. الانطباع الثاني كان قبل أن يجيب على سؤال يتطلب تفكيرًا، ينظر عادل بعيدًا للحظة. بدلًا من تكرار شعار مهترئ والاختباء وراءه على أمل الظهور بعلمانية، خفض عادل بن هرهرة نظره، فكر، اقترنت له الإجابة، ثم تحدث. لم أعتَد على مثل هذا السلوك، لكنني عرفت ما أعاني في استرجاع مدة عمل عادل معي. في كتاب "بارقة أمل"، يقول إنها كانت ثمانية عشر شهرًا، ويبدو أن هذا الرقم منطقيًا. لم تُخلق ذاكرتي لتسجيل تفاصيل مثل هذه.

بعد وقت قضاه مع ساينتك، عمل عادل في مكتبة ولاية أيداهو. بقينا على اتصال. التقيت بريتشارد ويلسون، الذي كان رئيس عادل في المكتبة، ومع الوقت، تعرفت على المشاكل التي كان يواجهها عادل مع خدمة الهجرة والجنسية الأمريكية. أتذكَّر بشكل غامض أن هناك قيودًا على تأشيرة دراسته. أتذكر أيضًا شيئًا عن الزواج. تاركًا التفاصيل تهجرني، لكنني أتذكر أنني كنت غاضبًا بسبب ما رأيته كمحاولة بيروقراطية لترحيل شخص مُفكِّر مثله، التي تحتاج أمريكا إلى المزيد منه. وبصفتي نسل من الجيل الثاني لمهاجرين ألمان يعملون في الزراعة، أحترم كثيرًا تلك النفوس الشجاعة التي أتت إلى هنا لتبدأ حياة جديدة في هذا البلد.

أتذكر أنني حررت شيكًا وأرسلته إلى محامٍ كان يمثل عادل. وذهب كل هذا هباء؛ رحل عادل، لكنه عاد لاحقًا إلى شمال أمريكا، واختار كندا، الجارة

بارقة أمل

الشمالية الأكثر تحضرًا للولايات المتحدة، كوطن له. عندما تواصلنا مجددًا، كان (وما زال) يعيش في كالجاري، ألبرتا. في نقطة ما، أصبحنا أصدقاء على فيسبوك، ورأيت الشاب المفكر الذي كنت أعرفه يربي عائلة، ويبني مسيرة مهنية ناجحة، ويسافر حول العالم، ومثلي، يفقد شعره.

كنت أعتقد أنني سأزور كالجاري لأزور عادل بحلول الآن. لكن الحياة لديها طريقة للتدخل، ما بين تربية ابني، ورعاية والديّ المسنين، ومواجهة السرطان، وتحمُّل جائحة (وباء)، و(الآن) رعاية الحيوانات الأليفة المسنة، الوقت قد تسرَّب بعيدًا. وبالرغم من كل ذلك، إذا التقيت بعادل بن هرهرة مجددًا، فأتوقع أن أترك ثلاث انطباعات -أكثر بواحدة من المرة السابقة! - انطباعي الأول سيكون أن هذا الرجل الناضج الذي حل محل الشاب عادل بشكل غامض لا يزال يَذكُرني قليلًا بهيلا سيلاسي ولكن بشعر أقل. أما عن انطباعي الثاني، سيكون أنه لا يزال يفكر قبل أن يتحدَّث، ينظر بعيدًا الآن ومن ثم كما يفعل الأشخاص المفكرين. وانطباعي الثالث هو أنني كنت محظوظًا لمقابلة عادل بن هرهرة، أحد أولئك البشر الفريدين الذين لن يقدموا إجابات بسيطة على الأسئلة المعقدة.

دينيس ماير، بويسي، أيداهو، مايو ٢٠٢٢

المدخل

عندما تبدأ في قراءة الجزء الأخير من مذكراتي المكونة من ثلاثة أجزاء، شعرتُ أنه من الضروري أن أطلعك على حياتي المبكرة. بعد انفصالي عن والدتي الإثيوبية وأنا طفل صغير، أصبحت يتيمًا فعليًا في سن الخامسة عندما تُوفيِّ والدي. ذهبت للعيش مع خالي، الذي بدَّد نصيبي من إرث والدي ثم اختفى، تاركًا إياي صبيًا مشردًا في سن الثامنة. نظرًا لأن والدتي لم تتمكن من مساعدتي ودعمي، عشت في الشوارع لمدة ثلاث سنوات حتى أخذتني خالتي إيمبيت، أخت والدتي.

كشاب في إثيوبيا الماركسية، تم سجني لمشاركتي في حركة الشباب التابعة للحزب الشيوعي. بالكاد نجوت من رصاص فرقة الموت (زوار الليل) قبل أن أتحرك إلى أرض أسلاف والدي: اليمن. كنت في الخامسة عشرة من عمري عندما غادرت إثيوبيا إلى اليمن. استمرت معاناتي في شمال اليمن، حيث عانيت من التحيز والتمييز العنصري وآثار الحروب الأهلية. كنت أقاتل باستمرار من أجل الحقوق المتساوية والمواطنة. من سن السادسة عشرة إلى الثانية والعشرين كانت فترة تحمَّلت فيها معاملة قاسية لأنني كنت أرتدي بشرة داكنة، ولدتُ في شرق إفريقيا، ولم أتمكن من الاندماج في مجتمع متخلف يعيش وفقًا للتقاليد الثقافية البدائية. كشاب في الثانية والعشرين من عمري، قررتُ الانتقال إلى الولايات المتحدة لمتابعة درجة جامعية وحلمي بحياة أفضل.

بارقة أمل

المقدمة

على الرغم من النكسات والمصائب التي يواجهها الإنسان، من طبيعة البشر أن يكونوا متفائلين. أعتقد أن هناك جانبًا مضيئًا لفقدان والدي عندما كنت في الخامسة من عمري، والانفصال عن والدتي، ومواجهة الأوقات الصعبة في إثيوبيا واليمن والولايات المتحدة. فأنا من المحظوظين لأنني أعيش في كندا حياة مستقرة وأعتني بأطفالي. أستطيع أن أركز على الجوانب الإيجابية في الحياة من خلال تنمية الامتنان ومواصلة الفضول تجاه الطبيعة. أنا رجل سعيد، لأنني ممتن. أختار أن أكون متبنيًا لموقف الامتنان! هذا الامتنان يسمح لي بأن أكون سعيدًا.

قال قاضي المحكمة العليا الأمريكية أوليفر وندل هولمز الابن ذات مرة: "الشيء العظيم في هذا العالم ليس مكان وقوفك بقدر ما هو الاتجاه الذي تتحرك نحوه." عندما كنت مراهقًا، قررت أن أتحرك نحو الغرب، بالمعنى الحرفي والمجازي على حد سواء. لم أعتقد أن الغرب أفضل من الشرق، لكنني ركزت على الفرص الأفضل التي قدمها لي الغرب "التعليم والحقوق الإنسانية الأساسية". العيش في أمريكا الشمالية لم يمحُ ذكرياتي وقيمي القوية من شبابي، لكنه أعاد تشكيل شخصيتي ومنظوري. بلا شك، أصبح الغرب هو الجانب المضيء في حياتي!

بينما أكتب هذا الكتاب، أنا محترف يبلغ من العمر اثنين وستين عامًا وأقترب من التقاعد. في هذه المرحلة من حياتي، أود أن أقول إن هناك جانبًا إيجابيًا لكل صراع، وأنه من الصعب في بعض الأحيان جعل الفضة تلمع. ومن الصحيح أيضًا أنه لن يكون هناك جانب مضيء بدون الغموض. لذلك، قد أضيف أن البقاء على قيد الحياة هو ما حدد ماضيي، لكن المثابرة هي

ما ستستمر في تشكيل مستقبلي. أوافق تمامًا مع المؤلف جيمس ألين، الذي قال: "قد تكون ظروفك غير مواتية، لكنها لن تظل كذلك لفترة طويلة إذا أدركت فقط فكرة مثالية وسعيت لتحقيقها. لا يمكنك السفر داخليًا والوقوف ثابتًا خارجيًا." كل مصيبة تقدم دليلًا ثمينًا على ما سيأتي بعد.

أحداث الحياة الرئيسية

المجلد الأول

١٩٦٢- ولدتُ في أديس أبابا، إثيوبيا.

١٩٦٤- انفصلتُ عن والدتي وبدأتُ أعيش مع زوجة أبي وأبي.

١٩٦٧- تُوفِّي والدي بسبب تليف الكبد.

١٩٦٧- بدأت دراسة اليهودية والإسلام.

١٩٧٠- بـدَّ خـالي تركـة والـدي واختفـى. تخـلَّى عنـي. غـادرت لمـدة عامـين دون منـزل أو أحـد الوالديـن.

١٩٧١- أنقذتني خالتي وعشتُ معها حتى عام ١٩٧٨.

١٩٧٢- التحقتُ بمدرسة الكتاب المقدس الإنجيلية حتى عام ١٩٧٤.

١٩٧٦- اعتقلـتُ واحتجـزتُ ثـلاث مـرات خـلال عامـي ١٩٧٦ و١٩٧٧ لكـوني عضـوًا في حـزب شـيوعي (فرع الشـباب).

١٩٧٨- انتقلتُ إلى شمال اليمن.

بارقة أمل

المجلد الثاني[1]

١٩٧٨- أكملت دراستي الثانوية في تعز، شمال اليمن، ثم عشت في الحديدة، شمال اليمن.

١٩٨١- انتقلتُ إلى صنعاء، شمال اليمن، وبدأتُ العمل في وكالة تنمية المساعدات الأمريكية.

١٩٨١- قمتُ برحلات متكررة إلى جنوب اليمن الشيوعي على مدى السنوات الثلاثة التالية لزيارة الأقارب.

١٩٨٣- قمت بالحج والعمرة إلى مكة المكرمة، المملكة العربية السعودية.

١٩٨٤- انتقلتُ إلى الولايات المتحدة لدراسة علوم وهندسة الحاسوب.

١٩٩٢- عدتُ إلى اليمن (تم توحيد الشمال والجنوب بحلول هذا الوقت).

١٩٩٤- نجوتُ من الحرب الأهلية اليمنية.

١٩٩٥- تزوجتُ امرأة من جنوب اليمن.

---

(١) ينقسم المجلدان الثاني (اليمن) والثالث (الولايات المتحدة وكندا) إلى قسمين؛ حيث عشت في الولايات المتحدة بين الفترتين اللتين عشت فيهما في شمال اليمن، ثم انتقلت إلى كندا.

المجلد الثالث

١٩٨٥ تزوجتُ من امرأة أمريكية للحصول على وضع الإقامة في الولايات المتحدة. بعد فترة وجيزة، احتجزتني دائرة الهجرة والتجنيس وفقدتُ وضع الإقامة والطالب في الولايات المتحدة. (سرعان ما تم إلغاء الزواج).

١٩٨٧ متورط في مستنقع قانوني دام ست سنوات في السعي للحصول على اللجوء السياسي في الولايات المتحدة.

١٩٩٦- انتقلتُ إلى كندا.

١٩٩٦- ولدتُ ابنتي الأولى.

٢٠٠٣- ولدتُ ابنتي الثانية.

٢٠٠٦- حصلتُ على درجه الماجستير في إدارة الأعمال.

٢٠١٠- أنهيت زواجًا دام خمسة عشر عامًا؛ لمتُ شملهما مع الأم البيولوجية.

٢٠١٤- ركضتُ أول ماراثون لي في كالجاري، تلاه ثلاثين ماراثونًا آخر منذ ذلك الحين، بما في ذلك الستة الكبرى: بوسطن، وشيكاغو، وبرلين، ولندن، ونيويورك، وطوكيو.

٢٠١٧- تسلقت جبل كليمنجارو.

٢٠٢٠- زرتُ أكثر الأماكن سخونة وأدنى نقطة على هذا الكوكب: منخفض داناكيل، دالول.

٢٠٢٢- نشرتُ أول كتابين:" أن لا تملك شيئًا، والأمل في السماء".

٢٠٢٤- أكملت سباقات الماراثون العالمية الستة الكبرى

٢٠٢٤- نشرتُ كتابي الثالث: بارقه امل.

الأول: في مرحلة انتقالية

"الحلم الأمريكي". تلك الكلمتان القصيرتان والبسيطتان تشملان آمال وتطلعات جميع شعوب الأرض. الكلمات ليست فقط قصيرة وبسيطة، بل هي هشة أيضًا.
- روس بيروت، رجل أعمال أمريكي ومرشح رئاسي سابق.

عندما كنتُ مراهقًا، كان أساس حلمي الأمريكي مبنيًا على الحرية؛ حرية الدين واللغة والممارسات الثقافية؛ الحرية في اختيار ما إذا كنت أرغب في تعلم أو طاعة القواعد الدينية بدلًا من فرضها عليّ؛ الحرية من أن أكون مقيدًا بقيم ثقافية معينة، بعضها كان غير مقبول بالنسبة لي. كان الغرب هو المكان الذي اعتقدت أن الفردية تزدهر فيه على عكس نمط الحياة المجتمعية التي عشتها في إثيوبيا واليمن، حيث كان المجتمع يفرض كل شيء عليّ.

كما كان الحلم الأمريكي يعني الفرص للتعليم المتقدم وخيارات مهنية متنوعة. كنت أعتقد أن غالبية المؤسسات التعليمية ستكون متاحة لي، وأنني سأحظى بعدد لا يُحصى من البرامج للاختيار من بينها. ولكن عندما غادرت اليمن لمتابعة دراستي الجامعية في الولايات المتحدة، تسلل الشك إلى نفسي.

جامعة بلغة أخرى؟

لقد حلمتُ بهذا طوال حياتي، والآن يحدث. لكن ماذا لو فشلت؟ ماذا لو لم يكن مستواي في اللغة الإنجليزية جيدًا بما يكفي لإكمال دوراتي؟

كيف يمكنني تحمُّل هذا؟ لديَّ ما يكفي من المال لسنتين فقط. لن أتمكن من إكمال دراستي الجامعية إلا إذا وجدتُ طريقة لدفع تكاليف النصف الثاني من دراستي. ماذا لو اضطررتُ للعودة إلى اليمن بعد عامين فقط لأنني لا أستطيع دفع بقية تكاليف دراستي؟

ماذا لو كان معلمي في برنامج اللغة الإنجليزية كلغة ثانية في اليمن محقًا؟ ماذا لو لم تكن الولايات المتحدة هي أرض الآمال والأحلام للمهاجرين كما كنت أتصور دائمًا؟ ماذا لو كان التمييز العنصري الذي واجهتُه في شمال اليمن في السنوات الماضية هيِّنًا مقارنةً بكيفية معاملة الأمريكيين لي؟

هل بالغتُ في تقدير قدرتي على العيش في ولاية أيداهو؟ ماذا أعرف حقًا عن الولايات المتحدة وأيداهو؟

ماذا لو كرهت الطعام؟ الطعام ضروري للبقاء على قيد الحياة. ماذا لو لم أجد أي شيء يعجبني لأكله؟

وماذا عن المناخ؟ لم أرَ الثلج من قبل في حياتي. أعلم أن الأمريكيين والكنديين والأوروبيين جميعهم يتأقلمون مع الشتاء البارد، ولكن ربما لن يتمكن جسدي من التكيُّف.

❖❖❖❖

في سنواتي اللاحقة كشخص بالغ، سمعتُ مقولةً من مغني الروك بيلي أيدول: "إذا لم يسمح لك عالمك بأن تحلم، فانتقل إلى عالم يمكنك فيه ذلك."

بارقة أمل

العوالم التي عشت فيها خلال أول اثنين وعشرين عامًا من حياتي -إثيوبيا واليمن- لم تسمح لي بالحلم، لذا انتقلتُ إلى حيث يمكنني ذلك.

الوجهة: الولايات المتحدة

في الخامس من يوليو عام ١٩٨٤، وفي سن الثانية والعشرين، صعدتُ على متن طائرة متجهة إلى الولايات المتحدة عبر إيطاليا (روما) وألمانيا (بون). كنت مضطربًا عاطفيًا عندما انهارت أختي منى في مطار صنعاء الدولي. حتى ذلك الحين، لم يكن أحد في عائلتي أو دائرة أصدقائي يعرف أن وجهتي هي الولايات المتحدة وأنني لم أكن أنوي العودة إلى شمال اليمن. عدد قليل فقط من زملائي الأمريكيين كانوا يعرفون خططي الحقيقية. كانت الحكومة اليمنية تُجنِّد الرجال للخدمة العسكرية، لذلك لم تكن تسمح للشباب بمغادرة البلاد. قمتُ بجميع الترتيبات في الخفاء باستثناء طلب مساعدة بعض زملائي الأمريكيين.

أصبحَتْ منى على دراية بحقيقتي عندما أوصلتني إلى رحلتي. كانت قد قادتني إلى المطار، معتقدةً أنها تودِّعني لزيارة إلى إثيوبيا. انهارت بالبكاء عندما أخبرتُها أن وجهتي النهائية هي الولايات المتحدة. بكت كما لو أنني توفيتُ. في تلك اللحظة، أدركَتْ أنني لا أنوي العودة إلى اليمن. لفَتَ نحيبها انتباه موظفي المطار.

"هل توجد مشكلة ما؟" سأل الموظفون منى.

"إنها تفتقد والدتها ولا تستطيع الطيران معي إلى إثيوبيا لزيارتها"، هذا ما أخبرتُهُمْ به وقبلوا تفسيري وسمحوا لي بالمغادرة.

كانت التوقفات في روما وبون بسبب الحاجة لزيارة صديقين. خلال أوائل

الثمانينات، قابلت رجلين استخدما شمال اليمن كملجأ قبل أن يُمنحا حق اللجوء السياسي في أوروبا: محامٍ من الصومال يُدعى عبدي، ومهندس من إريتريا يُدعى برهان كنت بحاجة لرؤية كيفية عيش هؤلاء الرجال، حيث كنتُ بالكاد أعرف كيف أعيش ضمن المجتمع الغربي وأردت أن أتعلم من وجهات نظرهم وتجاربهم.

بعد استقلال إريتريا عن إيطاليا، بين عامي ١٩٤٢ و١٩٩٠، تم ضم إريتريا كجزء من إثيوبيا. برهاني، أول شخص تعاملتُ معه في مكان عملي في الوكالة الأمريكية للتنمية الدولية، كان يعيش في نفس المجمع السكني الذي كنت أعيش فيه. خلال تلك الفترة، كانت هناك معركة نشطة لتحرير إريتريا من إثيوبيا، وكان العديد من مقاتلي الحرية ينشطون في الدول المجاورة، بما في ذلك شمال اليمن. برهان، الذي غادر إثيوبيا فجأة إلى اليمن في عام ١٩٧٩ بسبب النزاع، كان مهندسًا مدنيًا وكان لاجئًا في اليمن. قبل حوالي ستة أشهر من مغادرتي إلى الولايات المتحدة، هاجر إلى بون، ألمانيا.

أثناء إقامته في شمال اليمن، كان برهاني وزوجته يدعوانني غالبًا إلى منزلهما. لم تكن زوجته تتحدث الأمهرية أو العربية، ولكن كان بيننا احترام وتقدير متبادل. على الرغم من أنني نصف عربي ونصف إثيوبي أيضًا، وولدت في البلد الذي أرادوا الهروب منه، إلا أنهم رحَّبوا بي كصديق بدون أي تحفُّظات أو تحيُّزات.

عبدي كان محاميًا يمارس مهنته في وطنه (الصومال) وكان قد تدرَّب وتلقَّى الشهادات لممارسة القانون في المملكة المتحدة وإيطاليا. عرّفني مارك هانسن، معلمي وصديقي في شمال اليمن، على عبدي، الذي كان أيضًا يعيش في اليمن كلاجئ. كان هو، مثل برهان، مُموَّلًا من المفوضية السامية للأمم المتحدة لشؤون اللاجئين وتم منحه الموافقة على الهجرة إلى روما، إيطاليا.

كان برهـاني وعبـدي دائمًـا يذكرانني بأولئك الذيـن كانـوا يناضلـون ضـد الحكومة العسكرية الشـيوعية وسُـجنوا معـي في إثيوبيـا بسـبب نشـاطي السـياسي خـلال الثـورة في السـبعينيات. كان الرجـلان يمتلـكان نظـرةً عالميـة وكانـا متمكنَـيْنِ مـن اللغتـين الإنجليزيـة والإيطاليـة. كانـا أفـرادًا مثقفـين أصحـاب فهـم متعمـق للأحـداث والقضايـا العالميـة. كان الاسـتماع إلى مناقشـات مـارك وعبـدي وبرهـان بمثابـة حضـور أفضـل حفلـة موسـيقية حيـة لسـيمفونية سياسـية.

بعـد أسـبوع في ألمانيـا وإيطاليـا، توجهـتُ إلى بويـزي، أيداهـو. كان مـارك قـد اقـترح علـيّ أن أذهـب إلى الجامعـة في بويـزي لأنـه يمكنـه أن يربطنـي بأصدقائـه هنـاك، ولأن التكلفـة كانـت أقـل مـن الجامعـات الأخـرى، فقبلـتُ نصيحتـه. كنـت أظـن أن الرحلـة مـن صنعـاء إلى رومـا (حـوالي سـت سـاعات) والاتصـال ببـون (نحـو سـاعتين إضافيتـين) كانـت طويلـة، لكـن الرحلـة مـن بـون إلى لـوس أنجلـوس كانـت حـوالي اثنتـي عـشرة سـاعة. ومـع ذلـك، لم أشـعر بأنهـا رحلـة طويلـة. عـلى مـتن طائـرة بـان آم، اسـتمتعتُ للمـرة الأولى بوسـائل الترفيـه أثنـاء الطـيران. خـلال تلـك الرحلـة، شـاهدت ثلاثـة عـروض: (الحـب الأبـدي) بطولـة بـروك شـيلدز ومارتـن هيويـت؛ مسرحيـة موسـيقية تُدعـى (الجـزر في التيـار) مـع دولـلي بارتـون وكينـي روجـرز؛ وعـرض ثالـث لا أذكـره.

كنـت قـد شـاهدت "الحـب الأبـدي" في شـمال اليمـن مـن قبـل؛ ولكـن عنـد مشـاهدتها عـلى الطائـرة لاحظـت أنهـا كانـت مختلفـة تمامًـا. النسـخة التـي رأيتهـا في اليمـن كانـت خاضعـة للرقابـة الشـديدة، وتـم تطبيـق قيـود عـلى المشـاهد ذات الطابـع الجنـسي، التـي تتعـارض مـع الثقافـة والديـن الإسـلامي. عـلى الرغـم مـن أنني لا أذكـر أننـي قـرأت شـيئًا عـن هـذا الموضـوع في القـرآن عندمـا كنـتُ طفـلًا، إلا أن هنـاك قانونًـا وضعـه البـشر يحظـر المحتـوى الـذي يؤثـر سـلبًا عـلى النظـام العـام والقيـم الدينيـة والأخـلاق العامـة والخصوصيـة،

والذي قد يتضمن محتوى يروج لاستخدام المخدرات أو الإباحية أو القمار.

خلال العرض على الطائرة، على الرغم من أنني كنت بحاجة ماسة إلى استخدام المرحاض، كان عليّ أن أتحمَّل ذلك كي لا أفوت أي جزء حميم من الفيلم، مثل المشاهد الرومانسية والأفعال الجنسية. إنَّ حظرَ شيء بالقوة يؤدي في النهاية إلى زيادة الرغبة فيه أو الحافز للبحث عنه، فإن الممنوع دائمًا مرغوب.

الثاني: التعليم في بيئة جديدة

التعليم هو جواز السفر إلى المستقبل، لأن الغد ينتمي لأولئك الذين يستعدون له اليوم.

- مالكوم إكس.

قبل مغادرتي شمال اليمن، تلقيتُ ثلاث رسائل قبول: واحدة من جامعة أريزونا في توكسون، وأخرى من جامعة ولاية أوريغون، وثالثة من جامعة ولاية بويزي. كان منظر أريزونا وظروفها الجوية مشابهة لليمن، مما جعلها جذابة بالنسبة لي. أما أوريغون فكانت أكثر الولايات الساحلية خضرة وربما الأجمل من حيث المساحات الخضراء. كانت بويزي أصغرها والأكثر جاذبية من حيث التكيف مع النظام الأمريكي. كما أن تكلفة الرسوم الدراسية والإقامة في أيداهو كانت أقل من الجامعتين الأخريين.

في البداية، كنت أرغب في قضاء فصل دراسي واحد في كل حرم جامعي لفهم البيئات المختلفة. ثم بدأت أشعر بالقلق بشأن النفقات وأن الدورات الدراسية قد لا تُعادَل في الجامعات الأخرى. ربطني الأمريكيون الذين كنت أعرفهم من عملي ببعض الطلاب اليمنيين في الولايات المتحدة، لكنني لم أتمكن من الحصول على معلومات إلا عن جامعة أريزونا من هؤلاء الطلاب؛ لم أكن أعرف أي شخص في الجامعتين الأخيرتين. ولقد أخبرني الطلاب اليمنيون الذين ذهبوا إلى توسين بمنحة دراسية بعض الأشياء جيدة عن الجامعة، ولكنني بدأت أشعر بالقلق من أن أكون جزءًا من تجمع كبير من الطلاب العرب في الحرم الجامعي، حيث كان الهدف الأساسي لمعظم الطلاب الذين قدموا من الشرق الأوسط هو الحفلات... وكنت على دراية

تامة بأفعال وسلوكيات الأطفال العرب الأثرياء عندما يجدون حريتهم. كنت قلِقًا من أنني لن أتمكن من النوم أو الدراسة، لذلك تخلصت بسرعة من فكرة الذهاب إلى أريزونا.

تجمَّدَت الخيارات بين بويزي (أيداهو) وكورفالس (أوريغون). كانت جامعة ولاية أوريغون مشهورة ببرنامجها في هندسة الزراعة، وهو ما لم يكن مثيراً لاهتمامي. لكنني لم أحب فكرة بويزي، حيث إنها تقع في مكان ناءٍ وكانت باردة جدًا.

مارك هانسن، معلم اللغة الإنجليزية الخاص بي في شمال اليمن، الذي كان قد عاش أيضًا في أوريغون، قد درّس في برنامج اللغة الإنجليزية كلغة ثانية في جامعة ولاية بويزي قبل وقت طويل من مجيئه إلى اليمن. أكد لي أن برنامج علوم الحاسوب في جامعة ولاية بويزي كان ذا سمعة جيدة. نصحني أن أبدأ بالدراسة في جامعة ولاية بويزي، وإذا لم تعجبني، يمكنني الانتقال إلى مدينة أخرى. بهذه الطريقة، لن أهدر الكثير من المال أو الوقت. علاوة على ذلك، أخبرني أن لديه بعض الأصدقاء الذين سيساعدونني عند وصولي إلى بويزي. وبقلب ثقيل، اخترت بويزي.

مغترب أمريكي آخر كان يعمل في الوكالة الأمريكية للتنمية الدولية في اليمن، زميل من طائفة المورمون، كانت عائلته تعيش في بويزي. كتب رسالة لتقديمي لهم وطلب منهم مساعدتي إذا احتجت إلى أي مساعدة عند وصولي إلى بويزي. نتيجة لذلك، جاءت عائلة المورمون لاصطحابي من المطار.

هبطت طائرتي حوالي الساعة ١:١٥ صباحًا. بعد إنهاء إجراءات الجمارك، لم أكن في مزاج للتحدث. كنت ممتنًا لاستقبالهم لي في هذه الساعة المتأخرة، ولكنني كنت مرهقًا جدًا فغفوت فور وصولي إلى منزلهم وعرض غرفتي

عـليَّ.

اسـتيقظتُ في صبـاح اليـوم التـالي مبكـرًا، حـوالي السـاعة ٥:٣٠، وكنـت أشـعر بالجـوع. اسـتيقظَتْ العائلـة حـوالي السـاعة ٦:٣٠ للبـدء في حياتهـم اليوميـة مـن المدرسـة والعمـل.

"صباح الخير! هل استحممتَ؟" استقبلتني الأم نورما بهذا السؤال.

"لا، ليس بعد".

"تفضل." ناولتني مجموعة من المناشف وأشارت إلى أقرب حمام".

أعجبـتُ بحجـم ونظافـة الحـمام، وانبهـرتُ بـدش الاسـتحمام وضغـط الميـاه. مـن شـدة حـماسي، اسـتمررت في تشـغيله وإيقافـه؛ لم يكـن شـيئًا قـد جربتـه مـن قبـل. في اليمـن، كنـت قـد أخـذت دشًـا، لكننـي لم أختـبر مثـل هـذا الضغـط الفـوري والقـوي للميـاه مـن قبـل.

كانـت تمتلـك نورمـا واحـدة مـن أكـثر الابتسـامات الترحيبيـة التـي رأيتُهـا في حيـاتي. قادتنـي إلى طاولـة المطبـخ حيـث كان أطفالهـا يتناولـون الإفطـار. قدَّمتنـي إلى كيفـن (اثنـي عـشر عامًـا)، وسـتيف (عـشر سـنوات)، ومارتـا (سـت سـنوات). كانـت نورمـا أمًـا عزبـاء في منتصـف الأربعينيـات في ذلـك الوقـت.

كان الأطفـال سـعداء ومهذبـين. كانـوا يأكلـون كثـيرًا لكـن بهـدوء، وكان الحديـث الوحيـد حـول طاولـة المطبـخ يتضمـن طلبـات مهذبـة: "هـل يمكنـك تمريـر المربى مـن فضلـك؟" أو الزبـدة أو وعـاء الحليـب. كان هـذا عـلى طـرفي النقيـض مـع وجبـات الأسرة في اليمـن، حيـث كنـا نـأكل عـلى الأرض ونتحـدث بصـوت عـالٍ خـلال جلسـات العشـاء (كنايـة عـن الحـب والحماسـة). غالبًـا مـا كان التلفـاز يعمـل، وكان الأطفـال يركضـون في الغرفـة وأفواههـم مليئـة بالطعـام أو يحملـون

وجباتهم في أيديهم. في اليمن، لم نكن نأكل كثيراً وكنا دائمًا في عجلة من أمرنا أثناء تناول الطعام. فكرتُ أن كمية الطعام التي تناولها أحد هؤلاء الأولاد على الإفطار وحده يمكن أن تكفي أسرة مكونة من خمسة أفراد في اليمن.

قالت نورما: "سأوصِل الأطفال إلى المدرسة، ثم سآخذك إلى الحرم الجامعي." كانت تعلم أنني أريد البقاء في سكن الجامعة لأتعرف على البيئة.

نظرَتْ إلى كوب الحليب الذي صبَّته لي ولاحظَتْ أنه لم يُمس. ثم سألتني بأدب: "هل لديك حساسية من الحليب أم لديك قيود غذائية؟"

"أنا بخير. لست معتادًا على شرب الحليب البارد،" أجبت.

في اليمن، كنا نشرب الحليب المجفف ليلًا قبل النوم، ونادرًا ما يشرب أحد الحليب أثناء الإفطار، ناهيك عن كوب بارد.

سألتُ: "أين يمكنني أن أجد القهوة أو الشاي لأصنع واحدة لنفسي أيضًا؟ لأني لا أريد أن أجعلك تتأخرين"

أسرعَتْ في رفع كوب الحليب ووضعته في صندوق معدني مربع ذو نافذة زجاجية.

نظرَتْ إليّ وقالت: "أنا متأكدة أنك لم تسمع عن المورمون في بلدك. يمكنني أن أخبرك المزيد عنهم لاحقًا. باختصار، نحن لا نشرب الكحول، أو القهوة، أو المشروبات الغازية، ولا ندخن السجائر."

عادت إلى الميكروويف، وأخرجَتْ الحليب، وناولَتْهُ لي. كان الحليب ساخنًا، ودُهِشتُ من سرعة الجهاز وكيفية تسخينه للحليب في وقت قصير.

قالت: "هذا يُسمَّى ميكروويف."

ظننتُ أن الميكروويف ثلاجة صغيرة، لأنني لم أر شيئًا مثله من قبل. كان ذلك اكتشافًا جديدًا لي، وبدأتُ أفكر في كيفية وصفه لأصدقائي في اليمن عندما أكتب رسالتي الأولى.

بينما كانت نورما توصل الأطفال إلى مدرستهم، تجولتُ في المنزل معجبًا بحجمه وأثاثه وأسقفه العالية. مضت أكثر من نصف ساعة، وبينما كنت أنظر إلى المنظر الطبيعي والفناء الخلفي من خلال نافذة كبيرة، سمعت صوتًا يقول: "لقد عدتُ. هل أنت مستعد؟"

"كان ذلك سريعًا"، قلت.

"فقط أربعون دقيقة في المجموع"، أخبرَتني.

بالنسبة لي، بدا الأمر وكأنه خمس دقائق فقط.

نظرتُ من النافذة الخلفية وسألت: "هل هذه الخيول لكِ؟"

أكدَتْ لي ذلك.

لم أكن معتادًا على رؤية الخيول في ساحة شخص ما. في اليمن، نادرًا ما رأيتُ خيولًا؛ كنت معتادًا أكثر على رؤية الماعز والجمال. والخيول التي رأيتها كانت فقط في الريف.

عدتُ مسرعًا إلى الغرفة التي نمتُ فيها وسحبتُ أمتعتي. حملنا حقائبي في السيارة، وقادتني إلى مكتب القبول في الجامعة. عندما أوصلَتْنِي عند المدخل، كتبَتْ رقم منزلها على ظهر بطاقة عملها.

"اتصِل بي إذا احتجتَ إلى أي شيء"، قالت لي وهي تسلمني البطاقة.

"شكرًا لكِ"، أجبتُ واتجهتُ نحو المكتب، وأسحبُ حقيبتيّ الثقيلتين بوزن

٥٠ رطـلًا (٢٢ كيلوجرامًـا) لـكل منهـما. تعلَّمـتُ اليـوم عبـارة جديـدة - "give me a ring". أراهـن أنهـا تعنـي "اتصـل بي".

أكملـتُ الأوراق اللازمـة في مكتـب القبـول، وحصلـتُ عـلى بطاقـة هويـة الطالب، وتوجهـتُ إلى مبنـى السـكن. كان منتصـف يوليـو، وكان الحـرم الجامعـي فارغًـا. الفتـاة التـي تعمـل في مكتـب الاسـتقبال في السـكن سـجلتني وأعطتنـي مفتـاح غرفتـي.

"التكلفـة سـتكون حـوالي تسـع دولارات في اليـوم"، أخبرتنـي. "بمجـرد بـدء الفصـل الـدراسي، سيكون لديـك زميـل في الغرفـة. أنـت محظـوظ لأنـك هنـا أولًا. يمكنـك اختيـار السريـر العلـوي أو السـفلي الآن"، قالـت مبتسـمة، مشـيرة إلى الأسرة بالطابقـين.

اسـتقررتُ في الغرفـة المخصصـة وأفرغـتُ حقائبـي ووضعتُهـا في مكانهـا. كانـت الغرفـة تحتـوي عـلى نافـذة مسـتطيلة كبـيرة، وكنـت أسـتطيع رؤيـة المكتبـة وملعـب كـرة القـدم لفريـق "برونكـوس" مـن سريـري. كان هنـاك الكثـير لألاحظه وأراه، فـكل شيء كان جديـدًا بالنسـبة لي.

بينـما أنظـر إلى المناظـر الطبيعيـة وكيـف كانـوا يقصـون ويشـذبون العشـب، فكـرتُ: يبـدو أكثر نعومـة مـن السـجاجيد في شـقتي في شـمال اليمـن. الأشـجار كانـت رائعـة. كان هنـاك الكثير منهـا، وكانـت ضخمـة. كانـت تلقـي بظلالهـا في كل مـكان، والمنـازل تبـدو وكأنهـا تُبتلـع بواسـطة الأشـجار. كانـت الفـروع تمتـد وتتشـابك مـع بعضهـا البعـض عبر الشـارع. مقارنـة بالصحـراء الصخريـة والغبارية في شـمال اليمـن، أذهلتنـي الخضـرة في بويـزي. وقفـتُ هنـاك، أسـتوعب كل شيء.

عنـد الظهـيرة، نزلـتُ إلى الطابـق الرئيـسي لأطـرح عـلى الفتـاة في مكتـب الاسـتقبال بعـض الأسـئلة الإضافيـة. كانـت مهذبـةً جـدًا. في البدايـة، ومـع عـدم معرفتـي

بأن معظم الناس طيبون وودودون، اعتقدتُ للحظة أنها معجبة بي، لكنها كانت تقوم بعملها فقط، ولكن لطفها كان جديدًا بالنسبة لي.

عندما كنتُ أعيشُ في شمال اليمن، وجدتُ أن معظم الرجال يعتبرون النساء مجرد أدوات جنسية. الفتيات في شمال اليمن لم يكُنَّ يبتسمن للغرباء أو يشاركن في الحديث معهم. كانت معظم الفتيات في شمال اليمن يبدون تصرفات حادة وصدامية في بيئة غير مألوفة لتفادي أي مضايقات غير مرغوب فيها، خشية أن يظن الرجل أنهن مهتمات به.

لم أكن أرى الفتيات في شمال اليمن يبتسمن لأن وجوههن كانت دائمًا مغطاة. من طبيعة الإنسان أن يرغب فيما لا يمكنه الحصول عليه، ولذلك فإن كون النساء في شمال اليمن مغطيات وغير متاحات زاد من فضول الرجال تجاههن. كانت النساء بمثابة الثمرة المحرمة. بالنسبة لشاب يمني شمالي نشأ على احترام النساء، ولكن دون التفاعل معهن، فإن ودية المرأة الأمريكية وجرأتها يمكن أن تكون محيرة وتؤدي إلى سوء فهم.

سرعان ما أدركتُ أن النساء في الولايات المتحدة ودودات ويقمن بالتواصل البصري المباشر مع الرجال. سخرتُ من نفسي ومن مدى سذاجتي في التفكير بأن هذه الفتاة قد أُعجِبت بي لمجرد أنها كانت تبتسم وتتصرف بلطف.

أردتُ أن أعرف أين يقع أقرب بنك، وسألتها أيضًا عن مكان يمكنني فيه الحصول على شيء لأكله.

قالت: "أقرب بنك يُدعى أيداهو فرست، ويقع على بُعد حوالي ٣٠٠ ياردة [٢٧٥ مترًا] بعد الاستاد، ولكن عليك عبور إشارة المرور. اليوم جمعة، ويجب أن يكون مفتوحًا الآن. أما بالنسبة للطعام، فهناك مكانان يمكنك أن تحصل فيهما على السندويتشات، وأقربهما هو برونكو برجر، على بُعد

حوالي ١٥٠ ياردة بعد البنك. لديهم برغر وهوت دوج."

شكرتها. ولكن "هوت دوج!"

سألتها: "هل قلتِ "هوت دوج"؟" فأجابت: "نعم."

"شكرًا"، قلتُ لها وابتعدت.

ما هو مدى ٣٠٠ ياردة؟ كنتُ أعرف فقط القياسات بالمتر، مثل ٣٠٠ متر. سأكتشف ذلك لاحقًا. لكن، ما هو هذا "الهوت دوج"؟ لم أكن أعلم أن الأمريكيين يأكلون الكلاب!

عثرتُ على البنك، فتحتُ حسابًا وأودعت مبلغ ٤٠٠٠ دولار أمريكي كنت أحمله من اليمن. كان هذا مبلغًا كبيرًا يجب أن أحتفظ به بحذر في الحرم الجامعي، ولم أرد أن أخسره.

لاحقًا، اكتشفتُ أن الهوت دوج لم يكن كما كنت أتصوره.

بارقة أمل

الثالث: الاستقرار

الوجهة ليست مكانًا أبدًا، بل هي طريقة جديدة لرؤية الأشياء.

- هنري ميلر، روائي.

جمعَتْ إدارة الجامعة جميع الطلاب الدوليين لجلسة تعريفية قبل بدء المدرسة بأسبوع. حضرت مرتديًا بدلة وربطة عنق، معتقدًا أنه يجب أن أُقدِّم نفسي كما كان سِدني بواتييه سيفعل. كان بواتييه أول شخص أسود شاهدتُه على الشاشة. تأثرتُ بشكل خاص بقوة ونزاهة شخصيته في فيلم "خمن من سيأتي إلى العشاء". أردتُ أن أكون مثله فكريًا وجسديًا وحتى في طريقة اللباس.

كان هناك حوالي ١٠٥ طلاب في الجلسة التعريفية، وكان ما يقرب من ثلثيهم من الآسيويين (من الصين، وتايوان، وهونغ كونغ، وكوريا الجنوبية، واليابان). والباقي كانوا بأعداد متساوية تقريبًا من الأوروبيين من ألمانيا، وإسكتلندا، وهولندا، وإيطاليا، وجمهورية التشيك، وما إلى ذلك، ومن الأمريكيين الجنوبيين من البرازيل، والأرجنتين، وتشيلي، وباراغواي، وأوروغواي. لم يكن هناك عرب أو أفارقة، لكني لاحظت وجود بعض الطلاب الفرس من إيران.

تضمَّن جدول الجلسة التعريفية فترة زمنية لانتخاب رئيس جديد، حيث كان الرئيس السابق لجمعية الطلاب الدوليين يعود إلى بلده ماليزيا بعد إتمام دراسته. بعد الجلسة التعريفية، طُلب من الجميع تقديم أنفسهم بذكر أسمائهم الكاملة باللغتين الإنجليزية ولغتهم الأصلية، وتخصصاتهم الدراسية. تم ترتيب الأسماء أبجديًا، لذلك كنت أول من قدَّم نفسه - أ (عادل).

وقفتُ وقلت اسمي، وقلت: "أنا نتاج خلفية عرقية مختلطة من الأعراق العربية والإثيوبية. وُلدت في إثيوبيا ونشأتُ في اليمن. لدي أم مسيحية، وعائلة والدي مسلمة. أتحدثُ كلًا من الأمهرية والعربية."

تابعتُ، "بوضوح، لا يوجد أي طلاب أفارقة هنا اليوم، ولا أي عرب أيضًا. لذلك، أنا أكثر من سعيد بتمثيل المنطقتين الجغرافيتين؛ إفريقيا والشرق الأوسط، مع الاحترام الواجب لزملائي الإيرانيين في الغرفة." وجلستُ. ضحك الجميع. أرادوا طرح الأسئلة، لكني قلتُ لهم، "ربما لاحقًا، حيث لدينا ١٠٠ طالب آخرين يجب أن يقدموا أنفسهم، ونحن بحاجة إلى تخصيص الوقت للجميع."

حان الوقت لانتخاب رئيس للطلاب الدوليين. لم تتضمن العملية جولات، أو مناقشات، أو لوحات؛ اجتمع الجميع على اسم، "عادل." شعرتُ بالارتباك. طلبوا مني الوقوف وإلقاء خطاب قبول. كنت أتصبَّبُ عرقًا من الخوف. لم يكن لديَّ نفس الصوت أو الشجاعة هذه المرة.

قلتُ: "شكرًا على ثقتكم بي لقيادة المجموعة. ستكون جمعيتنا. سأقودها، لكننا سنعمل معًا لتعزيز ثقافة البلدان الفردية وطعامها ورقصها لدى الناس في بويزي، أيداهو."

منزل جديد

خلال الأسابيع الأولى لي في بويزي، ذهلتُ من الجامعة ومحيطها. كنتُ أقارنها باستمرار بجامعة صنعاء، حيث قضيتُ بضعة فصول دراسية. ومع ذلك، لم يكن هناك شيء مشابه بينهما. كان منزلي الجديد كوكبًا مختلفًا تمامًا عن المكان الذي أتيت منه. كان حرم جامعة بويزي ستيت محاطًا بأحياء

سكنية وأعمال تجارية صغيرة تلبي احتياجات طلاب الجامعة.

كنت أذهب وأجلس داخل ملعب كرة القدم الفارغ لفريق برونكوس، الذي يتسع لحوالي ٣٧,٠٠٠ شخص. الجلوس في الملعب الفارغ أعطاني إحساسًا بالهدوء؛ كانت تلك لحظات تأملية. ومع ذلك، كنت قلقًا من أن يظن من يراني أنني أحمق لأواصل القدوم إلى نفس الموقع يومًا بعد يوم؛ ربما يعتقدون أنني هناك على أمل أن تبدأ مباراة في أي لحظة.

في غضون أسبوعين، اشتريتُ دراجة وبدأتُ أستخدمها لاستكشاف المدينة. بدت بويزي مسطحة في معظمها، مما جعل من السهل عليّ التجوُّل (على الأقل في منطقة الجامعة ووسط المدينة).

لم يكن هناك طعام إثني، وكنت أعاني من أكل السندويشات الباردة. في اليمن، لم نكن نتناول وجبات باردة أبدًا. لم أكن معتادًا على أكل الطعام البارد.

لم يكن الطعام باردًا فقط، بل كان أيضًا بلا طعم. أحب الطعام الحار، لكن لم يكن أي من الطعام الذي أستطيع الحصول عليه حارًا. كان المكان المفضل لي للأكل هو برونكو برجر، الذي تملكه وتديره عائلة ويقع مقابل الملعب والحرم الجامعي. كان لدي فضول لتجربة هوت دوج في يوم من الأيام، لكن تناول الهوت دوج كان جزءًا قصير الأمد من تجربتي في الولايات المتحدة. في عام ١٩٨٦، تناولتُ واحدًا من بائع متجول في الساعة الثالثة صباحًا.

عندما ذهبتُ إلى نادٍ مع الأصدقاء، أصبتُ بتسمم غذائي واضطررتُ إلى دخول المستشفى.

لم أكن سعيدًا بالعيش في الحرم الجامعي. كنت في الثانية والعشرين من عمري، وكان السكن الجامعي مليئًا بالشباب البالغين من العمر (ثمانية

عشر عامًا) الذين تركوا منازل والديهم ويعيشون بمفردهم لأول مرة. كانوا يشربون ويحتفلون طوال الليل، وكان السكن صاخبًا. كنت أرغب في التركيز على دراستي. المشكلة الأخرى التي واجهتها كانت مواعيد تناول الطعام. نظرًا لأن الكافتيريا الجامعية تغلق في الساعة السادسة مساءً، كان عليَّ تناول الطعام قبل ذلك. في اليمن، كنت أتناول العشاء بين الساعة الثامنة والتاسعة مساءً، لذا لم أكن جائعًا في الساعة الخامسة أو السادسة مساءً. لم أتمكن من تناول الطعام قبل الساعة السادسة وظللتُ أشعر بالجوع حوالي الساعة التاسعة مساءً. قررتُ الانتقال من السكن الجامعي للحصول على مساحة شخصية أكبر ولأتمكن من تناول وجبة عندما أريد دون التقيُّد بقواعد السكن.

في إحدى فترات الظهيرة، بينما كنت أستكشف المنطقة على دراجتي، رأيتُ لافتةً مكتوبًا عليها "غرفة للإيجار". كان العنوان على بُعد مبنى واحد فقط من مكتبة الجامعة. توجهتُ إلى المنزل وضغطتُ على جرس الباب للاستفسار عن رسوم الإيجار وشروطه.

اقتربَتْ سيدة بيضاء مسنة ذات شعر رمادي من الباب. كان شعرها وملابسها مرتبة ونظيفة. كانت ترتدي ساعة ولديها أسنان نظيفة تمامًا. كانت تعرج قليلًا، لذا افترضت أن لديها مشكلة بسيطة في الركبة أو الورك. كان طولنا متقارب جدًّا، وكانت تبدو ميسورة الحال.

"أنا هنا للاستفسار عن الغرفة للإيجار"

قبل أن أكمل جملتي، أوقفتني قائلة: "الغرفة لم تعد متاحة"

رددتُ: "آه، أرى. أنا آسف لإزعاجك." ثم أضفتُ: "ربما من الأفضل لكِ إزالة لافتة الإيجار حتى لا يزعجك الآخرون."

فورًا سألتني، "ماذا قلتَ؟" فأعدت قول جملتي الأخيرة.

كان الباب الرئيسي مفتوحًا بالفعل، لكن باب الشاشة المنزلقة كان مغلقًا، مما يسمح بدخول الهواء النقي إلى المنزل.

فتحَتْ الباب المنزلق وقالت باندهاش، "سمعت لهجة."

"نعم، لديَّ لهجة، لأن الإنجليزية هي لغتي الثالثة."

"يا إلهي! لغتك جيدة جدًّا. فقط صوتك يختلف عنّا. من أين أنت؟ هل أنت طالب؟"

"أنا من اليمن، لكنني وُلِدتُ في إثيوبيا. نعم، أنا مسجل في برنامج علوم الحاسوب، وربما سأقوم بدراسة تخصص مزدوج في علوم الحاسوب والهندسة هذا الخريف. سأكون طالبًا في السنة الأولى، بفخر."

"هل تود الدخول لرؤية الغرفة؟" سألتني.

كنت مرتبكًا. "اعتقدتُ أنكِ قلتِ إن الغرفة لم تعد متاحة، أليس كذلك؟"

"أوه، حسنًا. إنها قصة طويلة. تفضَّل بالدخول."

كنت خائفًا ومرتبكًا بعض الشيء. ومع ذلك، دخلتُ المنزل. لاحظَتْ السيدة ترددي وقالت: "تفضل،" مشيرة إلى كرسي بذراعين في غرفة المعيشة.

كانت غرفة أصغر من منزل عائلة المورمون، لكنها كانت مرتبة بعناية. جلستُ، ناظرًا إلى المخرج في حال اضطررت للهرب.

"اسمي مارجريت، وأنا من الجنوب. كان زوجي وزيرًا في كنيسة معمدانية. انتقلنا إلى أيداهو خلال حركة الحقوق المدنية في الستينيات لأن زوجي الراحل لم يوافق على دمج أطفالنا مع الأمريكيين السود. كنا نعتقد أن هذا

كان مكانًا جيدًا لتربية أطفالنا. من الأفضل أن نبقي أطفالنا مع أقارنهم."

أكملَتْ قائلة، "عندما رأيتُكَ من مطبخي، ظننتُ أنك أحد السود لدينا. أنا دائمًا أشعر بالخوف منهم. لكنك لست واحدًا من هؤلاء الزنوج في المنطقة."

لقد قرأتُ الكثير من الكتب حول حركة الحقوق المدنية للسود، وخصوصًا خطابات مالكوم إكس. ولكن لم يكن هناك شيء قد أعدني لمثل هذا النوع من المحادثات، ولم أكن أعرف كيف أستجيب.

بينما كانت تتحدث إليَّ، لم أستطع منع نفسي من تخيلها كواحدة من السيدات البيض الشابات اللواتي رأيتهن في مقاطع الفيديو، وهن يصرخن في وجه طفل أسود صغير يتم مرافقته إلى المدرسة أو في وجه الطلاب السود الذين يدخلون الجامعات في الجنوب.

❖❖❖❖

عندما كنت في اليمن، سمعت الكثير من القصص حول كيفية معاملة الأمريكيين للسود. سمعت أمثلة عن الأمهات البيض وهن يصرخن في الأطفال السود، "نحن لا نريدك، يا زنجي!" وشاهدتُ وثائقيات تُصوِّر هذه الأفعال. قبل بضع سنوات من ولادتي، في ١٤ نوفمبر ١٩٦٠، كانت روبي بريدجز البالغة من العمر ست سنوات تُرافَق إلى المدرسة من قِبَل أربعة حراس بيض أرسلهم ج.ف. كينيدي لضمان دخولها بأمان في أول يوم لها في المدرسة في نيو أورلينز. وعندما اقتربوا من المدرسة، تجمَّع الحشود، وقذفوا الأشياء وصرخوا، "اثنين - أربعة - ستة - ثمانية. نحن لا نريد الاندماج!" احتجاجًا على دخول هذه الفتاة السوداء الصغيرة وصعودها درج المدرسة. في اليوم التالي تضاعفت الحشود، وهم يصرخون بتهديدات بالتسميم والشنق احتجاجًا على حضور روبي للمدرسة.

بارقة أمل

كان من الصعب عليّ نسيان أو تجاهل تعليقات الآباء البيض الذين جاؤوا للاحتجاج على خطة روبي للالتحاق بالمدرسة الابتدائية، وكذلك ما كان يُقال لها ولوسائل الإعلام. وكان أقصى أماني هذه الطفلة هو الالتحاق بالمدرسة، ولكن رد فعل المجتمع كان مرعبًا.

كطالب مراهق، كنت مذهولًا ومرعوبًا أيضا من رؤية مدى عنف الناس في معارضتهم لشخص يرغب في الالتحاق بالمدرسة لمجرد لون بشرته. على الرغم من أنني عايشت التمييز في اليمن وشهدتُ بعض الحالات، إلا أنها لم تكن بهذا العنف. الصور التي رأيتُها عندما كنت مراهقًا طاردتني، وحملت هذه الصور معي إلى الولايات المتحدة. بعد حديثي مع مارغريت، لم أستطع تجنُّب تخيُّل وجهها بين أولئك المحتجين الذين كانوا يصرخون.

❖❖❖❖

قالت مارغريت: "مرّ بلدنا بفترات مخزية كثيرة. لا أشعر بالراحة حيال ذلك. كبر ونشا أولادنا، وأكملوا دراستهم الجامعية هنا في بويزي، ثم انتقلوا إلى مدن أكبر. تُوفي زوجي، وافتقدتُ الجنوب حيث نشأتُ. ما زلت أفتقده."

أعطتني كوبًا من عصير الليمون، واستشعرتُ شعور الذنب والحزن في صوتها.

كانت الغرفة المعروضة للإيجار هي الغرفة التي كان ينام أولادها فيها.

"كان هناك سريران مفردان في الغرفة عندما كان الأولاد يكبرون، لكنني استبدلتهما بسرير مزدوج وأضفتُ مكتبًا لتتمكن من النوم والدراسة في خصوصية تامة. الإيجار هو ١٥٠ دولارًا شهريًا، شاملًا جميع الخدمات (الماء والكهرباء والتدفئة). ومع ذلك، إذا قمتَ بقص العشب وجرف الثلج طوال العام، يمكنني تخفيض الإيجار إلى ١٢٥ دولارًا شهريًا." وأضافت، "لديكَ دش

خـاص بـك"، واقترحَـتْ أنني يمكـن أن أسـتخدم مطبخهـا للطهـي.

قلت لها، "لا أعرف كيف أطبخ. أستطيع أن أحرق حتى الماء."

ضحكَـتْ وقالـت: "بالنسـبة لشـخص يتحـدَّث الإنجليزيـة كلغـة ثالثـة، فإنـك تتمكـن مـن إضافـة روح الدعابـة والمـرح للحديـث!"

انتهيـتُ مـن شرب عصير الليمـون، وشـكرتها، وغـادرت منزلهـا مـع خطـة للتفكير في الغرفة.

❖❖❖❖

عندمـا كنـتُ شـابًا في اليمـن، جعلتنـي المـواد المطبوعـة السـلبية التـي قرأتُهـا عـن حيـاة الأمريكيـين السـود، وكذلـك الفيلـم الوثائقـي عـن معانـاة روبي بريدجـز، أشـعرَني بعـدم الراحـة. بـدأتُ أقـارن أوضـاع الأمريكيـين السـود بوضـع اليهـود في الأراضي الأوروبيـة. كلـما قـرأت أكـثر عـن التاريـخ الأمريـكي الحديـث، بـدأت أشـعر أن الأمريكيـين هـم بـلا شـك الأكـثر عنصريـة في العالم. بـدأتُ أقارن مسـتوى الكراهيـة الـذي كان لـدى هتلـر تجـاه اليهـود بمواقـف الأمريكيـين البيـض تجـاه السـود. وتوصَّلـتُ إلى أنـه قبـل وصـول النازيـين إلى السـلطة في ألمانيـا، لم تكـن حيـاة اليهـود صعبـة كـما كانـت للأمريكيـين السـود. لكـن اليهـود أصبحـوا ضحايـا سياسـيين، وتغـيَّرت حياتهـم إلى الأبـد. أمـا حيـاة الأمريكيـين السـود لم تتغـير أبـدًا؛ كانـت دائمًـا تقـوم عـلى القمـع والعنصريـة والمعانـاة التـي لا يمكـن قياسـها.

في اليمـن، وربمـا في أماكـن أخـرى أيضًـا، كانـت وسـائل الإعـلام تشـارك باسـتمرار لقطـات لتوليـد ردود فعـل عاطفيـة. معظـم النـاس يكوّنـون صـورة عـن مجتمـع أو بلـد بنـاءً عـلى الرسـائل التـي تروِّجهـا الصـور التـي يرونهـا في وسـائل الإعـلام. عندمـا كنـت أعيـش في اليمـن، كنـت أعـرف القليـل جـدًا عـن مارتـن لوثـر كينـج الابـن، لكننـي قـرأت الكثـير مـن المـواد عـن مالكـوم إكـس. لمـاذا؟ هـل

لأن مالكوم إكس كان مسلمًا؟ هل كانت الحكومة ووسائل الإعلام تعرض هذه المواد بحيث يأخذ المجتمع جانبًا معينًا ويطوِّر عدم الثقة تجاه الأمريكيين؟ كان ذلك تناقضًا تامًا مع ما تعرضتُ له في إثيوبيا عندما كنتُ طفلًا. في ذلك الوقت، خلال الأيام الإمبراطورية، كانت الأفلام ومعظم الكتب واتجاهات الشباب تقلد نمط الحياة الأمريكي. نادرًا ما سمعتُ في إثيوبيا أي شخص يتحدث عن سوء معاملة الأمريكيين السود. كل ما تعلمته عن حركة الحقوق المدنية الأمريكية كان في اليمن.

أثارت مواجهتي مع مارغريت عدة ذكريات خاصه بي. بدأت أفكر في محادثاتي الطويلة مع مارك هانسن، الذي كان نتاج الستينيات. على حد تعبيره، الحرب الأمريكية القمعية في الخارج (فيتنام) وحالة الفقر في الداخل أثرت عليه تمامًا. كان يعتقد أن الولايات المتحدة اخترعت حربًا في فيتنام. كان يعتقد أن السياسات الخارجية للولايات المتحدة كانت مضطربة، وأن ما فعلته الولايات المتحدة بالدول الأخرى كان غير مقبول وفقًا لمعاييره. لم يكن لديه رأي جيد عن بلده الأصلي. تذكّر بوضوح وشرح لي موقف الحاكم جورج والاس أمام باب مدرسة جامعة ألاباما في ١١ يونيو ١٩٦٣، عندما وقف جورج والاس، حاكم ألاباما الأبيض، عند باب قاعة فوستر في الجامعة وحاول منع طالبين أمريكيين ذوي أصول إفريقية من الدخول للقاعة. كان عمري عامًا واحدًا فقط عندما تحدث والاس بالكلمات الرمزية "الفصل العنصري الآن، الفصل العنصري غدًا، الفصل العنصري إلى الأبد." ومع ذلك، بدت تلك الكلمات حاليّة وواقعية عندما أخبرني مارك عنها بعد عشرين عامًا في عام ١٩٨٣.

حتى عندما أشرت إلى ملخص خطاب كينيدي، "تأسَّستْ هذه الأمة من قِبَل رجال من جنسيات وخلفيات متعددة. تأسَّستْ على مبدأ أن جميع

الرجال خُلِقوا متساوين وأن حقوق كل رجل تقل عندما تُهدَّد حقوق رجل واحد"، قام مارك بتجاهلي، قائلًا: "كان هذا مجرد الصبي الغني يتحدَّث، واصفًا إياها بقضية أخلاقية ليس أكثر". لم أعتبر نفسي أمريكيًا عندما كنتُ أعيش في الولايات المتحدة، ولم يكن الفصل العنصري عاملًا ذا تأثير في حياتي، لذا كانت فكرة منع الطلاب السود من الالتحاق بالجامعة شيئًا لم أتمكن من فهمه على الإطلاق. بسبب التمييز الذي تعرَّضتُ له في اليمن، يمكنني فهم عدم رغبة الناس في دعوة شخص من عرق آخر إلى منازلهم، أو عدم الاختلاط في مكان عام، أو رفض الزواج بين الأعراق. رأيت وعانيت من التمييز في اليمن، لكن لم أتعرض للفصل العنصري في المدارس. كان منع الطلاب من حضور نفس المدرسة أمرًا غريبًا بالنسبة لي.

انتهت حرب فيتنام بأقل من عشر سنوات من انتقالي إلى الولايات المتحدة. كان العديد من الأفراد الذين شهدوا أو شاركوا في تلك الحرب لا يزالون على قيد الحياة. كانت ذكرى هذا الصراع حقيقية بالنسبة لنا الذين شاهدوا التقارير مباشرة على التلفزيون. كانت الحرب لا تزال حاضرة بقوة في أذهاننا. في المقابل، جاءت صور الحربين العالميتين الأولى والثانية إلينا في الكتب المدرسية أو قراءات أخرى، والأشخاص الذين قاتلوا في تلك الحروب ماتوا الآن في الغالب. فلك أن تتخيل كم مقدار التغيير الذي حدث من الستينيات حتى التحقت بالجامعة في أوائل عام ١٩٨٤.

بعد محادثتي مع مارغريت، استنتجتُ أن المجتمع لم يتقدَّم، واستبدَّ بي الخوف الذي فرضته على نفسي.

❖❖❖❖

لم أستأجر غرفة مارغريت، لكنني وجدتُ شقة من غرفة نوم واحدة

مقابل ٢٠٠ دولار. كانت الشقة أبعد قليلًا عن الحرم الجامعي من منزل مارغريت وبمبلغ إضافي قدره ٥٠ دولارًا، لكنني كنت أُقدِّر حريتي أكثر من المال. كانت لدي مساحتي الخاصة. يمكنني البقاء مستيقظًا حتى وقت متأخر، والاستماع إلى الموسيقى من جميع الأنواع (بما في ذلك الأغاني العربية والإثيوبية)، واستقبال الأصدقاء في أي وقت. بسبب تربيتي، كنت أميل إلى احترام كبار السن، لذا شعرتُ بقليل من الذنب لإمكانية خيبة أمل مارغريت. كما فكرتُ أنني لن أكون سعيدًا جدًا بالعيش في منزلها، حيث سأشعر أنني محاصرٌ، وكأنني مضطرٌ دائمًا لمراقبة تصرفاتي حتى لا أسيء إليها أو أزعجها. تأكدتُ من إخبارها بقراري حتى تتمكَّن من تأجيرها لشخص آخر.

الجيران

كانت الشقة التي استأجرتُها تقع في مبنًى مكون من أربع وحدات سكنية، وكانت الشقة التي أعيش فيها تقع في الزاوية، وكان لدي مكانان لركن السيارات. كانت جارتي المباشرة ممرضة تعمل في عيادة أسنان، وبجانبها كان جار الآخر يعمل في مكتب حكومي في مبنى الكابيتول في بويز. أما الشقة الأخيرة في الزاوية الأخرى فقد استأجرها شاب بدا وكأنه لا يعمل يومًا واحدًا. كلما ذهبت إلى الجامعة أو عدت منها، كنت أمر بجانب بابه، وكان دائمًا يراقبني من نافذة المطبخ. كان يخرج من شقته ليشاهدني وأنا أمشي إلى الجامعة حتى أختفي عن أنظاره. لم يكن يردُّ على تحياتي، وفي النهاية توقفتُ عن إلقاء التحية. بعد حوالي شهرين، كسر صمته وسألني بعض الأسئلة ذات يوم:

"ما اسمك، يا صديقي؟ من أين أنت؟ ماذا تدرس في الجامعة؟" وهكذا.

شاركتُ مع الشاب القليل من المعلومات، ولم يتحدث إليّ مرة أخرى. تساءلتُ عن سبب اهتمامه بمعرفة بعض التفاصيل عني ثم توقفه عن الحديث معي. بين الحين والآخر، كنت أرى بعض الأصدقاء البيض يأتون ويذهبون إلى شقته، وكانوا جميعًا حليقي الرؤوس.

في أحد أيام ذلك الخريف، بينما كنت أسرع للوصول إلى الحرم الجامعي لأداء امتحان منتصف العام، سمعت أحدهم ينادي، "مرحبًا، يا صديقي!" استمررتُ في سيري لأنني كنت على وشك أن أتأخر عن محاضرتي. تكررت العبارة، "مرحبًا، يا صديقي!" اضطررتُ إلى أن ألتفت لأرى من هو هذا الشخص وما إذا كان يناديني. كان ذلك الجار الغريب، فهرع إليّ وسألني إذا كنت أستطيع الانضمام إليه وأصدقائه في حفلة شواء في اليوم التالي. أخبرني

أن اسمه ستيف، ثم اعتذر عن عدم تذكره لاسمي. قلت له، "بالتأكيد، يمكننا التحدث عن التفاصيل لاحقًا"، ثم ركضتُ نحو مبنى الرياضيات والعلوم.

في وقت لاحق من ذلك اليوم، تحدثتُ مع ستيف للحصول على تفاصيل الحفلة. عندما وصلتُ إلى الولايات المتحدة، كنت مدعوًا إلى حفلة شواء قيل لي فيها إن الحضور يجب أن يحضروا طعامهم وشرابهم. لم أكن أعرف ماذا يعني "بي واي أوو"، لذلك ذهبت إلى الحفلة بدون أي شيء. تعلَّمت بسرعة أنها تعني "أحضر معك ما تريد من طعام أو شراب". في اليمن وإثيوبيا، يعتبر إحضار الطعام أو الشراب إلى التجمُّعات الاجتماعية شيئًا مهينًا أو حتى مخزيًا للمضيف. ومع ذلك، هذه المرة كنت مستعدًا، وسألت ستيف عما يجب أن أحضره. قال لي: "أي شيء تريده، يا صديقي."

كنت قد عرفت أن الهوت دوج ليس لحم كلب في ذلك الوقت، ولكنني لم أحب أو أرغب في تناول أي شيء يحتوي على لحم خنزير، مثل لحم الخنزير المقدد أو النقانق. لم أكن متأكدًا من ماذا أحضر. لكي أكون في الجانب الآمن، تناولتُ العشاء في منزلي وزرتُ ستيف وأصدقائه ومعي علبتين من المياه الغازية. رحَّب بي ستيف عند الباب.

تواجد في الحفلة خمسة رجال وثلاث نساء، من بينهم المضيف. كان اثنان منهم في الخارج، منهمكين في تحضير الطعام، بينما كان بقية الحضور يتوزَّعون بين المطبخ وغرفة المعيشة.

قدَّمني ستيف إلى المجموعة قائلًا: "هذا هو طالب في تخصص علوم وهندسة الحاسوب." وأضاف أنهم يحبونني لأنني من اليمن وولدتُ في إثيوبيا، مُشيرًا إلى أن اللغة الإنجليزية هي لغته الثالثة.

وقال بابتسامة متهكمة: "إنها فعلًا شيء رائع، أليس كذلك؟ هههههههههههه."

على الرغم من تفاخر ستيف بذلك، إلا أنني رأيت طريقته في الحديث سخيفة وطفولية، وكأنها تتماشى مع شخصية بارث سيمبسون من التلفاز.

ثم اقترب مني أحدهم وقال: "نحن لا نحب الزنوج، لكننا نحبك!" انضم إلينا شخص آخر، وسألني إذا كنت منزعجًا من كلمة «زنجي».

أجبته: "ليس لديَّ تاريخ الاستعباد، وهذه الكلمة لا تزعجني على الإطلاق. أنا أفتخر بكوني وُلِدتُ في إثيوبيا وأني ابن لأم إثيوبية. الأوروبيون لم يستعمروا بلادي. أذكرُ أن إثيوبيا كانت أول دولة إفريقية تهزم إحدى القوى الأوروبية الكبرى. علاوة على ذلك، في يافع العليا، من حيث جاء أسلاف والدي، لم تطأ قدم أي أوروبي تلك الأرض. وبصرف النظر عن لون بشرتي، لم أعتقد أبدًا أنني أقل من أي إنسان آخر، سواء كان أسود أو أصفر أو أبيض. ربما أكون ساذجًا ومتهورًا وغير مطلع، ولكن هذا هو تفكيري." ثم أضفت قائلًا: "اسم "إثيوبيا" مذكور في الكتاب المقدس عدة مرات [سبع وثلاثين مرة في نسخة الملك جيمس]، وهي تُعتبر في كثير من النواحي مكانًا مقدسًا."

سادت لحظة صمت بيننا، فتوقفتُ عن الحديث.

كان هناك عَلمٌ دائمًا ما رأيته مغطيًا نافذة المطبخ التي تواجه الشارع، ولم أكن أعرف ماذا كان يرمز إليه.

سألت أحد الرجلين: "ما هذا العلم، وماذا يمثل؟"

فشرع في شرح مطول قائلًا: "علم الكونفدرالية كان يُستخدم من قِبَل الولايات الجنوبية المنفصلة خلال الحرب الأهلية الأمريكية." وأضاف، "إنه رمز للفخر الجنوبي!"

بارقة أمل

لم أفهم الصلة بين "الفخر الجنوبي" وأيداهو.

مع مرور الوقت، اكتشفتُ أن: العلم الكونفدرالي يُرفع على المنازل وفي الشاحنات هنا في كندا، وهو بلد لا يرتبط تاريخيًا بالجنوب الأمريكي. لكن يبدو أن بعض الأشخاص هنا يحملون نفس الأيديولوجية التي كان هذا العلم يرمز إليها.

بدى من حماسه واندماجه أثناء حديثه عن العلم أنه كان متأثرًا جدًا. كان والداه من منطقة لكنسينغتون في ولاية كنتاكي.

تجمَّع بعض الآخرين حول منضدة المطبخ حيث كانت علب البيرة مكدسة، وصاح أحدهم: "لنقتل كل زنجي حتى يموت آخر يهودي!" وصافحوا بعضهم البعض تعبيرًا عن الحماسة.

كنت أقف وحيدًا ومشوشًا بعض الشيء.

بعد أن قاموا بتجديد مشروبهم، اقترب مني نفس الرجلين وسألاني: "لماذا لا تشرب بيرة؟" فقلت لهم: "كان والدي مدمن خمر، وقد عاهدتُ نفسي ألا أكون مثل والدي."

أعطاني أحدهم مصافحة عالية بحماسة وقال: "هذا رائع، يا صديقي. أنا أحترم ذلك."

من خلال حديثي معهم، اكتشفتُ أنهم كانوا من جماعة الـ "سكنهيدز" "حليقي الرأس" ومن أعضاء تنظيم "الأرية نايشن" فرع أيداهو. وأخبروني عن معسكر تدريب يقع في شمال أيداهو بالقرب من بحيرة هايدن. معظم ما قالوه لم يكن واضحًا لي، حيث لم يكن لدي الخلفية أو السياق الكافي لفهمه. ومع ذلك، ظللتُ مهذبًا واستمررتُ في التفاعل معهم.

❖❖❖❖

في تلك الليلة، كانت هناك الكثير من النكات العنصرية ضد السود، وبالطبع، كانت جميعها مسيئة. ومع ذلك، لم أشعر بالإهانة بسبب هذه النكات، لأنها لم تكن موجهة إليّ شخصيًا. بل كنت حائرًا وفضوليًا بشأن عقليات هؤلاء الأشخاص ومواقفهم.

حتى مع كوني نصف إثيوبي، خلال فترة إقامتي في الولايات المتحدة، كنت أواجه صعوبة في التماهي مع السود الأمريكيين. كنت أفصل نفسي عن كوني أسودَ رغم أن لون بشرتي داكن وأصولي نصفها إفريقية. من وجهة نظري، يعتبر الإثيوبيون أنفسهم إثيوبيين (بُنيين)، وليسوا سودًا.

لماذا نكافح نحن الإثيوبيين لتحديد هويتنا كجزء من المجتمع الأسود الأمريكي؟ ولماذا يعتبر الهنود والسريلانكيون أصحاب البشرة الداكنة، وغيرهم، أنفسهم مختلفين عن السود الأمريكيين؟ ما زلت أتأمل في هذه الأسئلة حتى اليوم.

في أحد الأيام خلال دراستي في أيداهو، أحضر مدرس مادة الاتصالات شريط فيديو إلى الفصل يعرض خطاب "لدي حلم" لمارتن لوثر كينغ. بعد أن شاهدناه، علَّق أحد الطلاب بأن الناس يجب أن يُحكم عليهم حسب أخلاقهم وليس لون بشرتهم. عندها علَّق طالب هندي شرقي قائلًا إنه خاب أمله في خطاب كينغ لأنه لم يشمل الأطفال "البُنيين". من الواضح أنه لم يكن يعتقد أنه ينتمي إلى فئة السود، واعتبر أن الأطفال البُنيين يجب أن يُعترف بهم كجزء من هذه الفئة. صُدمتُ عندما رد المدرس عليه قائلًا، "يا بني، في أمريكا، ما لم تكن أبيضَ، فأنت حتمًا أسود."

إذ أعادتني هذه التجارب وما شهدته من تعليقات ومواقف إلى ما قاله لي مارك هانسن قبل مغادرتي اليمن، حين قال: "ما لم تعرف تاريخك، فإنك لا

تعرف من أنت. لن تُحترم أبدًا إذا لم تكن على دراية بتاريخك."

بعد هذا التجمع، استمررتُ أنا وستيف في تبادل التحيات عند مرورنا ببعضنا البعض. لم يأتِ إلى شقتي أبدًا، ولكن في إحدى المرات طلب مني مساعدته في تشغيل شاحنته بعد أن نفدت بطاريتها. أظهر لي بندقيته الكبيرة للصيد المثبتة في صندوق شاحنته. بين الحين والآخر، كان يشارك معي سمك السلمون وأسماك أخرى اصطادها في كل مرة ذهب فيها إلى نهر بويزي أو إلى أماكن أخرى في رحلات الصيد. ومع ذلك، لم أرَه يتحدث إلى الجارين الآخرين. أخبرني الرجل الذي يعمل في مبنى الكابيتول ذات مرة أنه يجد "من الغريب جدًا أن ستيف لا يتواصل معنا، ولكنه يتحدث إليك. هل تعرف لماذا؟" وما زلتُ أتساءل حتى اليوم عن هذا.

الرابع

أسرار الفتيات

لكنني تعلَّمتُ أن هناك نوعًا معينًا من الشخصية يمكن بناؤه من خلال إحراج نفسك بلا نهاية. إذا استطعت أن تكون سعيدًا مع الإحراج، فلن يكون هناك الكثير مما يمكن أن يؤثر عليك حقًا.

- كريستيان بيل، ممثل أمريكي.

المكنسة الكهربائية

عندما انتقلتُ من السكن الجامعي إلى شقتي في بداية أول فصل دراسي لي في الجامعة، وفي اليوم الذي استلمتُ فيه مفتاح المجمع السكني، لاحظتُ أن المكان له رائحة غريبة. عندما أشرتُ إلى الرائحة لمدير العقار، أعلمني أن المستأجر السابق كان لديه كلب وشارك خططه لتنظيف السجاجيد قريبًا.

في اليوم التالي، طرقَتْ سيدة بابي. كانت أول شخص يأتي إلى بابي، وفتحتُ الباب بلهفه لأرى من هناك.

كانت تقف عند بابي سيدة شقراء جميلة في نفس طولي، تمسك بمكنسة كهربائية في يدها. قدَّرتُ عمرها في أواخر العشرينيات أو أوائل الثلاثينيات. كانت نحيفة وتبدو أنيقة في سروالها الأنيق وقميصها الجميل. بدأتْ تتحدث أسرع من الأشخاص الآخرين الذين قابلتهم في أيداهو حتى تلك اللحظة وبدأت تقول لي أشياء بسرعة كبيرة. تأثرتُ بمظهرها تمامًا وتوقَّفتُ عن الاستماع إلى كلماتها. ليس لأن لغتي الإنجليزية كانت سيئة؛ إذا كنتُ قد

أوليت الاهتمام لما كانت تقوله، لكنت فهمت ما كانت تقوله لي. ولكن بالنسبة لشاب بالكاد رأى وجه امرأة في اليمن، كانت رؤية سيدة جميلة تظهر على بابه دون سابق إنذار أمرًا خارجًا عن المألوف. افترضت أن مدير العقار قد أرسلها لتنظيف السجاجيد.

بينما كنت أحدق في مظهر هذه السيدة، فتحتُ الباب بسرعة وسمحت لها بالدخول إلى غرفة المعيشة. كنت في الشقة لبضعة أيام فقط، لذا لم أكن أعرف مكان المقابس الكهربائية. اندهشتُ من سرعتها في العثور على أحدهم لتوصيل المكنسة الكهربائية بالحائط. كنت محتارًا حول سبب عمل سيدة جذابة بأزياء أنيقة كمنظفة.

استمرَّتْ في الحديث بينما كانت تدفع المكنسة ذهابًا وإيابًا. لم أكن فقط غير قادر على سماع ما كانت تقوله بسبب الضوضاء، بل كانت تتحدث بسرعة كبيرة. نظرتُ إليها طوال الوقت مثل كلب جائع، واقفًا ومندهشًا من قامتها. أوقفَتْ المكنسة لتوضح لي كمية الغبار التي يمكن أن تجمعها. ثم أرتني كيفية تغيير كيس الغبار وكيفية استخدام الميزات الأخرى للمكنسة. كنت مندهشًا مما يمكنها فعله في وقت قصير.

ثم أخرجَتْ بعض الأوراق وطلبَتْ مني التوقيع عليها. عندما قرأتُها، رأيتُ أنها أمر شراء بقيمة ٣٥٧ دولارًا. سألتني إذا كنت مستعدًا لدفع المبلغ بالكامل مرة واحدة أو على أربع دفعات متساوية؟

توقفتُ لحظةً. طوال الوقت، كانت تشرح خيارات الدفع وتسألني إذا كنت مهتمًا بشراء مكنسة كهربائية. كنت أقول باستمرار: "نعم، أوافق"، مبتسمًا وأهز رأسي، دون أن أفهم موضوع الحديث. ظنَّتْ أنني قد وافقت على شراء المكنسة.

أخبرتُها أن هناك سوء تفاهم.

قلـت: "كنـت أتوقَّـع أن يرسـل مديـر العقـار أحدهـم لتنظيـف المـكان بسـبب رائحـة بـول الكلـب في الوحدة."

قالت: "عزيزي، لا. أنا مندوبة مبيعات."

كان ذلك خيبة أمل.

كانـت تكلفـة المكنسـة تعـادل تقريبًـا إيجـار شـهرين. لم أتمكـن مـن قـول لا لهـا لأنها كانـت جميلـة، وأردتُ منهـا أن تسـتمر في الحديـث معـي بلطـف.

وقَّعتُ على عقد واشتريت المكنسة، التي بالكاد كنت بحاجة إليها.

لم أكـن أعلـم حينهـا أن الشـركات في تلـك الأيـام كانـت تعـرف مـن ترسـل لبيع المنتجات والخدمات؛ إرسـال نسـاء جذابـات مـن بـاب إلى بـاب كان أحـد أسـاليب البيـع لديهـم. أدركـتُ سريعًـا أن نشـأتي في اليمـن بوجـود تفاعـل محـدود مـع النسـاء كشـفت نقـاط ضعفـي كرجـل. النظـرات الجذابـة والأصـوات الرقيقـة خدعتنـي لشـراء أجهـزة لم تكـن في ميزانيتـي أو ضمـن قائمـة احتياجاتي.

مندوبة شركة آفون

بعـد حوالـي خمسـة أسـابيع مـن وجـودي في الولايـات المتحـدة ومـرور أكثـر مـن شـهر في مـكاني الجديـد، سـمعتُ جـرس البـاب يـرن مـرة أخـرى. منـذ زيـارة مندوبـة المكنسـة الكهربائيـة والشـخص الـذي جـاء لتنظيـف السـجاجيد، لم يأتِ أحد آخر إلى مكاني. قفزتُ بحماس لفتح الباب.

هـذه المـرة، كانـت سـيدة أخـرى جذابـة، تشـبه تلـك التـي جـاءت بالمكنسـة الكهربائيـة لكنهـا أكبـر سـنًا ببضـع سـنوات، ربمـا حوالـي الخامسـة والثلاثـين. لكـن

السيدة التي جاءت بالمكنسة كانت ذو جمال طبيعي؛ بينما هذه السيدة كانت تبدو أكثر أناقة. فقد كانت ترتدي ثيابًا جميلة ولافتة، تضع الكثير من المكياج وشعرها الأشقر المموج مصفف بشكل جميل. كانت رائحتها منعشة وتضع عطرًا. السيدة التي جاءت بالمكنسة الكهربائية كانت تبتسم عند الحاجة، ولكنها كانت مركزة. بالمقابل، كانت هذه السيدة ودودة جدًا ولها صوت مغرٍ أو ماكر إلى حد ما. شعرتُ أنها تحاول أن تبدو مثل مارلين مونرو.

كنت أعلم أنه لا يجب أن أُخدع مرة أخرى وكنت أنوي أن أكون حذرًا على الفور وألا أقبل أي عروض. كانت طريقة تعامل السيدة الثانية مختلفة كثيرًا.

أول سؤال طرحته علي هو: "هل زوجتك في المنزل؟"

"لا. أنا لست متزوجًا."

كان ردها خادعًا وماكرًا للغاية. "هذا جيد. بل أفضل."

على الأقل، هذا ما اعتقدتُ أنني سمعته منها.

"أود أن أريك بعض منتجاتي." و وضعت يدها علي صدرها

أشارت إلى الحقيبة التي كانت تحملها، وفكرتُ، ما هو منتجها؟

في اليمن، إذا نظرَتْ سيدة أو فتاة إلى فتى لثانية واحدة، نفترض أنها مهتمة عاطفيًا، وتطير خيالاتنا أسرع من سرعة الضوء. سماع صوت جميل بهذه الطريقة الشخصية من امرأة جميلة بابتسامة لا تُنسى أذابني في الحال. كنت متأكدًا أن السيدة تقترح أن أنام معها. بدأت أفكر أن الحلم الأمريكي يشمل أكثر مما كنت أعتقد في البداية!

بدلًا من الاستماع إلى ما كانت تقوله، كان عقلي مشغولًا بالتفكير في تكلفة الأمر وكم سيستغرق من الوقت. في الثانية والعشرين من عمري، لم أكن قد عشت تجربة حميمية مع امرأة من قبل، وكنت أعتقد أن هذه هي فرصتي لأكون مع امرأة أمريكية. افترضتُ أن هذا اليوم سيكون أسعد يوم في حياتي في الولايات المتحدة. بينما كان عقلي الثاني يعمل ويتحكم في تدفق الدم، لم يكن عقلي الأول يعمل. كنت مستغرقًا تمامًا، بالكاد سمعت كلمة مما كانت تقوله هذه السيدة.

الكلمات الوحيدة التي سمعتها كانت، "سأعود حالًا. دعني أحضر شيئًا من سيارتي."

تركتُ الباب مفتوحًا لها، وسارعتُ لأخذ حمام. انتهيتُ من الاستحمام بسرعة البرق وخرجتُ إلى غرفة المعيشة بمنشفة ملفوفة حولي. كانت السيدة تجلس براحة على الأريكة، وأعطتني ابتسامة ساحرة.

قالت: "كنت أتساءل ماذا حدث لك عندما دخلتَ وسمعتُ صوت الدش يعمل. لا بد أنك أخذت دشًا. كان سريعًا."

أخبرتُها: "أخذت دشًا في الصباح، لكن فعلته مرة أخرى من أجلك."

استمرت في الابتسام لكنها بدت مرتبكة قليلًا.

عدتُ إلى غرفة نومي ووضعتُ الكثير من العطر الذي جلبته من اليمن. ارتداء العطر الفاخر هو ما يفعله الرجال العرب، وكنت أشم كأنني استحممت بالعطر. بحلول الوقت الذي عدت فيه إلى غرفة المعيشة، كانت السيدة قد وضعت مجموعة من المنتجات للرجال والنساء على طاولة القهوة. لم أكن أعرف لماذا أو ما هي. تذكرتُ قراءة كتاب ما عن التدليك الجسدي، واعتقدتُ أن هذه المنتجات يمكن أن تكون للتدليك قبل العلاقة

الجنسية. نظرتُ إلى انعكاسي في باب الشرفة؛ بمنشفة حولي وبمجرد خروجي من الدش، كنت أبدو مثل غاندي أو الدالاي لاما. بينما أغطي جزءًا معينًا من جسدي، جلست بسرعة بجانبها على الأريكة. كانت تلك لحظة محرجة، حيث كانت تركز على اللوشن، الشامبو، وغيرها من منتجات التجميل.

وضعت ذراعي حول كتفها.

أزالته بسرعة وأخبرتني بصوت حازم: "أنا هنا لأعرض عليك منتجات آفون الخاصة بي لك وربما لصديقتك المستقبلية."

كل شيء أصبح باردًا وانكمش. غمرتني موجة هائلة من الإحراج. لم أستطع النظر إليها. كنت مرتبكًا.

استمرَّتْ في الكلام.

فكرتُ في النهوض والذهاب إلى غرفة نومي لارتداء بنطلون وقميص. استمرَّتْ في الكلام.

عندما جمعتُ نفسي، لاحظتُ حوالي أربع منتجات نظافة للرجال وحوالي سبعة أخرى للنساء. كانت تستمر في القول إن شراء هذه المنتجات النسائية لصديقتي فكرة جيدة.

أخبرتها: "ليس لدي واحدة."

قالت: "سيكون لديك. أنت رجل جذاب. من يمكنه مقاومة ابتساماتك تلك!"

كان الإحراج لا يُحتمل. أردتُ فقط أن تغادر الغرفة فورًا.

أخبرتها: "سآخذ كل منتجات الرجال ونصف منتجات النساء التي على

الطاولـة."

سألت: "أيها؟"

قلت: "لا يهمني. فقط اقسميها إلى نصفين."

سألت: كم أنا مدين لها.

سألتني لماذا أنا في عجلة من أمري؟

قلت: "لا أعرف..."

لم أرد أن أخبرهـا كـم كنـت مُحرجًـا مـن سـوء الفهـم الـذي وقـع لي وتخيـلاتي الخاطئـة. ذهبـتُ إلى غرفـة نومـي، ارتديـت بعـض الملابـس، وعُـدت إلى الغرفـة ومعـي خمسـون دولارًا.

قالت: "هذا يكفي."

جمعَتْ بقية أغراضها وخرجَتْ.

نعـم، كانـت هـذه ثـاني إهانـة لي في غضـون بضعـة أسـابيع فقـط مـن وجـودي في أمريـكا. جلسـتُ عـلى الأرض لأفكـر وأعيـد تقييـم تلـك الحـوادث، وأفعـالي، والنتائـج النهائيـة. كنـت أتـصرف بعقليـة رجـل يمنـي غـير مألـوف بالبروتوكـول الأسـاسي للتعامـل مـع النسـاء. قـررتُ أن أدوِّن هـذه الحادثـة في مذكـرتي، التـي كانـت مـلاذًا ومسـاحةً سريَّـةً لأعـترف وأتحـدث إلى صديـق خيـالي.

بلاي بوي وبنت هاوس

خـلال أول شـهور لي في الولايـات المتحـدة، كان مـن بـين أول الأشـياء التـي فعلتهـا أن اشـتركت في مجلتَـيْ بـلاي بـوي وبنـت هـاوس. كانـت مثـل هـذه المجـلات

محظورة في اليمن، وكانت العقوبات شديدة إذا تم القبض على شخص وهو يمتلك واحدة. كانت اشتراكيتي بمثابة رمز للحرية وربما نتيجة افتراضي أن جميع الفواكه الممنوعة طعمها أفضل.

كانت أماندا طالبة في سن التاسعة عشرة في سنتها الدراسية الأولى عندما قابلتُها في جامعة بويزي. واعدنا بعضنا لعدة أسابيع، وفي النهاية رأت تلك الصور على الجدار. بحلول ذلك الوقت، لم يكن على الجدار أقل من عشر صور من المجلتين. على عكس بعض الفتيات اللواتي جئتُ بهن إلى شقتي من قبلها، أمضت أماندا وقتًا في التمعُّن في كل واحدة من تلك الصور العارية، وكأنها في معرض فني. أثار رد فعلها دهشتي؛ لم تحكم عليّ أو تستهزئ بي. كانت نظرتها واقعية وغير متحيزة. أما الفتيات الأخريات، فقد جعلنني أشعر كأنني إنسان سيء الخلق لمجرد وجود تلك الصور في غرفتي، لكنها لم تفعل ذلك. وقفتُ بجانبها بينما كانت تتأمل الصور.

بعد أن انتهَتْ من النظر إلى جميع الصور، التفتَتْ إليّ سائلةً، "أي واحدة هي المفضلة لديك؟"

لم يستغرق مني أكثر من جزء من الثانية للرد، "آنسة إيبرل؟"

كان هناك فتاتان بنفس اسم الآنسة إيبرل -واحدة من بنت هاوس وأخرى من بلاي بوي- لكنني فضّلت واحدة على الأخرى. كنت متحمسًا لأشير إلى صورتي المفضلة.

قالت: "آه، فهمت."

قالت: "الآن، أود منك أن تغمض عينيك وتضع رأسك في المكان الذي توجد فيه الصورة. كما لو كنت تنظر إلى الصورة، ولكن يجب أن تبقي عينيك مغلقتين."

بما أنني كنت قد رأيت تلك الصور مرات عديدة، كنت أعرف تمامًا الموضع الصحيح ووضعت رأسي الصغير في المكان الذي يجب أن يكون فيه.

أماندا أمرتني بفتح عينيّ فقط بعد أن تعدّ إلى ثلاثة. وافقتُ. بينما كانت عينيّ مغلقتين ووجهي ما زال موجّهًا إلى مكان الصورة، طلبَتْ مني أن أفتح عينيّ وأجيب على سؤالها فورًا. وافقتُ.

عدّت قائلةً: "واحد، اثنان، ثلاثة"، وعندما فتحت عينيّ، قالت: "تخيّل أن هذه هي أمك أو إحدى أخواتك."

صُعقتُ. لم أستطع بعد ذلك أن أرى تلك الصورة، أو أي صورة من الصور، مجددًا. بعد أن رحلَتْ، قمت بإزالة جميع الصور من الجدار. ووضعت المجلات المستقبلية في سلة المهملات.

أنقذتني أماندا من نظرة مشوّهة للنساء ومن تحويلهن إلى مجرد أشياء جنسية. بتعليقها الواحد هذا، عالجتني من مشاهدة وشراء المواد الإباحية. كنت سأشكرها لو وجدتها اليوم، لأنها علّمتني درسًا قيّمًا يدوم مدى الحياة.

وفقًا للبيانات التي نشرتها جوجل في يونيو ٢٠١٥، فإن ستًا من بين الدول الثماني الأكثر بحثًا عن المواد الإباحية هي دول إسلامية. تتصدر باكستان القائمة في المرتبة الأولى، تليها مصر في المرتبة الثانية. تأتي إيران والمغرب والسعودية وتركيا في المراتب الرابعة والخامسة والسابعة والثامنة على التوالي.

وعلى الرغم من العدد الكبير للمساجد المبنية في العالم الإسلامي، ووجود ملايين العلماء المسلمين، والمليارات من المواد المطبوعة التي تهدف إلى توجيه القيم الأخلاقية للمجتمعات، لا تزال هناك قضايا أساسية تحتاج إلى

معالجـة. قـد يكـون الحـل هـو التخفيـف مـن الإجـراءات الصارمـة الموجـودة وربمـا اعتـماد نهـج أكـثر تحـررًا.

إن التعـرض للمـواد الإباحيـة يمكـن أن يشـكل تصـورات الأفـراد حـول العلاقـات الجنسـية، مـما يؤثـر عـلى قدرتهـم عـلى بنـاء والحفـاظ عـلى علاقـات رومانسـية وجنسـية صحيـة. كـما أن المـواد الإباحيـة تعـد وسـيلة ثقافيـة تؤثـر عـلى الأفـراد، حيـث تتيـح لهـم اسـتيعاب وتبنـي الأعـراف والسـلوكيات الجنسـية.

ثلاثةٌ معًا

أُعجبتُ بإحـدى زميلاتي في الصـف كثيراً، لكنهـا لم تكـن تُعيرني أي اهتـمام أبـدًا. عـلى الرغـم مـن عـدم اكتراثهـا، كنـتُ دائمًـا أسـعى لإثـارة إعجابهـا مـن خـلال درجـاتي. لم تتِـح لي أبـدًا مجـالًا أو فرصـة لمناقشـة مشـاعري معهـا، لكـن ذات يـوم، عندمـا عـاد فريقـي لكـرة القـدم مـن مدينـة أخـرى حيـث كنـا نلعـب، ذهبنـا إلى مطعـم شي-شي حيـث كانـت تعمـل كنادلـة. أخـبرتُ أحـد اللاعبـين أننـي معجـب بهـذه الفتـاة، فقـال ذلـك اللاعـب للاعـب آخـر، الـذي أخـبر لاعبًـا آخـر، الـذي أخـبر المـدرب.

عندمـا جـاءت لخدمتنـا، نظـر إليهـا المـدرب وقـال: "هـل تريـن هـذا الشـاب - الصغـير؟"

قالت: "نعم."

قـال: "هـو معجـب بـك. وعدينـي بـأن تخرجـي معـه في موعـد عاطفـي يومًـا مـا."

أجابـت: "نعـم، أعلـم أنـه صبـي مهـووس. كان زميـلي في الصـف." (في تلـك الفـترة، لم أكـن عـلى درايـة بمعنى كلمـة " المهـووس بالدراسـة.")

على الرغم من برودتها، وافقَتْ على الخروج معي وأعطتني رقم هاتفها.

بعد بضعة أيام، أخذتُها إلى العشاء. لا أذكر اسم المطعم، ولكننا تناولنا سرطان البحر. بعد العشاء، عندما عدنا إلى شقتي وجلسنا نتحدث، سألتني: "هل لديك عشب؟"

أجبت: "نعم، لدي، لكن المالك يعتني به."

فقالت: "لا، أعني سيجارة."

لم أكن لدي أي فكرة عما تعنيه السيجارة، وبعد بعض النقاش قالت لي بإحباط: "الماريجوانا."

فقلت: "آه، لا، ليس لدي واحدة."

فسألتني بحدة: "أي نوع من الزنوج أنت الذي لا يملك سيجارة؟"

كنت أرغب في إبهار هذه الفتاة، فقررتُ الاتصال بأحد زملائي في الجامعة الذي كان يبيع المخدرات، وشرحتُ له الموقف.

قلت له: "معي ٣٧ دولارًا. أعطني بعض الماريجوانا لشخص واحد."

ضحك لأن الماريجوانا تُقاس بالأونصات أو بمقياس آخر، وليس للشخص الواحد. كان يعلم أنني غير متمرِّس في شراء المخدرات.

قال: "هل الفتاة معك الآن؟"

أجبت: "نعم، هي هنا."

قال لي مطمئنًا: "سأجلب لك بعضًا منها."

أعطيتُه العنوان، وجاء بعد وقت قصير. مثل غرفة الفندق، كان باب شقتي يحتوي على سلسلة أمان. فتحت الباب مع ترك السلسلة مكانها ومددتُ

يدي لأعطيه الـ ٣٧ دولارًا وأخذ الماريجوانا. ضحك وقال: "افتح الباب."

قلت له: "لا، فقط خذ المال وأعطني الكمية الكافية لشخص واحد."

بدأ يخيفني بالإيماءات وتغيير، وضعية جسده، بتضخيم صوته ورفعه. بدأنا نتجادل، وفي تلك اللحظة، جاءت الفتاة إلى الباب ووقفَتْ خلفي.

كانت أطول مني. عندما اقتربَتْ مني، قالت: "ما الذي يجري هنا؟"

فكَّتْ السلسلة وفتحَتْ الباب، ورأَتْ من يقف في الخارج.

قالت: "مرحبًا، تاري!" ثم تبادلا التحية بحماس.

سألتُها: "هل تعرفا بعضكما البعض؟"

نظرت إليّ وأجابت: "نعم. اسمه تاري."

كان الرجل بطول حوالي ٥ أقدام و٨ بوصات أو ٥ أقدام و٩ بوصات.

قال لي بصوت منخفض: "يا رجل، لا داعي للدفع. فقط دعني أحصل على بعضا من هذا اللحم الأبيض. "

قلت له: "إنها صديقتي."

قال لي: "اهدأ." ودفعني ليدخل إلى شقتي. ولكنه لم يأخذ المال الذي كنت لا أزال أحمله.

تبعتُه إلى الأريكة حيث جلسنا نحن الثلاثة، وأنا، الأقصر، في الوسط. بدآ في تدخين السيجارة ملفوفه وتمريرها بينهما أمامي. كانت عيناي تتابعان السيجارة وهي تنتقل ذهابًا وإيابًا كما لو كنت أشاهد الكرة في مباراة تنس. لم أشارك في التدخين، لكن الدخان الثانوي كان يُنفَث مباشرة إلى وجهي.

هذا ليس آخر ما أتذكره، لكنه نهاية ما سأرويه عن هذا الحدث!

الخامس

توطيد العلاقات

يعتقد بعض الناس أن كرة القدم مسألة حياة أو موت. لا أحب هذا التفكير. أستطيع أن أؤكد لهم أنها أكثر جدية من ذلك.

- بيل شانكلي، لاعب كرة قدم إسكتلندي.

بدأتُ مسيرتي في المشي لمسافات طويلة في بويزي، وشاركتُ في رياضات منظمة مثل كرة القدم، حيث لعبتُ لفريق جامعة ولاية بويزي (بي إس يو) والأندية المحلية. رغم أنني لم أنجح في البداية في الانضمام إلى فريق الجامعة لكرة القدم بسبب قصر قامتي، تم اختياري في النهاية وأصبحتُ قائدًا مشاركًا ولعبت مع الفريق بفخر. الجزء المضحك في هذه القصة هو عندما سمعتُ أن الجامعة تُقدِّم منحًا جزئية لقسم الألعاب الرياضية، ذهبتُ إلى القسم وسألتُ عن موعد اختبارات فريق كرة القدم. قال لي أحدهم إنها تجري الآن وقال: "من الأفضل أن تسرع"، ففعلت ذلك.

عندما وصلتُ إلى الملعب، أخبرتُ المدرب المساعد أنني جئت للمشاركة في اختبارات الفريق. نظر إليَّ بابتسامة وسأل، "ماذا قلت؟"

"جئتُ للاختبارات الخاصة بكرة القدم"، كررتُ.

صرخ المدرب المساعد قائلًا للمدرب الرئيسي، "هذا الرجل الصغير يقول إنه يريد الانضمام للاختبار".

شعرتُ بالإهانة من وصفه لي بهذا اللفظ. تقدَّم المدرب الرئيسي وسألني ماذا أريد. من لهجتي، اشتبه في أنني أشير إلى رياضة أخرى.

قال: "أنت تعني كرة القدم".

كنتُ قد قلت كرة القدم، لكنني سرعان ما أدركت أنها تُدعى "سوكر" في الولايات المتحدة. علمتُ أنني في الاختبار الخطأ. شكرتُه وغادرت الملعب.

❖❖❖❖

جزء مهم من تأقلمي مع الحياة في الولايات المتحدة كان الشعور بالوحدة والعزلة. كنت في بعض الأحيان أحضر جلسات مضغ القات في اليمن وكان لديَّ دائرة كبيرة من الأصدقاء. على الرغم من كرهي للعيش في اليمن، بدأت أشعر بالحنين لليمن واليمنيين. بدأتُ أشعر بالحنين إلى الوطن والتعاسة. غالبًا ما كنت أنجرف نحو الاكتئاب، رغم أنني لم أكن أعرف معنى الصحة النفسية والاكتئاب في ذلك الوقت. خلال سنتي الأولى في بويزي، كانت مواسم الأعياد هي الأصعب بالنسبة لي؛ حيث كان معظم طلاب الجامعة يعودون إلى منازلهم، وكانت المدينة والحرم الجامعي يبدو خاليًا. لجأتُ إلى العزلة والانسحاب والكتابة في مذكراتي. بدأتُ أتساءل عمَّا إذا كان الأمر يستحق حتى المجيء إلى الولايات المتحدة.

شغف رؤية مدينة نظيفة مثل بويزي بما تحتويه من بنية تحتية، ومناظر طبيعية، وجمال طبيعي، بدأ يتلاشى. لكسب والاحتفاظ بالصداقات، بدأتُ أوزع الهدايا التذكارية التي جلبتها من اليمن على أصدقاء عابرين قابلتُهم هنا. معظم هؤلاء الأفراد كانوا يسألونني عن سبب تقديمي لأشياء تحمل قيمة عاطفية كبيرة بالنسبة لي. أدركتُ سريعًا أن الناس في بويزي يتخلصون من الأشياء التي لا يريدونها، بينما في اليمن نُهدي شخصًا ما شيئًا له قيمة معنوية بالنسبة لنا. لم تثمر طريقتي الكريمة، التي يعتز بها العرب، في كسب الأصدقاء. بعضهم ابتعد عني خشية الاستفادة مني. وقد فهمتُ من

بارقة أمل

هـذه التجربـة أن في اليمـن، إذا وجـدك النـاس كريمًـا ولطيفًـا، فإنهـم يسـتغلونك، بينـما في أمريـكا الشـمالية، الطـرف الآخـر يكـون قلقًـا مـن أن يأخـذ أكـثر مـما يجـب. أخـبرني بعـض النـاس صراحـةً أننـي لا ينبغـي أن أشـتري شـيئًا أو أقـدم شـيئًا للحفـاظ عـلى الصداقـات.

مـع مـرور الوقـت، كوَّنـتُ الكثـير مـن الأصدقـاء. عـلى الرغـم مـما يعتقـده الآخـرون عـن بويـزي، أيداهـو، النظـر إليهـا عـلى أنهـا دولـة متخلفـة ومعرفـة وجـود الأمـة الآريـة وجـدتُ أن أنقـى وأطيـب وأصـدق النـاس الذيـن عرفتهـم كانـوا مـن أيداهـو. نعـم، قـد لا يعرفـون الكثـير عـن العـالم الخارجـي، وربمـا هـذا ينطبـق عـلى العديـد مـن الأمريكيـين، لكـن معظـم النـاس مـن أيداهـو كانـوا طيبـين وصادقـين. بعـد سـنتي الأولى، لم أعـد أشـعر بالقلـق بشـأن عيـد الميـلاد أو عيـد الشـكر، حيـث كانـت العديـد مـن العائـلات مسـتعدة وسـعيدة لاسـتقبالي. كثـيرًا مـا كنـت أتنـاول العشـاء في منـزل عائلـة وأتنـاول الحلـوى في منـزل آخـر.

حتـى الآن، وبعـد مـرور أكـثر مـن ثمانيـة وثلاثـين عامًـا، مـا زلـتُ عـلى اتصـال بالعديـد مـن الأشـخاص الذيـن التقيـتُ بهـم في أيداهـو. كان شـاريز مونسـون وكونـراد جونسـتون مـن أهـم الأشـخاص الذيـن ارتبطـتُ بهـم بفضـل كـرة القدم. كان كونـراد إسـكتلنديًا، تـزوج مـن فتـاة أمريكيـة واسـتقر في بويـزي. لقـد كنـت شريـكًا في قيـادة فريـق الجامعـة وفريـق كـرة القـدم الـدولي معـه لعـدة سـنوات. كان اسـم فريقنـا الترفيهـي هـو "الدوليـين" حيـث كان جميـع اللاعبـين مـن دول مختلفـة باسـتثناء أمريكيَّـيْنِ اثنـين. كنـا نتحـدث لغـات مختلفـة، وننحـدر مـن قـارات متنوعـة، ونتبـع ديانـات متعـددة، لكننـا شـاركنا لغـة واحـدة ودينًـا واحـدًا؛ كـرة القـدم.

بالنسـبة لي، لم تكـن كـرة القـدم مجـرد رياضـة يمارسـها الفتيـان والفتيـات في جميـع أنحـاء العـالم. تعلَّمـت بسرعـة كيـف أن الطـلاب الدوليـين في الحـرم

الجامعي كانوا يشتركون في شعور مشابه. سرعان ما توثَّقتْ علاقتنا من خلال رياضتنا المشتركة. ولكن هذه الرياضة أعطتني أكثر من ذلك في بويزي وفتحَتْ لي آفاقًا لبناء شبكات إنسانية إضافية. بالإضافة إلى منحي منحة جزئية في كرة القدم لتخفيف تكاليف دراستي، وجدتُ أن ممارسة التمارين الرياضية بانتظام أعطتني شعورًا هائلًا بالراحة. شعرتُ بمزيد من النشاط طوال اليوم، ونمتُ بشكل أفضل في الليل، وكنت أكثر حدة في ذاكرتي، وكنت أشعر بالاسترخاء والإيجابية تجاه نفسي وحياتي. ساعدتني الرياضة في مواجهة ضغوط التكيُّف مع الثقافة الجديدة والتحديات الأكاديمية. كان لها تأثير إيجابي عميق على اكتئابي وقلقي والآثار الطويلة الأمد لماضِيَّ المؤلم.

قبل وصولي إلى أيداهو، ومن خلال الدورات الدراسية التي أخذتها، تعلمت أن أيداهو كانت في السابق إقليمًا في الشمال الغربي كان أكبر من تكساس. ولكن بعد إنشاء ولاية مونتانا وwايومنغ، تقلَّصت مساحة أيداهو.

في أوائل الثمانينات، كان عدد سكان بويزي حوالي ١٢٠,٠٠٠ نسمة. كانت مدينة أصغر بكثير مقارنةً بأديس أبابا (١.٢ مليون نسمة!) أو صنعاء (٥٠٠ ألف نسمة)، حيث كنت قد عشت قبل وصولي إلى بويزي. في السنة الأولى أو نحو ذلك، نادرًا ما رأيتُ أي شخص من أعراق أخرى خارج الحرم الجامعي. كان الجميع من ذوي البشرة البيضاء! كانت منطقة وسط المدينة نظيفة وهادئة مقارنةً بالمناطق المغبرة والمزدحمة في وسط مدينة صنعاء. في ذلك الوقت، لم تكن أديس أبابا أفضل بكثير، لكنها كانت مدينة أكثر خضرة من صنعاء. كل ما كنت أفعله هو مقارنة ما أراه بما كنت عليه في الماضي.

في بويزي، أخذَتْ حديقة جوليا ديفيس أنفاسي بعيدًا. بعد وصولي من مدينة صنعاء المليئة بالغبار والقذارة، مع قلة الحدائق العامة المُعتنى بها، كان اكتشاف هذه الحديقة خلال أسابيع قليلة من وصولي مفاجأة. الحديقة

منحتني الوصول إلى ممر نهر بويزي الأخضر، وهو مسار على ضفاف نهر بويزي رائع للمشي أو ركوب الدراجات. اتَّبَعَ المسارُ المشجرُ النهرَ عبر قلب المدينة وقدَّم مناظر طبيعية خلابة وموائل للحياة البرية. في ذلك الوقت، تساءلتُ لماذا الدخول إلى مثل هذه الحديقة كان مجانيًا. اعتقدتُ ربما فاتني دفع رسوم اليوم بطريقة ما. كانت شقتي على بعد حوالي أربع بلوكات من حديقة جوليا ديفيس.

مثل ميناء المخا في اليمن، كانت حديقة جوليا ديفيس هي المكان الذي يمكنني الجلوس فيه ومعالجة أفكاري. كنت أذهب هناك كثيراً لرسم خططي لما سأفعله في حياتي. كان أول مكان ألتقط فيه كرة سلة لأرميها في الشبكة. كانت المرة الأولى التي ألعب فيها لعبة البوتشي ولعبة الحدوة في هذه الحديقة، التي منحتني أول فرصة لرؤية شخص يصطاد السمك كنوع من الترفيه. (الصيد هو عمل وحياة في اليمن). لعبتُ بكرة القدم الخاصة بي وركبت الدراجة في المنطقة. وفي السنوات اللاحقة، كنت غالبًا ما آخذ مواعيدي للتنزُّه والجلوس والحديث معي في الحديقة.

خلال الأسابيع الثلاثة الأولى لي في أيداهو، قضيتُ نصف يوم تقريبًا أدور حول مبنى كابيتول ولاية أيداهو بالدراجة. كان أكثر المباني روعة التي رأيتها حتى الآن. كان هناك أيضًا مسرحٌ يسمى المسرح المصري، وتساءلتُ لماذا سُمِّيَ بهذا الاسم. سألتُ نفسي إذا كانت العروض المصرية تُلعَب هناك أم ماذا، لكنني سرعان ما علمت أنه مجرد اسم.

حليف غير متوقع

وتعلّمتُ المزيد عن ثقافة الرأس المحلوق في أيداهو. تم إنشاء مجمع التدريب في عام ١٩٧٤ عندما جاء ريتشارد باتلر من كاليفورنيا واشترى

عشريـن فدانًـا مـن الأرض بالقـرب مـن بحيرة هايـدن. كان مكتـب التحقيقـات الفـدرالي دائمًـا يحـوم حـول تلـك المنطقـة.

❖❖❖❖

في فصلي الـدراسي الثـاني، خـلال فصـل الربيـع، مـرَّتْ سيارة رياضيـة بُنِّيَّـة اللـون مـن طـراز تويوتـا سـيلكا بجـوار شـقتي في أحـد الأيـام حـوالي السـاعة الرابعـة مسـاءً. كانـت الموسـيقى في السـيارة عاليـة جـدًا لدرجـة أن المـرء كان يسـمعها مـن علـى بعـد مبنـى سـكني.

بعـد القيـادة حـوالي ٩٠ مـترًا (١٠٠ يـاردة) بعـد شـقتي، توقَّفَـتْ السـيارة. بعـد بضـع لحظـات، قـادت السـيارة إلى الـوراء وتوقفَـتْ أمـام وحـدتي. كان هنـاك شـابان أسـودان في السـيارة، تـتراوح أعمارهـما بـين العشريـن والثانيـة والعشريـن، لم أرهـما مـن قبـل. خرجـا واقتربـا مـن مـكاني. اعتقـدتُ أنهـما ربمـا يريـدان أن يسـألاني عـن الاتجاهـات أو شيء مـا. نظـرتُ إلى يسـاري، ورأيتُ سـتيف يشـاهدنا مـن عتبـة بابـه.

بـدأ أحـد الشـابين السـود في التحـدُّث معـي. كان يتحـدَّث بسرعـة. كانـت إنجليزيـة، لكنـي لم أسـتطع فهـم كلمـة واحـدة. اعتقـدتُ أننـي سـمعت "كيـف حاااللللـك". الباقـي لم تسـتوعبه رأسي.

كنـت متحمسًـا جـدًا لمقابلـة هذيـن الشـابين الأمريكيـين الأسـودين! لم أقابـل أحـدًا منهـم شـخصيًا مـن قبـل. قبـل قدومـي إلى الولايـات المتحـدة، كنـت قـد رأيـت صـورًا وأفلامًـا عـن الأمريكيـين السـود فقـط. أتذكـر بوضـوح قصـة كونتـا كينتـي في فيلـم "الجـذور"، لكـن مـا كنـت أعيشـه في هـذه اللحظـة كان تجربـة حيَّـة حقيقيـة مـع الأمريكيـين السـود. إنهـا فرصـة رائعـة!

وقفتُ وسألتُ: "هل يمكنني مساعدتكما؟"

توقفا ونظرا إليَّ وكأن شيئًا ما غير صحيح بي.

"يا رجل، اهدأ. توقَّفنا لنقول مرحبًا"، قال أحدهم.

كلما تحدثا أكثر، كلما قلَّ فهمي لما يقولون، وبما أن هذه كانت أول مواجهة لي مع أمريكيين سود حقيقيين، شعرتُ بالإحراج والخجل لأنني لم أستطِع قول أي شيء لأنني لم أفهم الكلمات التي كانوا يقولونها. شعرتُ أنهم يريدون زيارتي. حاولتُ مصافحتهم، لكن كان لديهم أسلوبهم الخاص في التحية الذي لم أمارسه من قبل.

دفعا طريقهما إلى شقتي، وتبعتهما. نظرا إلى جدار غرفة المعيشة، حيث كان لدي عدة أشياء صغيرة من الوطن: ملصقات عملاقة لنساء إثيوبيات وصور لجبال في شمال اليمن. سألتهما إذا كان بإمكاني صنع قهوة أو شاي لهما، لكنهما لم يردًّا. توجها إلى مطبخي وفتحا ثلاجتي. في بلدي، كان ذلك أكثر الأشياء غير المناسبة التي يمكن فعلها. لِمَ تذهب وتفتح ثلاجة شخص لا تعرفه. لم أكن قد فتحتُ حتى ثلاجات أخواتي. كنت أطلب منهن شيئًا وهن يعطينني ما أحتاجه. كان سلوك هؤلاء الرجال غريبًا ومربكًا.

لم يجدوا شيئًا في ثلاجتي.

قال أحدهم، "هذا القصير لا يملك شيئًا ليأكله. ليس من المستغرب أنه نحيف مثل هؤلاء الإثيوبيين الجائعين."

فكرتُ في نفسي، من الواضح أنهم لا يعرفون أنني جزئيًا إثيوبي. سألني أحدهما: "هل أنت من ولاية كارولينا الشمالية؟"

"لا، لماذا؟"

"لديك لهجة مشابهة لهم."

لم يعطياني فرصة للتعريف بنفسي. تجوَّلا في شقتي، بما في ذلك غرفة النوم والحمام، قبل أن يغادرا. كانا فتيَيْنِ ضخمَيِ البنية، ربما بطول ١٨٥ سنتيمترًا (على الأقل ستة أقدام)، وذوَيْ عضلات مفتولة. شعرتُ بأنني قزم وأنا أقف بجانبهما.

بعد حوالي ساعة من مغادرتهما، عدتُ إلى مكتبي لأكمل واجبي المدرسي. لاحظتُ أن حاسبة إتش بي-٤١ سي الخاصة بي كانت مفقودة. كانت هذه الحاسبة قد اشتراها أحد المغتربين الأمريكيين وأحضرها إلى شمال اليمن لي، وقد كلَّفتني ٢٥٠ دولارًا. كان هذا مبلغًا كبيرًا من المال في ذلك الوقت. بدونها، لم أكن قادرًا على إكمال واجبي المنزلي.

في اليوم التالي، شاركتُ مشكلتي مع رضا، زميل في الصف من إيران. قال لي: "هناك خمسة عشر طالبًا أسود فقط في حرم جامعة بويز ستيت، وهم تحت منح دراسية لكرة السلة وكرة القدم الأمريكية. إذا ذهبت إلى الصالة الرياضية، قد تجدهم جميعًا هناك. ربما تستطيع استعادة حاسبتك."

ذهبتُ إلى صالة برونكو الرياضية لأول مرة. بينما كنت أتجول في المرفق بحثًا عن شخص أسود، ظللتُ أشم رائحة بنجاي لاذعة. في حرم جامعي حيث ٩٩ في المئة من السكان كانوا أصحاب بشرة بيضاء، لم يكن من الصعب رصد شخص أسود يمارس التمارين الرياضية. تعرَّفت على اثنين في منطقة رفع الأثقال واستمررت في النظر إليهما للتأكُّد من أن واحدًا منهما على الأقل كان جزءًا من المجموعة التي جاءت إلى شقتي. نعم، كان الاثنان هناك. بدأتُ أفكر فيما سأقوله لهما. كنتُ قلقًا من أن أقول شيئًا خاطئًا - أن أجعلهما غاضبَيْنِ.

عندما اقتربتُ من المقعد حيث كانا يمارسان التمارين، قال أحدهما:

"انظـروا مـن هنـا، جريمـين. القـزم النحيـف هنـا."

نظـر كلاهـما إليّ. قبـل أن أنطـق بكلمـة، قـال أحدهـما: "مـاذا تفعـل هنـا بحـق الجحيـم؟"

بعد أن بلعتُ ريقي، قلت: "كنت أفكر في أن أسأل..."

"تسأل عن ماذا؟" قال أحدهم.

وكرر الآخر، "تسأل عن ماذا؟"

بدآ في الغضب بالفعل. ماذا سيفعلان إذا سألتُ عن حاسبتي؟

أصررتُ وقلـت: "لم أسـتطع العثـور عـلى حاسـبة إتـش بي-٤١ سي الخاصـة بي بعـد زيارتكـما لشـقتي. إنهـا حاسـبة باهظـة الثمـن. وأحتاجهـا لدراسـتي."

اقترب أحدهما مني ببطء. كان وجهي بالكاد فوق سرّة بطنه.

"إذا عُـدتَ مـرة أخـرى تبحـث عـن تلـك الحاسـبة اللعينـة، سـأكسر عنقـك النحيـف. هـل فهمـتَ؟ اخـرج مـن هنـا قبـل أن أضربـك ضربًـا مبرحًـا."

عـدتُ مبـاشرة إلى شـقتي. عندمـا كنـتُ أمـر بجـوار مدخـل سـتيف، قفـز مـن شـقته وقـال: "مـاذا كان يفعـل هاذيـن الزنجيـين في شـقتك بالأمـس؟"

قلت: "لا شيء."

كان يعلـم أننـي دائمًـا مـا أبتسـم عندمـا أحيـي النـاس، ولاحـظ أن هنـاك شـيئًا مـا خطـأ بسـبب غيـاب ابتسـامتي المعتـادة. بـدا عـليّ الحـزن والارتبـاك. غـيَّر بسرعـة الموضـوع مـن سـؤال عـن زيـارة الرجلـين الأسـودين إلى حالتـي وسـألني إذا كنـت بخـير. أخبرتـه أننـي فقـدت حاسـبة باهظـة الثمـن.

لم يسـتغرق الأمـر منـه وقتًـا طويـلًا ليكتشـف مـا حـدث، وقـال بسرعـة، "هاذيـن

الزنجيَّيْنِ أخذاها من شقتك بالأمس."

قلت: "لا أعرف حقًا. قد يكونان هما، لأنني استخدمتها قبل أن يأتيا، واختفت بعد مغادرتهما."

استمررت في القول، "لا بأس. سأشتري واحدة أخرى"، خوفًا من إشعال حرب أهلية.

استدار ستيف وعاد إلى شقته في صمت.

بعد بضعة أيام، سمعتُ جرس الباب. عندما فتحتُ الباب، كان ستيف وأصدقاؤه هناك. كانوا خمسة منهم.. حاملين مضارب بيسبول.

لاحظت أن ستيف يحمل حاسبة في يده.

قال: "هل تبدو هذه مثل حاسبتك؟"

أخذُتها من يده وبعد فحصها وقلت: "نعم إنها هي. أعرف الأرقام الأربعة الأخيرة من الرقم التسلسلي."

تبيَّن لي فيما بعد، أنهم اقتحموا الصالة الرياضية وهددوا بكسر رأسي هذين الصبيين الأسودين إذا لم يسلما حاسبتي. كان الفتيان السود أقل عددًا، خمسة ضد اثنين، فسلموا الحاسبة دون قتال.

❖❖❖❖

هل استعاد ستيف وأصدقاؤه الحاسبة المسروقة لمساعدتي أم لأنهم شعروا بالأسف من أجلي؟ لست على يقين من ذلك. أتساءل ما إذا كان ذلك أكثر احتمالًا بسبب كراهيتهم العميقة للأمريكيين السود. ربما كانت مثل هذه الحادثة عذرًا جيدًا لهم لبدء شجار مع السكان السود المحليين. أما بالنسبة لي، فلم أهتم بأي قضايا اجتماعية أو سياسية قد تكون لديهم؛

كنت سعيدًا باستعادة حاسبتي.

عندما أتأمل تلك الحادثة، أقول دائمًا إن معظم الناس لا يكرهون مظهر الآخرين. بدلًا من ذلك، يحكم الناس على الآخرين بشكل أساسي من خلال طريقة تصرفهم. في كل مرة أحكي فيها هذه القصة لأصدقائي، لا يمكنهم تصديق أن أعضاء أمة آريان والرؤوس الحليقة دافعوا عن جارهم الإفريقي والعربي واستعادوا لي حاسبتي المسروقة. علاوة على ذلك، على الرغم من أنني أسود، لم أفكر أبدًا في نفسي كأني أسود. بدلًا من ذلك، أرى نفسي كعربي وإثيوبي. لست متأكدًا مما إذا كنت أشعر بتفوق على الأمريكيين السود، لكنني لم أعتقد أبدًا أنني أقل من الرجل الأبيض أيضًا. كان لدي غرور كبير للغاية لأفكر في نفسي كأني أقل!

منذ صغري كان سيدني بواتييه أحد من أقتدي بهم في حياتي. لقد تأملتُ كثيراً في اللحظة عندما قال والد شخصية بواتييه (جون برنتيس) إن برنتيس لا ينبغي أن يتزوج امرأة بيضاء، في فيلم "خمِّن من سيأتي للعشاء". كان رد برنتيس الرئيسي هو: "أبي، أنا أحبك وأحترمك. أُقدِّر كل ما فعلته من أجلي، لكن الفرق الأساسي بيننا هو أنك تعتقد أنك رجل ملوَّن، لكنني أعتقد أنني رجلٌ فقط بدون تمييز."

كان معلمي الحقيقي، مارك هانسن، يقول لي دائمًا، "أنت الرجل." لقد غرس في داخلي الرغبة في التأكد من أنني أرى نفسي كرجل، وليس كرجل ملون.

في فيلم آخر لبواتييه، "في حرارة الليل"، عندما يضرب رجل أبيض شخصية بواتييه (فيرجيل تيبز) في وجهه، كان رد تيبز هو الأول في تاريخ السينما الأمريكية - كانت هذه هي المرة الأولى التي يضرب فيها رجل أسود شخصًا أبيض على الشاشة. رفض بواتييه أن يأخذ الدور ما لم يتم تضمين الانتقام.

وبالمثل، حرص مارك على ألا أتبنَّى عقلية "أدر الخد الآخر". كان يعرف أنني أميل إلى الخضوع، والانحناء للآخرين والابتعاد عن الصراع. شجَّعني وألهمني لأكون حازمًا وأطوِّر شخصية قوية. علمًا بالتوترات العرقية في الولايات المتحدة، وبالأخص علمًا بوجود الأمة الآرية في أيداهو، أرادني أن آتي إلى الولايات المتحدة بثقة كاملة. عمل بجد لجلب أمثال مالكوم إكس وسيدني بواتييه إلى حياتي كنماذج.

كان يعتقد أنني سأكون أفضل حالًا إذا بقيت في اليمن لأنني أتيت من قبيلة قوية، لكن نظرًا لأنه كان يعلم أنني عازم على الذهاب إلى الولايات المتحدة للحصول على تعليم غربي، أراد التأكد من أنني لن أتحطَّم في الولايات المتحدة. عمل مارك على بناء شخصية بداخلي لم أكن أمتلكها عندما قابلني.

رحلة كفاح

بعد أن أمضيتُ بضع سنوات في الولايات المتحدة، قرر أحد أصدقائي الانتقال إلى بوكاتيلو، أيداهو، لمتابعة دراسته في جامعة ولاية أيداهو. في أحد عطلات نهاية الأسبوع، جاءت صديقته إلى بويزي لزيارة أقاربها البعيدين. طلب مني صديقي أن آخذها إلى وسط المدينة لأريها الأماكن الشهيرة.

أخذتها إلى ملهى يتردد عليه معظم طلاب الجامعة. كان مساء يوم سبت في صيف عام ١٩٨٩. كنا نرقص على أغاني مثل "تعرفين أنها الحقيقة، يا فتاة" لفرقة ميلي فانيلي و"إلى الأعلى" لبولا عبدول، وكان وقتنا ممتعًا.

اقترب منا رجل طويل وضخم وسأل إذا كان بإمكانه شراء جولة من المشروبات لنا. لم تكن الفتاة ولا أنا نشرب الكحول، لذلك شكرناه وأخبرناه

بارقة أمل

أننـا غـير مهتمـين. فابتعـد عنـا.

لاحظـتُ أنـه كان يحـوم حـول المنطقـة التـي كانـت بهـا طاولتنـا. انتظـر حـوالي خمـس عـشرة دقيقـة أخـرى، ثـم جـاء ليسـألني إذا كان بإمكانـه الرقـص مـع الفتـاة. أخبرتُـه أنـه يجـب أن يسـأل الفتـاة إن كان ذلـك مقبـولًا لديهـا، وهـذا مـا فعلـه، فقالـت لـه إنـه يجب أن يسـألني. عـاد إليَّ ليسـأل مجـددًا. قلـت لـه: "فقـط أغنيـة واحـدة"، ثـم توجهـا إلى سـاحة الرقـص.

أغنيـة الرقـص التاليـة كانـت بطيئـة، وواصـل الرجـل الرقـص مـع الفتـاة رغـم رغبتهـا في التوقـف بعـد انتهـاء الأغنيـة. بعـد أن أنهيـا رقصتهـما، أعادهـا إلى طاولتنـا. كان يظـن أننـا لسـنا ثنائيًـا، فسـألني إن كانـت الفتـاة صديقتـي. أخبرتـه أنهـا ليسـت صديقتـي، بـل هـي صديقـة جيـدة لصديقـي. أراد أن يدعـو الفتـاة للذهـاب معـه إلى المنـزل تلـك الليلـة، وهـو مـا لم يكـن مقبـولًا بالنسـبة لي ولا لهـا. كان صـوت الموسـيقى عاليًـا، وكان الرجـل يهمـس في أذني ليخفـي عـلى الفتـاة مـا يحـدث. بأثـر رجعـي، ربمـا كان يجـب عـليّ أن أقـول لـه إنهـا صديقتـي، ممـا كان سـينهي القصـة في تلـك اللحظـة.

عندمـا عـادت الفتـاة إلى الطاولـة، أخبرتنـي أنهـا شـعرت بعـدم الارتيـاح مـن هـذا الرجـل واقترحـت أن نغـادر. وافقـتُ عـلى ذلـك بعـد أغنيتـين أو ثـلاث.

في هـذه الأثنـاء، كان الرجـل قـد سـحب مقعـدًا وجلـس معنـا. بـدلًا مـن الجلوس، اسـتند إلى المقعـد ووقـف فوقنـا، متظاهـرًا بالهيمنـة علينـا. أخبرنـاه أننـا لا نرحـب بـه في طاولتنـا وأننـا نعتـزم مغـادرة المـكان. لم يكـن سـعيدًا بذلـك وبـدأ يتفاخـر بعضلاتـه ويقـف بشـكل مسـتقيم ليحـاول ترهيبنـا. لم يؤثـر عـليّ تصرفـه، فـأصررت عليـه بجديـة أن يتركنـا. بعـد بضـع ثـوانٍ مـن التظاهـر بالاسـتناد إلى الطاولـة، رحـل. وبينـما كان يبتعـد، ظـل يحـدق في وجهـي، وكأنـه مندهـش مـن

أنني لم أتأثر بمحاولته للتهديد لكنه كان لا يزال يحاول فرض نفسه.

شعرنا أنه يريد أن يتشاجر معنا وأن يُحوِّل ليلة الفتاة الجميلة إلى واحدة سيئة. كما كان قد شرب أكثر من اللازم، ففكَّرنا أنه من الأفضل تجنُّبه. اتفقنا على أن نتظاهَر بأنها ذاهبة إلى الحمام، وتغادر النادي من الباب الخلفي، وتقود سيارتي إلى محطة البنزين التي تبعد حوالي ميل ونصف عن النادي، حيث سألتقي بها هناك.

غادرَتْ الفتاة، وانتظرتُ حوالي خمس عشرة دقيقة أخرى قبل أن أقرر مغادرة النادي. خلال تلك الفترة، كان الرجل يتجوَّل باحثًا عن الفتاة، ويسألني مرارًا أين ذهبت. حاولت أن أشرح له أنها لديها صديق وأنه يجب عليه البحث عن فتاة أخرى بدلًا من إضاعة وقته معها. لم تعجبه إجابتي وبدا وكأنه مهووس بها. ربما كان الرفض هو ما أثار غضبه.

غادرتُ المنطقة الرئيسية للنادي، التي كانت في الطابق السفلي، وعندما وصلتُ إلى أعلى الدرج، اصطدمتُ بأرجل طويلة وعريضة تسد طريقي. عندما نظرتُ إلى الأعلى، أدركتُ أن الأرجل تعود لنفس الرجل الذي كان يحوم حولنا محاولًا الوصول إلى صديقة صديقي. مرة أخرى، سألني أين الفتاة. وأجبت مرة أخرى بأنه يجب عليه البحث عن فتاة أخرى لأنها مرتبطة بشخص آخر. أمسك بي من قميصي ورفعني في الهواء.

"أين هي؟" طالبًا معرفة مكانها بينما كانت قدماي تتدليان في الهواء.

طلبتُ منه بلطف أن يتركني. كنت أشم رائحة الكحول في أنفاسه، وبدا مصممًا على الوصول إليها بأي ثمن.

عندما أنزلني، أخبرتني غريزتي أنه كان على وشك أن يطرحني أرضًا أو يلقي بي على الحائط الخرساني.

بارقة أمل

في جزء من الثانية، قفزتُ كالعنزة وضربت وجهه بجبهتي، بنفس الطريقة التي كنت أضرب بها كرة القدم ملايين المرات من قبل. سمعتُ صرخةً هائلةً عندما بدأ يسقط. تركني وأمسك بوجهه، غير مدرك لما أصابه.

ركضتُ للقاء الفتاة في محطة البنزين.

لاحقًا، سمعتُ أنه تم نقله إلى المستشفى بفك مكسور. لم يعرف أحد من فعل ذلك. ربما كان يشعر بالخجل للاعتراف بأن رجلًا بطول ١٦٧ سنتيمتر (٥,٥) ووزن ٥٤ كيلوجرام (١٢٠ رطلًا) أسقطه بضربة رأس غير تقليدية.

السادس

الزواج المزيف

لا تضطهد الغريب؛ لأنكم تعلمون كيف يكون الشعور بالغربة، إذ كنتم غرباء في أرض مصر.

سفر الخروج ٢٣:٩.

منذ اليوم الذي غادرتُ فيه اليمن الشمالي، كنت قد عزمت على عدم العودة أبدًا. كما كنت أعلم أن الأموال المدخرة لن تكون كافية لتغطية تكاليف برنامج الدرجة الجامعية الذي يستغرق أربع سنوات. فكرتُ في الهجرة الدائمة والبقاء في الولايات المتحدة. التأشيرة الدراسية التي حصلتُ عليها كانت صالحة لمدة أربع سنوات فقط وكان من الممكن تمديدها لعام آخر بعد التخرج لاكتساب الخبرة العملية في تدريب عملي. للحفاظ على وضعي القانوني في الولايات المتحدة، كان يجب أن أكون مسجلًا في جامعة أمريكية وأحمل عبئًا دراسيًّا لا يقل عن اثنتي عشرة ساعة معتمدة (ثلاث دورات دراسية). كانت فرصتي في العمل أثناء الدراسة محدودة لوظائف الحد الأدنى للأجور في كافيتريا الجامعة، والمكتبة، ومختبرات الحاسوب، أو الأقسام الأخرى لعدد ساعات لا يتجاوز عشرين ساعة في الأسبوع. كان الحد الأدنى للأجور في ذلك الوقت ٣,٣٥ دولارًا.

كانت قناعتي وبعمق في داخلي أنه يجب عليّ أن أصبح مقيمًا دائمًا في الولايات المتحدة لكي أتمكن من العمل قانونيًا خارج الحرم الجامعي وتخفيض تكاليف الدراسة الجامعية (حيث يدفع الطلاب الدوليون ثلاثة

أضعاف ما يدفعه المواطنون والمقيمون في الولايات المتحدة). وعلى الرغم من أنني كنت أملك فرصة للحصول على الإقامة بعد الانتهاء من الجامعة، كان عليّ أن أجد صاحب عمل يبقيني على جداول رواتبه لمدة ست سنوات متواصلة وأن أحافظ على سجل جنائي نظيف طوال المدة التي أقضيها في الولايات المتحدة.

لكن بعد السنتين الأوليَيْنِ، أدركتُ أنني سأعاني من نقص في المال. تكاليف السكن والطعام بالإضافة إلى الرسوم الدراسية في منتصف الثمانينات في بويزي كانت تبلغ ١٢,٥٠٠ دولار سنويًا، ولم تكن تشمل النفقات الإضافية مثل امتلاك سيارة أو السفر أو الأنشطة الترفيهية الأخرى.

أقنعني مارك هانسن بأنني محبوب ويمكنني العثور على أي فتاة للزواج مني. كانت الفكرة مغريةً لي، لكنها كانت معقدةً من ناحيتي. عندما وصلتُ إلى الولايات المتحدة، كنت لا أزال أحب خطيبتي اليمانية-الحضرمية التي كانت في وطني. على الرغم من أنني أنهيتُ العلاقة، إلا أن مشاعري تجاهها بقيت. لم أكن متأكدًا أيضًا إن كنت جاهزًا للزواج من فتاة أمريكية.

لكن في فصلي الدراسي الثاني، بدأتُ في مواعدة عدد من الفتيات وركزت على العثور على شخص يتزوجني فورًا. معظم الفتيات اللواتي التحقن بالجامعة كنّ بين الثامنة عشرة والثانية والعشرين ولم يكنّ مهتمات بالزواج، بل بتجربة المواعدة فقط. كثيرًا ما شعرتُ أنني مجرد لعبه جنسيه للتجربة فقط، حيث كان هناك أقل من ثلاثين طالبًا أسود في الحرم الجامعي. بدأت أتساءل مبكرًا إذا كان هذا هو شعور النساء عندما يقترب منهن رجل فقط من أجل الجنس. كان ذلك الشعور مهينًا للغاية - هل كنت مناسبًا فقط لتجربة الجنس؟

خلال الأشهر الأولى لي في بويزي، تعرفت على شقيقين من غرب إفريقيا، وكان أحدهما طالبًا في جامعة ولاية بويزي. أرسل لي الشقيق الأصغر من مكتب القبول في الجامعة لتوجيهه، حيث كان مسجلًا في الجامعة وكان جديدًا في أمريكا. وبصفتي رئيسًا لجمعية الطلاب الدوليين، كنت الشخص الذي يلجأ إليه معظم الطلاب الجدد في السنة الأولى للحصول على الإرشاد. كان الشقيق الأكبر قد عاش في الولايات المتحدة لعدة سنوات، لكنه كان يعيش في ولاية مختلفة قبل أن ينتقل إلى بويزي. لم يكن يدرس، ولم أكن حتى متأكدًا مما كان يفعله لكسب رزقه.

بدأ الشقيق الأصغر يلعب كرة القدم للجامعة، وأصبحنا أكثر قربًا. بعد فترة قصيرة من لقائنا، وجد صديقة وتزوجها. لم يكن قد مضى سوى بضعة أشهر على وجوده في بويزي حينها. كانت زوجته فتاة بيضاء أمريكية. حضرتُ حفل زفافهما. بعد الزواج، حصل على وضع الإقامة المؤقتة وتمكَّن من العمل خارج الحرم الجامعي في إحدى سلاسل المطاعم، حيث كان يكسب جيدًا ويعمل ساعات أطول. فكرة الزواج من شخص مثل زوجته دفعني إلى الاستمرار في البحث.

زوجته، وهي أم عزباء تبلغ من العمر أربعة وعشرين عامًا ولديها طفل يبلغ من العمر ثمانية عشر شهرًا، كانت تعمل كأمينة صندوق في متجر بقالة محلي. لم تكن تلك النوعية من الشراكة أو الاختيار تروق لي، حيث كانت لدي معايير خاصة بي. كيف يمكنني أن أقدم أمينة صندوق لديها طفل لأخواتي؟ لم أكن أحترم ذلك النوع من النساء في ذلك الوقت. كنت أعتقد أن المرأة التي أتزوجها يجب أن تكون مهندسة أو محاسبة أو من ذوي المهن الأخرى. كنت أنظر بازدراء إلى أمثالها في ذلك الوقت - أم ليست متزوجة لديها طفل. كم كان ذلك متناقضًا وأشبه بالنفاق مني أن آتي من

دولة نامية وأنظر بازدراء لامرأة تكسب رزقها بصدق، وتعمل بجد كأمينة صندوق.

كنت أتساءل من سيعتني بطفلها أثناء عملها. رأيت وضع صديقي كصداع ومسؤولية مالية كبيرة. لم يكن يهمني الزواج من شخص لديه طفل ولم يكن من المرجح أن يكون متعلمًا بعد المرحلة الثانوية.

بعد إحدى مباريات كرة القدم في الجامعة، سألني مالك، الأخ الأكبر الذي كان متهورًا ولديه عادة تغيير الصديقات مثل تقليب البرجر في ماكدونالدز، عما إذا كانت لدي أي خطط للحصول على إقامة دائمة في الولايات المتحدة. لم أكن أعرف كيف أرد على سؤاله لأنني كنت قلقًا بشأن ما قد يفعله أو يقوله بناءً على إجابتي. قلت له: "ربما يومًا ما، لكنه ليس في خططي الآن." حاولتُ تجنبه برفق، رغم أن هذا لم يكن الحقيقة.

قال لي: "لدي بعض الأفكار."

رغم أنني كنت أرغب في الزواج والحصول على إقامة دائمة في الولايات المتحدة، إلا أن التعامل مع هذا الرجل أو اتباع اقتراحه كان مقلقًا. لم أشعر بالراحة تجاهه. لم أعرف ما الذي كان يمنعني، لكنني شعرتُ بعدم الارتياح. قلتُ له: "سأتواصل معك إذا قررت اتخاذ هذا المسار."

في وقت لاحق من نفس العام، في الأسبوع الأول من ديسمبر، قررتُ الذهاب إلى شقة مالك لطلب اقتراحات حول الزواج من فتاة أمريكية. كانت هذه المرة الثانية التي أزور فيها شقته، الأولى كانت يوم زفاف أخيه. عندما اقتربتُ من الباب، وقبل أن أضغط على الجرس، فتحَتْ سيدةٌ الباب وغادرَتْ المكان. بدت في عجلة من أمرها. لم تلاحظ وجودي عند الباب وخرجت بسرعة، تاركة الباب مفتوحًا لي.

عندما دخلتُ إلى المنزل، شممتُ رائحة الدخان، مزيجٍ من السجائر الماريجوانا. كنت دائمًا أشك في أنه كان يبيع المخدرات أو على الأقل يستخدمها، لأنه كان يبدو أن لديه الكثير من الأصدقاء وكان يقود سيارة فاخرة. لم يكن حتى يذهب إلى المدرسة أو يعمل. لم أقل شيئًا عن الرائحة.

سألني: "ماذا تفعل؟" إذا كنتُ أرغب في شرب أي شئ.

قال: "أوه، نعم. أتذكَّر. أنت مسلم."

كانت طاولة مليئة بزجاجات الكحول وعلب البيرة ونفايات السجائر. لذلك اعتذر عن الفوضى في الغرفة.

عرض عليّ الجلوس وقال: "يا رجل، هؤلاء الفتيات البيض يحبون أجسام الرجال السود."

لم أرد عليه. كان صوت التلفزيون عاليًا، فأغلقه وقال: "من الصعب سماعك. أنت تتحدث بهدوء شديد".

استمر في الحديث عن عدد الفتيات اللواتي كنّ معه هذا الأسبوع وذكر أن الفتاة التي رأيتها كانت الثالثة التي نام معها في ذلك اليوم. ثم شعر بأنني لست مهتمًا بالحديث عن الفتيات، ولا أرغب في الشرب أو التدخين. بعد حوالي عشر دقائق من الحديث الفارغ، قلتُ له إنني جئت للحديث عن شيء.

قلتُ: "أود أن أصبح مقيمًا، هل يمكنك مساعدتي في ذلك؟"

صمت قليلًا وقال: "هذا سهل. يمكنك الزواج من دونا."

فوجئتُ بأنه كان لديه حل لمشكلتي فورًا. ربما كان لديه خطة في ذهنه بالفعل، فكرت. سألته بدهشة وفضول في نفس الوقت: من هي دونا؟

قال: "الفتاة التي رأيتها عند الباب عندما جئت."

قلت: "ظننت أنك قلت إنك نمت معها للتو وكنت تدخن الماريجوانا معها!"

قال: "نعم، لكن من يهتم بذلك؟ هي طالبة مثلك، ولكنها أكبر منك سنًا قليلًا."

"كم عمرها؟" سألت.

"قد تكون أكبر منك بحوالي عشر سنوات. أنا متأكد أنها ستوافق على الزواج منك. أعتقد أنها قد تكون بين الثلاثين والثانية والثلاثين."

خلال زيارتي التي استمرت حوالي ساعة، طرحت الكثير من الأسئلة حول دونا وخلصت إلى أنه من الأفضل أن يعرّفني عليها مباشرة. وافق، لكنه قال إنها ربما تحتاج إلى خمسة آلاف دولار على الأقل للزواج مني.

"ربما تريد نصف المبلغ مقدمًا." لم أرد.

"إذا وافقتْ، أحتاجُ منك أيضًا بضع مئات." قلت: "يمكننا مناقشة ذلك"، وقمت لأغادر.

وعد بالاتصال بها، وإذا وافقَتْ، سيمرر رقم هاتفي لها؛ والباقي سيكون عليّ.

بعد بضعة أيام، اتصلَتْ دونا بي، وبعد محادثة استمرت عشرين دقيقة، وافقَتْ على مقابلتي في اليوم التالي. جاءت إلى شقتي. أعددتُ المكرونة وتحدثنا كثيرًا. علمتُ أنها قد نامت مع مالك بالفعل، ومع كونها مدخنة وليست شابة مثل الفتيات الأخريات اللواتي واعدتُهن، لم أكن منجذبًا إليها.

سريعًا ما أدركَتْ أنني لست من النوع الذكي في الشارع مثل الآخرين. قالت: "كنتُ أظن أنك ستكون مثل الأفارقة الآخرين. أنت نوعًا ما غريب الأطوار."

لم أكن أعلم بعد معنى كلمة "غريب الأطوار."

مع مرور المساء، بدأتُ أشعر بالملل والانزعاج منها. أردتُ أن تغادرَ، لكنها كانت الطريق الوحيد الممكن للحصول على الجرين كارد، وكان عليّ أن أكون لبقًا. لم أجرؤ على أن أسألها عن الزواج والمال. غادرَتْ.

تابعتُ معها في اليوم التالي عبر الهاتف وسألتُ إن كان مالك قد تحدَّث معها عن سبب حاجتي للتحدث معها.

قالت: "أعلم."

بدون حتى التحدث عن ذلك، أضافت بسرعة، "لنقم بذلك."

لم نتحدث أيضًا عن تبادل المال. افترضت أن الاثنين قد تحدثا وأن الترتيب قد تم.

قالت: "يمكننا القيام بذلك في مدينة إلكو، بولاية نيفادا، إذا كان بإمكانك العثور على شاهد."

"سأحاول العثور على واحد."

❖❖❖❖

عندما كنت لا أزال في اليمن، أخبرني مارك عن صديقة له -أستاذة لغة إنجليزية في الجامعة تدعى كاثلين وارنر- التي أصبحت قريبة مني تقريبًا فور وصولي إلى بويزي. كانت كاثلين حاسمة في إعطائي نظرة ثاقبة على الحياة الجامعية وعملها، وسرعان ما أصبحَتْ صديقةً مقربةً وداعمةً.

درَّست كاثلين الفولكلور في جامعة ولاية بويزي لأكثر من ثلاثين عامًا. حصلَتْ على درجة الدكتوراه من جامعة إنديانا ثم انضمت إلى هيئة التدريس في قسم اللغة الإنجليزية في جامعة ولاية بويزي في عام ١٩٦٦. كانت تُدرِّب طلابها على البحث الأكاديمي والعمل الميداني.

أخذتني كاثلين أيضًا في عدة رحلات تخييم إلى كيتشام وسن فالي في أيداهو. أرتني المنزل في كيتشام حيث عاش وانتحر إرنست همنغواي. كانت مكتبة المجتمع تدير المنزل. كان المنزل مُدرجًا في السجل الوطني للأماكن التاريخية، لكنه كان لا يزال ملكية خاصة ولم يكن مفتوحًا للزوار في ذلك الوقت. علمت لأول مرة عن همنغواي من العراسي، رفيقي في السكن في اليمن، حيث كان طالبًا في الأدب الإنجليزي وكان لديه تعرُّض أوسع للأدب مما لديَّ. قرأتُ بعض كتب همنغواي لكنني لم أكن مهتمًا بالأدب.

أخبرتُ كاثلين بخطتي للزواج من دونا للحصول على البطاقة الخضراء. نظرَتْ إليّ وقالت: "لن يصدقوني، سأتزوجك بسعادة لتسوية أوراقك. أنا على الأرجح في نفس عمر والدتك، وسيكون من السهل لفت انتباه السلطات إذا تزوجنا. آمل أن تكون شخصًا جيدًا."

وافقتُ على السفر مع دونا ومعي إلى مدينة إلكو، بولاية نيفادا، لتكون شاهدة على الزواج. في ١٢ يناير ١٩٨٥، قدنا سيارتي إلى هناك. قضيتُ الليلة في غرفة فندق مع السيدتين وكلب صغير، جميعنا في سرير بحجم كوين، حيث لم نجد أي غرف أخرى في ذلك المساء. في اليوم التالي، في ١٣ يناير، حصلنا على رخصة الزواج مع كاتب المحكمة الذي كان يعمل كشاهد ثانٍ. بعد ذلك، عدنا جميعًا إلى بويزي.

على الرغم من أن الأمر كان واضحًا أن هذا زواج صوري، إلا أن دونا لم تطلب

المال أبدًا، ولم أقدمه لها. رتَّبنا للعيش معًا ليظهر للسلطات أننا زوج وزوجة نعيش تحت سقف واحد. بعد ثلاثة أسابيع، في الأول من فبراير، انتقلنا إلى منزل من غرفتَيْ نوم.

في عيد الحب، أخذتُ دونا للعشاء وأخبرتُها بمدى امتناني لاستعدادها لمساعدتي في الحصول على إقامتي. على طاولة العشاء، وضعتُ ٢٠٠٠ دولار نقدًا في مظروف ودفعته نحو جانبها من الطاولة. لم تكن تعرف ما هو وسألتني أن أشرح.

قلتُ: "المال الذي اتفقنا عليه."

دفعَتْ المظروف نحوي وقالت: "لم أعد أبحث عن المال. متى اتفقنا على جانب المال؟"

حاولتُ التوضيح، لكنها طلبت مني وضع المال بعيدًا وأصرَّتْ أنها لم تفعل ذلك من أجل المال. كنتُ مرتبكًا وأصبحتُ عاجزًا عن الكلام. لم تترك لي خيارًا سوى أخذ المال مرة أخرى.

السابع

اللجوء الطائش

لا أحد يهجر وطنه إلا إذا كان الوطن فم سمكة قرش.

- وارسان شاير، مؤلفة وشاعرة بريطانية.

خلال شهر واحد، كتبَتْ دونا رسالة إلى خدمة الهجرة والتجنيس في هيلينا، مونتانا، تطلب فيها تصريح عمل لزوجها لكي أتمكن من البدء في العمل والمساهمة في نفقات المعيشة. كما ذكرَتْ في الرسالة أنها ستقدم الطلب اللازم لتغيير حالتي من طالب إلى مقيم دائم في الولايات المتحدة. لم أكن على علم بإجراءاتها.

بمجرد أن حصلتُ على تصريح العمل، توقَّفتُ عن العمل في مختبر حاسوب الجامعة وبدأتُ العمل في شركة لأنظمة البيانات الإلكترونية، وهي ملك المرشح الرئاسي السابق روس بيروت. واصلَتْ دونا وأنا حضور الجامعة والعيش معًا مع تقاسم نفقات المعيشة، لكن كل واحد منا كان يشغل غرفة نوم منفصلة. كنتُ أعمل من الساعة ٦ مساءً حتى الساعة ٢ صباحًا وأستيقظ في الساعة ٩ صباحًا لحضور أول حصة دراسية في الساعة ١٠:٢٠ صباحًا.

ظللتُ مرتبكًا وأسأل نفسي لماذا اتخذَتْ دونا هذا النهج - الزواج مني دون أي مكافأة نقدية. عندما أخبرت كاثلين عن قرار دونا بعدم قبول أي أموال، اقترحت كاثلين أن دونا قد تحبني وتريد مساعدتي.

قالت لي: "أنت شخص بروح طيبه، عادل."

لم أعد أتحدَّث مع الرجل الإفريقي الذي قدَّمني إلى دونا. لم أعتقد أن دفع مالك لمجرد اقتراحه أن أدخل في هذا الترتيب كان ضروريًا. لم تحدث أي معاملة بين أيٍّ من الأطراف. لم تعاود دونا الاتصال به أيضًا. كان الأمر معقدًا، ولم أكن أعرف حتى ما أقول له. لم أحب مالك من البداية، ولم أجد شيئًا مشتركًا بيننا. كنت أعرف فقط شقيقه الأصغر ووجدت بيننا الكثير من القواسم المشتركة: كان كلانا طالبين، لعبنا كرة القدم معًا، ولم ندخن الماريجوانا. كنت أعتقد أننا نسير على نفس الطريق.

لم يكن واضحًا لي لماذا توقَّفت دونا عن زيارة مالك. لكنها تحدَّثت معي عن رغبتها في الإقلاع عن التدخين. تركتُ لها المجال، ولم أطرح عليها أي أسئلة شخصية. كنتُ دائمًا أحترمها وأريد الحفاظ على وضعنا كترتيب تجاري. كانت تُحضِّر لي الغداء وتحرص على أن أتناول شيئًا قبل مغادرة المنزل للعمل. كنت أنظف المنزل وأغسل الأطباق، وهي كانت تطبخ. شعرتُ أن حياتي مستقرة، وبدأتُ أحصل على درجات جيدة.

بعد حوالي ستة أشهر، خلال الصيف، استلمَتْ دونا استمارات الهجرة والتجنيس، وملأَتْ الطلب وقدمَتْهُ إلى مكتب خدمة الهجرة والتجنيس مرة أخرى، لم تخبرني أنها قامت بذلك، لذا لم أكن على علم بتقديم الطلب. في هذه الأثناء، اتصلَتْ بكاثلين وسألتُها عن الوقت المناسب لزيارتها. في ذلك الوقت، لم تكن تُدرِّس دورات صيفية وأخبرتني أنه يمكنني زيارتها في أي وقت، ربما قبل أو بعد زيارتها لوالديها المسنين في نيفادا.

لقد التقينا قبل أن تسافر كاثلين إلى نيفادا، وتحدثتُ معها مرة أخرى عن الوضع بيني وبين دونا.

أوضحتُ لكاثلين: "دونا لم تطلب النقود ورفضَتْ حتى أن تأخذ بعض المال

عندما عرضته عليها. أنا قلق قليلًا، بشكل رئيسي، لعدم معرفتي بما يحدث خلف الكواليس. أخشى أن تكون دونا قد غيَّرت رأيها بشأن هذا الترتيب."

اتصلَتْ كاثلين بسرعة بدونا لتخبرها أنها تريد مقابلتها. أنهيتُ زيارتي لكاثلين وعُدت إلى المنزل. التقت دونا وكاثلين في نهاية الأسبوع. تلقيتُ مكالمة من كاثلين في المساء بعد لقائهما.

قالت كاثلين: "دونا ليست مهتمة بالمال. إنها تحبك وتريد تحويل هذه العلاقة إلى زواج حقيقي. لقد وجدَتْكَ رجلًا طيبًا وتحدثَتْ عنك بإيجابية. أوصيتُها بأن تجدا طريقة للتحدث عن مشاعرها بصراحة لأنها لم تكن تعرف كيف تُعبِّر لك عنها." وأضافت: "أود أن أسمع أخبارًا جيدة عند عودتي من نيفادا." وأغلقَتْ الهاتف.

كانت دونا تعلم أنني تحدثت إلى كاثلين، وكانت تعلم أيضًا أنني على الأرجح علمت بمشاعرها تجاهي من تلك المحادثة. لبضعة أيام، كان الوضع محرجًا بالنسبة لي. تجنَّبتُ دونا قدر الإمكان، وكنتُ أغادر للقاء الأصدقاء وأغلق على نفسي في غرفتي. بعد مرور أسبوع، بينما كنت أستعد لغسل الملابس، رأيت دونا تقف بجانبي. قلت لها مرحبًا، وكانت سعيدة لأنني تحدثت معها.

قالت على الفور: "لقد أعددت بعض الإفطار. يمكنك أن تأخذ بعضًا منه إذا أحببت."

تبعتني بينما توجهَتْ نحو المطبخ وذكرَتْ، "لدينا مقابلة مع دائرة الهجرة والتجنيس في أكتوبر." (كان الوقت حينها في سبتمبر).

تعجبتُ: "أي مقابلة؟"

أجابت: "لقد تقدمتُ بطلب لتغيير حالتك من طالب إلى مقيم دائم في الولايات المتحدة."

في تلك اللحظة علمتُ أنها قد أرسلَتْ الطلب. قالت: "أعلم أنك لم تطلب ذلك، لكنك تستحقه. أنت شخص جيد. القليل الذي أعرفه عنك هو أنك تمتلك روحًا رائعة."

اقتربَتْ مني لتعانقني. عانقتُها وشعرتُ بالذنب تجاه كل ما فعلَتْه من أجلي.

قلت لها: "أنتِ شخص أفضل بكثير مما توقعت. أنا الآن مدين لك. شكرًا جزيلًا لكِ!"

اقترحَتْ دونا أن نتحدث أكثر لاحقًا على العشاء تلك الليلة. وافقتُ على طلبها.

❖❖❖❖

عندما جلستُ لتناول العشاء تلك الليلة، بدأَتْ دونا في الحديث.

قالت: "من الصعب جدًا أن أقول هذا، لكن يجب أن تعرف أن لدي مشاعر تجاهك. في البداية، لم أهتم بك كثيراً، وكل ما كنت أحتاجه هو المال لدفع تكاليف إدماني. ولكن كلما تعاملتُ معك ورأيتُ معاناتك، بدأتُ أعيد تقييم وضعي وحياتي. لقد أصبحتَ مصدر إلهام وتحفيز لي. لقد توقفتُ عن تعاطي المخدرات وأصبحتُ نظيفة منذ بضعة أشهر. وأنا أعمل على الإقلاع عن التدخين. أبلغ من العمر اثنين وثلاثين عامًا، ويجب أن أرتب أموري. قريبًا، يجب أن أتزوج وأنجب أطفالًا. لدي سنة واحدة فقط لإنهاء برنامجي الدراسي، وبعدها سأكون ممرضة. لقد أضعتُ حياتي مع بعض

الأشـخاص عديمـي الفائـدة وفعلـتُ أشـياء غبيـة." وأنهَـتْ المحادثـة بقولهـا: "أريـد حقًـا أن يكـون هـذا الـزواج حقيقيًـا. هـل يمكننـا العمـل عـلى ذلـك معًـا؟"

لم أنطـق بـأي كلمـة. لم أسـتطع بلـع الطعـام في فمـي ناهيـك عـن إنهـاء الوجبـة الموجـودة أمامـي. كان الجـو في الغرفـة صامتًـا تمامًـا لمـدة عـشر دقائـق. وقفـتُ لتنظيـف طبقـي، وعندمـا توجهـتُ نحـو المطبـخ، قالـت: "لا بـأس أيضًـا إذا رفضـت طلبـي هـذا."

استدرتُ ونظرتُ إلى وجهها.

فكرتُ. كيف يمكنني أن أقول لا لهذه المرأة بعد ما فعلَتْهُ من أجلي؟

وفي نفـس الوقـت، عـلى الرغـم مـن أنـه لم تكـن هنـاك أي نسـاء أخريـات في حيـاتي منـذ أن بـدأت أعيـش مـع دونـا، إلا أننـي لم أُطـوِّر أي مشـاعر رومانسـية تجاههـا. رأيـتُ الدمـوع تتسـاقط وهـي تكافـح لإخفـاء مشـاعرها.

كانـت دونـا تذكـرة لمسـتقبل أفضـل بالنسـبة لي. ومـع ذلـك، لم أكـن أريـد أن ألعـب بمشـاعرها وأخـوض في زواج قلبـي غـير موجـود فيـه. كان ذلـك ببسـاطة غـير مقبـول أخلاقيـا بالنسبة لي. فكـرتُ أنني سـأضرها أكثر إذا تظاهـرتُ بحبهـا.

كيف سيكون شعوري إذا عامل أحدهم أخواتي بهذه الطريقة؟

كان ذلـك تفكـيرًا قاسـيًا، فذهبـتُ إلى غرفتـي وبكيـت. كنـتُ ممزقًـا بـين مبـادئي الأساسية وحاجتـي الماسـة لأن أصبـح مقيـمًا في الولايـات المتحـدة.

بعـد بضعـة أيـام، أخـبرتُ دونـا أننـي لم أفكـر فيهـا بشـكل رومانـسي. لكننـي أكـدتُ لهـا أننـي أُقـدِّر وأحـب لطفهـا تجاهـي وكل مـا فعلتـه مـن أجـلي. أخبرتها أنـه مـن السـابق لأوانـه أن أشـعر بـأي طريقـة معينـة وطلبـتُ منهـا أن تمنحنـي الوقـت لمعالجـة الموقـف برمتـه. قالـت إنهـا تفهـم.

"كنت أنوي أن أجعلكَ على دراية بمشاعري وربما نعمل ببطء نحو مشاركة حياة إن أمكن."

شعرتُ بتحسن عندما قالت ذلك.

❖❖❖❖

ذهبنا إلى مكتب الهجرة والجنسية في بويز لإجراء مقابلة بعد أربعة أو خمسة أسابيع. كانت المقابلة صباح يوم الخميس في أكتوبر والهدف من المقابلة هو التأكد من أن الزواج حقيقي وأننا نعيش معًا.

لم أكن أعرف العملية، لكن دونا كانت على دراية بها حيث استشارت أصدقاءها. قبل الموعد، قامت دونا بتوجيهي. أخبرتني أنهم سيسألونها عن عادات نومي، وفرشاة أسناني، والاسم الأوسط لأمي، وما إلى ذلك. سيَسألونني عمَّا إذا كنت قد قابلت عائلتها أم لا، ومن المتوقع أن أتذكر أسماء إخوتها، والتي كنت قد حفظتها بالفعل من أجل الاجتماع.

عندما دخلنا الساحة حيث كان مكتب الهجرة والجنسية، أخبرَتْ دونا موظف الاستقبال من نحن. قال المندوب إن المقابلات لن تُجرى مع دونا وأنا في نفس الغرفة. ثم قاد الضابط دونا إلى غرفة وعاد إلى مكتب الاستقبال ليأخذني إلى غرفة مقابلة منفصلة. تُرِكتُ وحدي في غرفة لمدة حوالي أربعين دقيقة.

دخل وكيلان من مكتب الهجرة والجنسية وبدآ في إعداد جهاز تسجيل. انضم إليهما شخص ثالث وقال إنه تأخر لأنه كان يرافق البروفيسور كاثلين إلى سيارتها. كنت مرتبكًا بشأن سبب استدعاء كاثلين إلى مكتب الهجرة والجنسية.

بارقة أمل

بعد تصفية صوته، سألني أحد المندوبين عمًّا إذا كنت أتحدث الإنجليزية. قلت نعم. طلب مني ذكر اسمي الكامل وشهر ويوم وسنة ميلادي. كما سألني عن عنواني الحالي. كان جهاز التسجيل يسجل المحادثة بأكملها.

ثم قال لي: "زواجك من دونا كان احتياليًا. نحن نعلم أنكما لا تنامان في نفس السرير. كانت هي والبروفيسور كاثلين تحاولان فقط مساعدتك للحصول على الإقامة حتى تتمكن من البقاء في هذا البلد. تحدثنا إلى كل من دونا والأستاذة وكلاهما أدلى ببيانات مماثلة تؤكد ذلك. تم رفض الطلب المقدم من دونا لأن الزواج يعتبر احتياليًا ويجب فسخه."

كنت أعرف معنى كلمة احتيالي، لكنني لم أسمع من قبل بكلمات "فسخ" أو "فسخ الزواج" ولم أكن أعرف معناها.

واصل كلامه، "تأشيرتك الدراسية، التي تم منحها لك للبقاء في هذا البلد للسنوات الثلاث القادمة، لم تعد صالحة لأن اللحظة التي قدَّمَتْ فيها دونا طلب الإقامة الدائمة، تم إلغاء تأشيرتك الدراسية تلقائيًا."

سألتُ: "ما هو وضعي الآن؟"

"ليس لديك أي وضع، وسيتم ترحيلك إلى اليمن الأسبوع المقبل."

كنت بحاجة ماسة للتبول.

لقد كنت في الولايات المتحدة فقط لمدة ستة عشر شهرًا تقريبًا.

لا أملك شهادة جامعية وسأعود إلى اليمن في حالة خزي، فكرت.

قلت: "أحتاج إلى التبول."

عندما وقفتُ، أُغمي عليَّ، وساعدوني على العودة إلى الكرسي. أعطوني ماءً

ورافقـوني إلى الحـمام. تقيـأتُ في المرحـاض.

عندمـا عـدتُ إلى الغرفـة، قلـت للـوكلاء: "نعـم، ربمـا دخلنـا في هـذا الـزواج بنوايـا خاطئـة. ومـع ذلـك، لم نتبـادل المـال وكنـا نخطـط لجعـل هـذا الـزواج يعمـل."

رد الوكيـل الرئيـسي علـيّ قائـلًا: "هـذا هـو بالضبـط مـا كانـت دونـا تحـاول إخبارنـا بـه أيضًـا. كل مـا نعرفـه هـو أنـك دخلـت في الـزواج بغـرض الحصـول عـلى الإقامـة، وهـذا غـير قانـوني. الغـرض والنيـة هـي مـا يهـم. غـدًا، سـنحجز رحلـة إلى أمسـتردام وسـنرافقك. مـن هنـاك، سـنضعك عـلى رحلـة مباشـرة إلى اليمـن. سـنعود، وسـتذهب أنـت إلى اليمـن."

غادروا جميعًا الغرفة.

كانـت مشـاعر الفشـل وسـوء الحـظ تطـاردني. وفـاة والـدي عندمـا كنـت في الخامسـة، اختفـاء خـالي وتركـه لي بـلا مـأوى عندمـا كنـت في الثامنـة، السـجن في إثيوبيـا لكـوني عضـوًا في حـزب شـيوعي عندمـا كنـت مراهقًـا، والصراعـات التـي واجهتهـا في اليمـن في وقـت لاحـق مـن سـنوات مراهقتـي كلهـا عـادت إلى ذهنـي. الآن يتـم إجبـاري عـلى العـودة إلى اليمـن بأهـداف غـير مكتملـة. بكيـتُ وحـدي في الغرفـة.

بعـد حـوالي خمسـة وعشريـن دقيقـة، نقلـوني إلى سـجن المقاطعـة واحتفظـوا بي في غرفـة احتجـاز. لم يأخـذوا بصـمات أصابعـي أو صـورة جنائيـة، كـما كنـت أعتقـد أنهـم قـد يفعلـون؛ بـل فقـط أغلقـوا البـاب عـليَّ.

بعـد أن جلسـتُ في زنزانـة الاحتجـاز لمـدة ساعة تقريبًـا، نـادوا اسـمي. وعندمـا اقتربـت مـن العـداد، أخـبروني، "محاميـك يريـد التحـدث إليـك"، وأشـاروا إلى جـدار حيـث كانـت هنـاك هاتـف مثبتـة مقابـل مكاتـب الضبـاط.

عندما رفعتُ الهاتف، قدَّم المحامي نفسه. أخبرني أنه تم تعيينه من قِبَل دونا وأنها دفعت كفالة لي. وأضاف أنه كان ينتظر توقيع القاضي على الأمر حتى يفرج عني تلك الليلة بكفالة، وبالتالي لن يتم ترحيلي في اليوم التالي. بدلًا من ذلك، ستذهب قضيتي إلى المحاكم. كنت مرتبكًا وسعيدًا في نفس الوقت.

كانت دونا تنتظرني خارج سجن المقاطعة وأوصلتني إلى منزلنا. كنت أرتجف ومُجهَدًا.

كانت شفتاي جافتين، وذهني مشتتًا تمامًا. لم أكن أعرف بما أفكر أو ماذا أقول. بدت معظم أحداث اليوم وكأنها كابوس سيء.

منذ وقت المقابلة حتى الإفراج عني، مضت تسع ساعات.

عندما وصلنا إلى المنزل، اتصلَتْ دونا بكاثلين وأخبرَتْها عن وضعي. عندما أنهت المكالمة، أخبرَتْني دونا، "كاثلين دفعَتْ كفالة بقيمة ٣٥٠٠ دولار وكتبت شيكًا آخر بقيمة ١٥٠٠ دولار كرسوم أولية للمحامي."

قبل أن تكمل حديثها، سمعنا خمسة من وكلاء الهجرة والجنسية عند منزلنا، ففتحنا الباب لاستفسار عن سبب وجودهم.

طلبوا مني مفاتيح سيارتي (كنت قد اشتريت سيارة في ديسمبر ١٩٨٤، قبل وقت قصير من زواجي من دونا)، وعندما سألتُ لماذا، أخبروني، "السيارة استُخدمت كوسيلة للدخول في زواج احتيالي وتُعتبر أداة للجريمة. لدينا أمر من القاضي بمصادرتها."

أخذوا سيارتي، التي كانت واحدةً من الأشياء التي كنت أخطط لبيعها لسداد ٥٠٠٠ دولار التي قدمتها كاثلين نيابة عني. كانت السيارة تساوي

قليـلًا أكـثر مـن ٦٥٠٠ دولار، وهـي أصـول كبـيرة في تلـك الأيـام.

في اليـوم التـالي، التقيـتُ أنـا ودونـا وكاثلـين لتبـادل المعلومـات حـول مـا حـدث في مكتـب الهجـرة والجنسـية. يبـدو أن هنـاك مخـبراً مـن مكتـب الهجـرة والجنسـية قـدَّم تقريـرًا عنـا وتفاصيـل عـن الـزواج والشـهود وترتيبـات السـكن. وكنـا نعلـم أنـه لا بـد أن يكـون مالـك، الرجـل الإفريقـي. لم يكـن هنـاك أحـد آخـر سـوى الثلاثـة منـا يعرفـون عـن الترتيـب. سـمعت دونـا لاحقًـا مـن آخريـن أنـه كان بالفعـل هـو. كان غاضبًـا مني لعـدم دفـع رسـوم الوسـاطة لـه. لم أرد أن أدفـع لـه لأن القيـام بذلـك كان سـيعتبر دليـلًا عـلى الـزواج.

حسـنًا، الآن عرفنـا المصـدر. لعـدم دفـع المئتـين دولار التـي كان مـن المفـترض أن ندفعهـا لـه كعمولـة عـلى الآلاف مـن الـدولارات التـي لم أدفعهـا لدونـا، انتهـى بنا الأمـر في هـذا المـأزق القانـوني. ربمـا كان أيضًـا غاضبًـا لأن دونـا لم تعـد تنـام معـه بعـد الآن. مـن يعلـم؟ بمـا أن دونـا لم تطلـب أو تريـد المـال، وبالتـالي لم يحـدث أي تعامـل مـالي، لم نعتقـد أننـا بحاجـة لدفـع أي شيء لـه. اتضـح أن ذلـك كان خطـأً فادحًـا مـن جانبنـا.

جادلـتُ كاثلـين أمـام مكتـب الهجـرة والجنسـية الأمريـكي بـأن مسـاعدتي والسـفر معنـا إلى نيفـادا والشـهادة عـلى الـزواج كان مسـألة مبـدأ بالنسـبة لهـا، رغـم أن الغـرض مـن الـزواج كان مسـاعدتي في الحصـول عـلى وضـع الإقامـة. كانـت تؤمـن وتخبرهـم بأننـي شـخص جيـد وكذلـك دونـا. بنـاءً عـلى محادثتهـا مـع دونـا، كانـت كاثلـين تعتقـد أن الـزواج سـيصبح حقيقيًـا قريبًـا. مـن جهـة أخـرى، أفـادت دونـا بأنهـا تحبنـي، ولهـذا السـبب قدَّمـت طلـب الإقامـة الدائمـة. وأكَدَتْ لهـم أنهـا لم تقبـل منـي فلسًـا واحـدًا.

لكـن لم يكـن أي مـن ذلـك يهـم وكلاء مكتـب الهجـرة. كان هدفهـم النهـائي هـو

إعـادتي إلى اليمـن في الرحلـة التاليـة. لم يكـن لديهـم أي فرصـة للقبـض عـلى الملايـين مـن المهاجريـن غـير الشرعيـين الذيـن يعيشـون في الخفـاء في الولايـات المتحـدة ويرتكبـون الجرائـم؛ مقارنـة بأولئـك الأشـخاص، كنـت هدفًـا سـهلًا لأنهـم يعرفـون عنـواني الفعـلي وكنـت أدرس في الجامعـة.

نصحَنَـا المحامـي بـأن احتماليـة محاربـة القضيـة والفـوز بهـا في المحكمـة، والتـي تتطلـب إقنـاع القـاضي بأننـا كنـا في حالـة حـب ونعمـل عـلى تحقيـق الـزواج، كانـت شـبه مسـتحيلة.

قـال: "الثلاثـة منكـم قـد اعترفـوا بالفعـل بـأن شـهادة الـزواج وُقعـت بغـرض الحصـول عـلى الإقامـة الدائمـة. مـا يـأتي بعـد ذلـك هـو شـأنكم، لكـن مـن الناحيـة القانونيـة، يُعتـبر ذلـك انتهـاكًا."

اقترح المحامي أن تُقدِّم دونا طلب إلغاء الزواج.

كـما اقـترح أن أقـدم طلبًـا للجـوء السـياسي، حيـث إن مسـقط رأسي، إثيوبيـا، وبلـدي الأم، جنـوب اليمـن، كانـا تابعـان للنظـام الماركـسي. شـعر أن هـذا الطريق قـد يمنحنـي فرصـة أفضـل للحصـول عـلى الإقامـة.

قـال: "اسـتنادًا إلى مشـاركتك السـابقة في إثيوبيـا وسـجنك، مـن المرجـح أن يُقبـل طلبـك للجـوء السـياسي."

وأخـيرًا، أخـبرني أنـه ليـس متخصصًـا في طلبـات اللجـوء السـياسي وقـدَّم لي اسـم أفضـل محـامٍ في سـياتل، واشـنطن.

بعـتُ كل مـا أملـك لسـداد ديـن كاثلـين. كـما قـدَّم لي ابـن عمـي فـردوس، الـذي كان يعيـش في لـوس أنجلـوس في ذلـك الوقـت، ١٥٠٠ دولار لسـداد المبلـغ الكامـل لكا ثلين.

بقيتُ أنا ودونا معًا لمدة ستة أشهر أخرى. بحلول ذلك الوقت، كانت قد تخرَّجت بدرجة التمريض وكانت مستعدة للانتقال إلى فلوريدا، حيث كان لديها وظيفة تنتظرها.

أخبرَتْ أمها وإخوتها بأنها وقعت في حب هذا الشاب من اليمن. رفضت العائلة بأكملها في مونتانا فكرة دخولها في زواج بين الأعراق. كانت مستعدة للزواج مني مرة أخرى، حيث تم إلغاء الزواج الأول، لكنني أخبرتها أنني سأكون كاذبًا إذا قلت إنني أحبها. كنا ببساطة شخصين ليس بينهما الكثير من القواسم المشتركة واللذين اجتمعا لهدف مشترك.

ومع ذلك، أكدتُ لها أنها واحدة من أهم النساء في حياتي. كانت التضحيات التي قدَّمتها هائلة، وأخبرتُها أنني لا أعرف كيف سأتمكن من رد الجميل لها.

بالإضافة إلى ما فعلَتْه، أو على الأقل حاولَتْ أن تفعله من أجلي، كنتُ تأثيرًا إيجابيًا عليها أيضًا. فقد تخلَّت عن إدمانها على المخدرات وتوقَّفت عن التدخين. والمأزق الذي كنا فيه معًا أظهر الجانب الكريم والسخي منها.

اقتبست لي جون بنيان، مؤلف كتاب "تقدُّم الحاج"، قائلة: "لم تعش اليوم حتى تفعل شيئًا من أجل شخص لا يمكنه أن يرد لك الجميل."

طلب اللجوء

لقد وظَّفتُ دان بي دانيلوف، الذي كان يعتبر من أفضل المحامين في الولايات المتحدة. وُلد في روسيا، وهربَتْ عائلته إلى الصين عندما كان عمره سنتين. هاجر لاحقًا إلى الولايات المتحدة وأصبح أحد أبرز المحامين المتخصصين في قضايا الهجرة في البلاد. كان يُعتبر أحد أفضل محامي الهجرة في الولايات

المتحدة وساعد حتى نجل نيكيتا خروتشوف، سيرجي، عندما هاجر إلى الولايات المتحدة في عام ١٩٩١. كما كتب العديد من الكتب حول قانون الهجرة. حيث قيل لي إنه أفضل محام يمكن للمال شراؤه وأنه "إلهي"، وثقت به تمامًا ليعتني بمصلحتي الفضلى.

بعد أن تم نقل ملفي إلى محامٍ آخر متخصص في الهجرة، قمتُ بتجميع رزمة أدلة توضح الاضطهاد الذي واجهتُه في إثيوبيا بسبب انتمائي السياسي للحزب الشيوعي الذي كان يعارض الحكومة العسكرية. شرحتُ بالتفصيل الأسباب التي أجبرتني على البحث عن ملاذ في شمال اليمن: الخوف من السجن المستقبلي والإعدام المحتمل، كما كان يحدث لملايين الشباب الإثيوبيين في السبعينيات والثمانينيات.

بالإضافة إلى ذلك، شرحتُ التحيزات والتمييز الذي كنت أواجهه في شمال اليمن، بشكل رئيسي بسبب ولادتي خارج اليمن وأصولي التي كانت في البداية من جنوب اليمن الشيوعي، الذي كان بمثابة دولة ماركسية أخرى. ذكرت أنني اضطررت للحصول على جواز سفر من شمال اليمن لدخول الولايات المتحدة وكذلك التخلص من استخدام اسمي الأخير، لأنه كان سيعرّفني كواحد من جنوب اليمن. كانت جميع تصريحاتي صادقة، وبما أنها كانت انتهاكات لحقوق الإنسان، التمست أن يتم منحي إقامة في الولايات المتحدة.

استغرق الأمر ما يقرب من سبع سنوات ليتم الاستماع إلى قضيتي في المحكمة، وكان لدي جلسة استماع للهجرة في سياتل، واشنطن. بحلول ذلك الوقت، كنت قد تخرَّجت بالفعل من الجامعة وكنت أعمل في مختلف شركات الهندسة في بويزي. أثناء عملي في مكتبة ولاية أيداهو في عام ١٩٩٢، كنت أبحث أيضًا عن فرصة عمل أخرى واستكشاف إمكانية الدخول إلى مدرسة الدراسات العليا في منطقة سياتل لكي أكون قريبًا من محامي.

في جلسة الاستماع للهجرة في عام ١٩٩٢، نظر القاضي إلى طلبي وقال: "يبدو أنك كنت في الخامسة عشرة أو السادسة عشرة من عمرك عندما سُجنت في إثيوبيا. بالإضافة إلى ذلك، غادرتَ إثيوبيا إلى اليمن قانونيًا من مطار أديس أبابا الدولي. على الرغم من أن طلبك مكتوب جيدًا وصادق، إلا أنني أجد صعوبة في تصديق أنك كنت متورطًا بشكل نشط في حزب ماركسي-لينيني وكنت جزءًا من النضال ضد الحكم العسكري في ذلك العمر الصغير.

"تقريبًا جميع الطلبات التي أراجعها لاتخاذ هذه القرارات، من الجزء من العالم الذي جئت منه، هي من متقدمين هربوا من وطنهم سيرًا على الأقدام إلى أقرب البلدان المجاورة. في حالتك، غادرت كل من إثيوبيا واليمن قانونيًا من المطارات، وإذا كانت الحكومات تريدك رسميًا أن تكون مسجونًا أو معدومًا، فلن يُسمح لك بمغادرة البلدين. أما بالنسبة للحصول على هوية شمال اليمن بسبب التمييز، فإن وزارة الخارجية ليس لديها سجل بأي انتهاكات لحقوق الإنسان على مواطني شمال اليمن أو مواطني جنوب اليمن."

وأكّد أنه لا يقول إن التمييز لم يحدث لأولئك الذين ولدوا خارج اليمن أو لي شخصيًا، لكنه أوضح أن التمييز وحده ليس سببًا كافيًا لمنح اللجوء.

قال القاضي: "لذا، لم أجد أدلة مقنعة تستدعي منحك اللجوء السياسي أو الإنساني من أي نوع يسمح لك بالبقاء في الولايات المتحدة. أيها الشاب، تبدو شخصًا ذكيًا، وآمل أن تجد طريقة بديلة للبقاء في هذا البلد." نظر إليّ، ثم إلى نورما ودان دانيلوف، محاميّ، وسألني إذا كان هناك أي شيء أود مشاركته معه ولم يُذكر في طلبي. قبل أن أفتح فمي لأتحدث، وقفت نورما، والدتي الأمريكية بالتبني، لتتحدث. سألها القاضي عن هويتها وطلب منها التعريف بنفسها وتوضيح سبب وجودها.

قالت: "اسمي نورما جي. رايس. أعتبره كابني. لقد عرفته منذ اليوم الذي وصل فيه إلى الولايات المتحدة. كما قضى وقتًا طويلًا في منزلي أثناء دراسته في الجامعة. أولادي رأوه كأخ أكبر لهم. إنه شخص مستقيم. قام بتدريب كرة القدم لمئات الأطفال بينما كان يعيش في بويزي، أيداهو. خدم في جمعية الطلاب الدوليين في جامعة بويزي ستايت ولم يكن عبئًا على المجتمع. جاء إلى الولايات المتحدة ومعه ما يكفي من المال لسنتيه الأوليين في الجامعة ثم عمل ودعم نفسه، بما في ذلك دفع رسوم الجامعة طوال السنوات الأربعة. كما رأيت في طلبه، كتب حاكم أيداهو رسالة تدعم طلبه لأسباب إنسانية. [انظر الملحق الأول]. كما أيد أرباب عمله وأعضاء كنيستي نفس المشاعر. أرجو أن تأخذوا قضيته في الاعتبار، حيث سيكون مواطنًا أمريكيًا مثاليًا.

لم ينطق محاميّ بكلمة واحدة، ولكنه وقف طوال الوقت يستمع لنورما وهي تتحدث.

نظر القاضي إلينا نحن الثلاثة وقال: "أمي، أفهم أن كل ما قلته صحيح. أقدر مجيئك من بويزي، أيداهو، لدعم هذا الشاب، لكنه ببساطة ليس لديه قضية قوية بما يكفي لتبرير اللجوء. آمل أن يجد بديلًا للبقاء في هذا البلد."

وقف القاضي وغادر القاعة.

قضيتُ مع محاميّ ونورما بعض الوقت في موقف السيارات لتلخيص نتائج الجلسة ومناقشة الخطوات التالية. اقترح دان أن نقوم بتقديم استئناف. في هذه الأثناء، سأل نورما إذا كان بإمكانها "إيجاد أي شخص للزواج من هذا الشاب. ربما يمكننا استكشاف تأشيرة إتش- بي ١ (للمهن المتخصصة.)" سألت نورما ما هي تلك التأشيرة؟

قال دان: "إنها تأشيرة توظيف مهنية. أو يمكننا إيجاد طرق لقبوله في كندا. إنه شخص ذو مهارات عالية، وهناك الكثير من الفرص له."

وأضاف: "المشكلة هي أن الزواج الاحتيالي يظهر في سجله، ووكالة الهجرة والجنسية تستمر في إثارته." أخبر نورما: "أنا متأكد من أنكِ تستطيعين العثور على زوجة له من كنيستك، أيضًا."

لم يكن اقتراحه منطقيًا بالنسبة لي. الزواج هو ما أوقعني في هذه الورطة؛ لم أفهم كيف يمكن لزواج آخر أن يحلها. ربما كان يفكر أنه إذا كان لديّ زواج حقيقي، وخاصة إذا كان لديّ أطفال، فإنني سأحظى بفرصة للبقاء. على أي حال، لم أكن مهتمًا بالسير في ذلك الطريق مرة أخرى.

لماذا يجب دائمًا حل مشكلاتي من خلال الزواج؟

السابع

اعتناق دين آخر

المعمودية هي تعبير خارجي عن إيمان داخلي.

- ووتشمان ني، زعيم الكنيسة المسيحية الصينية.

حتى وصلتُ إلى بويز، أيداهو، لم أكن قد سمعت كلمة "مورمون" ولم أتعلم شيئًا عن هذا الدين. كانت معرفتي وقراءاتي عن تنوعات المسيحية في البداية محدودة بالأرثوذكسية، الكاثوليكية، والبروتستانتية. ثم بدأت أتعرف على الطوائف الخمسينية، وشهود يهوه، والطوائف الإنجيلية. كجزء من ترتيبات معيشتي في الطفولة، قضيتُ وقتًا طويلًا مع عائلتي الأرثوذكسية الإثيوبية. كما حضرت لفترة وجيزة مدرسة الأحد الإنجيلية في أديس أبابا لمدة تسعة أشهر، حيث كانوا يوزعون لوازم مدرسية للأطفال المحليين.

كان بعض الأطفال الذين يحضرون مدرسة الأحد في إثيوبيا مدعوون إلى منازل المبشِّرين. لم تكن خالتي تمانع في حضوري دروس الكتاب المقدس في عطلة نهاية الأسبوع، التي كانت تبعد عن منزلنا خمس دقائق سيرًا على الأقدام، لكنها لم تسمح لي أبدًا بالاختلاط مع أي شخص قبل أو بعد ساعات دراسة الكتاب المقدس.

بدأتُ ببطء في الابتعاد عن الدين تمامًا. نشأتُ في إثيوبيا، وقرأتُ الكتب الثلاثة المقدسة: القرآن، العهد القديم (التوراة العبرية)، والعهد الجديد (الإنجيل المسيحي) عدة مرات قبل سن الثالثة عشرة. وصلتُ إلى فهم أن أسس اليهودية والمسيحية والإسلام هي في الأساس واحدة. بوضوح، لم يكن

لله دين محدد وكل التفاصيل المرتبطة به، على الأقل في عقلي. علاوة على ذلك، في سن مبكرة، لاحظتُ عيوبًا شخصية ونفاقًا في معلمي الدين الذين كنت أتعلم منهم. بشكل أساسي، تحوَّل انتباهي إلى الأفكار الماركسية عندما كنتُ مراهقًا صغيرًا. سرعان ما أصبحت أستاذًا في أيديولوجية الماركسية، مما جعلني أتميز عن أصدقائي. بعد فترة وجيزة من التحاقي بمدرسة الكتاب المقدس في أديس أبابا، تخليت عنها، وانتهى بي الأمر بأن أكون أقل تدينًا وأكثر روحانية.

في شمال اليمن، كنت أعرف عن الإسلام وكل الطقوس، لكنني لم أمارسه بشكل صحيح. لم يكن زميلي في السكن وأنا مسلمين عرب، بمعنى آخر لم يكن أحد يعلم أننا كنا نأكل خلال شهر رمضان ونتظاهر بالصيام.

العائلة التي استقبلتني من مطار بويز وأعطتني مكانًا للإقامة في ليلتي الأولى في الولايات المتحدة -عائلة نورما- كانت مورمونية. عندما انتقلتُ إلى غرفتي في السكن الجامعي ثم إلى شقتي الخاصة، ظلت نورما وعائلتها على اتصال بي، وسرعان ما بدأت نورما بتعريفي للجميع على أنني ابنها بالتبني. كانت تدعوني إلى منزل عائلتها لتناول العشاء مرة في الأسبوع. ثم كانت نورما تعطي لي بقايا الطعام لأخذها معي حتى أتمكن من تناولها في منزلي لبقية الأسبوع.

بعد سنتين في الولايات المتحدة، وبسبب عواقب الزواج الاحتيالي من دونا وإبطاله اللاحق، كنت على وشك أن أصبح بلا مأوى، تمامًا كما كنت عندما كنت بين الثامنة والحادية عشرة من عمري. كنت معدمًا.

اقترحَتْ نورما عليَّ الانتقال إلى قبو منزلها حتى أتمكن من ترتيب أموري بشكل صحيح. كنت في حالة يأس ولم يكن لدي مكان أذهب إليه، لكنني

بارقة أمل

شعرت أن كرمها كان أكبر من أن أقبله من عائلة قدمت لي بالفعل الكثير. نعم، لقد أعطت نورما أكثر مما يمكنها أو يجب عليها. كنت قلقًا أيضًا بشأن كيفية رد الجميل. ومع ذلك، لم يكن لدي بدائل أمامي، فانتقلتُ للعيش معهم مؤقتًا.

أمرت نورما أبنيها، اللذين كانا في الخامسة عشرة والثانية عشرة من عمرهما في ذلك الوقت، بمساعدتي في حزم كل شيء في شقتي ونقله إلى منزلهم. كنت متأخرًا في دفع الإيجار؛ دفعَتْ هي المبلغ المستحق، بما في ذلك رسوم التأخير. انتقلتُ إلى قبو منزلها، الذي كان أكبر من شقتي بالكامل. كنتُ أعمل من الساعة ٦مساءً حتى الساعة ٢ صباحًا في ذلك الوقت، لذلك كان من المستحيل تقريبًا أن أستخدم وسائل النقل العام في ساعات الفجر (في تلك الأيام، كانت وسائل النقل العام بالكاد موجودة في بويز). سمحت لي بقيادة سيارتها الثانية إلى المدرسة والعمل. في المقابل، كنت غالبًا أساعدها في توصيل أطفالها إلى المدرسة.

كانت العائلة دائمًا نظيفة ومنظمة ومهذبة، وكنت أعرف أنهم لا يستهلكون الكحول أو الكافيين. كانوا يصلون قبل كل وجبة، وكانوا دائمًا يشكرون الله. لاحقًا، تعلمت أن معظم المورمون يحملون معتقدات مشابهة للمسلمين، باستثناء الجزء المتعلق بالشاي والقهوة، الذي كان المشكلة الوحيدة بالنسبة لي. بعد كل شيء، أتيت من بلدين يدَّعيان كلاهما أنهما أصل القهوة. تعلمت أن نظام القيم في كلا الديانتين كان في الأساس نفسه فيما يتعلق بالامتناع عن الكحول والجنس قبل الزواج، والاجتهاد في الصلاة... إلخ. ومع ذلك، كان هناك أفراد توقَّفوا عن الذهاب إلى معبد المورمون. هؤلاء الأشخاص كانوا يدخنون ويمارسون الجنس قبل الزواج ويسكرون. الجميع كانوا يطلقون عليهم "جاك مورمون"، وهو مصطلح عامي يشير إلى شخص تراجع في اتباع

الدين.

كانت هناك عدة رفوف مليئة بالكتب في قبو نورما. احتوى أحد الرفوف على مجموعة من الموسوعات. قضيتُ ساعات عديدة أقرأ وأتصفح الصور في الموسوعات. كانت تلك الكتب مصدري الرئيسي للمعلومات حول الدين. وعلى رف آخر، وجدت "كتاب المورمون".

كنت فضوليًا حول ديانتهم وبدأت أقرأ وأسأل أسئلة. لاحظت عائلة نورما أنني بانتظام أخذت المبادرة لقضاء الوقت في قراءة "كتاب المورمون". دفعهم ذلك إلى دعوتي للانضمام إليهم في الذهاب إلى خدمة الأحد. من باب الاحترام للعائلة التي منحتني الطعام والمأوى والرعاية والاحترام والحب، وبسبب فضولي، بدأت أرافقهم إلى كنيستهم. بدأت أيضًا أتساءل عن هؤلاء الأطفال في البلدان الإفريقية والآسيوية الذين يرتدون قمصانًا تحمل اسم يسوع؛ بدأت أفكر أن الدين يُستخدم مقابل الطعام والمأوى. كنت واحدًا من هؤلاء الأطفال، ولكن أعيش في الولايات المتحدة!

اعتقدَتْ العائلة أنني مهتم باتباع دين المورية، لكنني لم أقرأ "كتاب المورمون" بحثًا عن الإيمان. أردت أن أتعلَّم عن الدين لأقارنه باليهودية والإسلام والمسيحية.

كانت أختي الكبرى هند، التي كانت دائمًا تشكك في عمق إيماني الإسلامي، تذكرني دائمًا بقراءة القرآن الكريم. رغم تأثير النظام الماركسي في جنوب اليمن عليها وقضائها خمسة وعشرين عامًا تحت ذلك النظام، كانت تعتقد أن الإيمان أهم من الدين. لم أكن أعرف الفرق بين الشخص المؤمن والشخص المتدين. كل ما كان لديها لتعطيني إياه هو القرآن، لذا كانت تشجعني على قراءته واتباعه. رغم أنني لم أكن أنوي قراءته، إلا أنني

حملته معي إلى الولايات المتحدة من باب الاحترام لأختي وكعربون محبة لها. لقد احتفظتُ بنفس نسخة القرآن التي أعطتني إياها لمدة أربعين عامًا -ولا زلت أحتفظ بها! - لأنها تمثل قيمة عاطفية لأختي الراحلة.

"كتاب المورمون" دفعني لإعادة قراءة القرآن وفحص أوجه التشابه بين النبي محمد (صلى الله عليه وسلم) وجوزيف سميث. اندهشت لاكتشاف التشابه الكبير بين جوزيف سميث والنبي محمد (صلى الله عليه وسلم). أثناء قراءتي "كتاب المورمون"، لم أستطع إلا أن أصف المورمونية بأنها النسخة الأمريكية من الإسلام، خاصة فيما يتعلق بالخصائص الأساسية للقائدين والوحي الذي تلقياه من الله.

كل من النبي محمد (صلى الله عليه وسلم) وجوزيف سميث كان يُقال إنهما ألهمتهما بدء حركاتهما بزيارات ملائكية. زار رئيس الملائكة جبرائيل (جبريل) النبي محمد (صلى الله عليه وسلم). وزار الملاك موروني جوزيف سميث بعد ثلاث سنوات من زيارة سميث التي زعم أنه تلقاها من الله والمسيح. في كل حدث، ساعد الملاك النبي على الاستعداد لتلقي سلسلة من الوحي من الله.

الفجوة الكبيرة التي لاحظتها كانت مواقف الرجلين تجاه التمييز. كان النبي محمد (صلى الله عليه وسلم) أكثر تقدمية في آرائه حول التمييز. في المقابل، لم تسمح كنيسة المورمون للأشخاص ذوي الأصول الإفريقية بالانضمام إلى كنيستهم حتى عام ١٩٧٩، وهو ما كان قبل بضع سنوات فقط من وصولي إلى الولايات المتحدة.

منذ عام ١٨٤٩ وحتى عام ١٩٧٨، حظرت كنيسة يسوع المسيح لقديسي الأيام الأخيرة (كنيسة المورمون) أي شخص مؤكد أو مشكوك في أصله

الإفريقي من المشاركة في المراسيم داخل معابدها، أو الخدمة في أي مناصب كبيرة في الكنيسة، أو القيام بالمهام التبشيرية، أو حضور اجتماعات الكهنوت، أو التعيين في أي منصب كهنوتي، أو التحدث في الجلسات الخاصة، أو تلقي نسب في بركة الأب البطريركي. في عام ١٩٧٨، أعلنت الرئاسة الأولى للكنيسة [الهيئة الحاكمة العليا للكنيسة - رئيس الكنيسة ومستشاريه] في بيان يُعرف بـ "الإعلان الرسمي الثاني" أن الرب رفع الحظر عن المعبد والكهنوت.

كمسلم ذو بشرة داكنة، كنت أعيش مع عائلة مورمونية بيضاء.

سألتُ نفسي، ماذا يجري هنا؟ كيف أتناسب مع معتقداتهم؟

لم يكن هناك شيء يجعل نورما أكثر سعادة من ذهابي إلى كنيسة المورمون. كان ذلك بداية تصادم نظام معتقداتي.

بسبب سخائها وحقيقة أنها عاملتني كما لو كنت ابنها، شعرتُ بإحساس عميق بالواجب تجاهها. كنت أريد أن أسعدها لأن التزامها تجاهي كان بلا حدود.

بالإضافة إلى ذلك، في أحد بعد ظهر أيام الأحد، عندما كانت جامعتي تلعب كرة القدم ضد كلية أخرى، سجلتُ هدف الفوز. كانت نورما تصرخ، "هذا ابني! هذا ابني!"

كانت تلك أول مرة يعترف بي فيها أحد علنًا كابنهم. ما زلت أعاني من الدموع عندما أفكر في تلك اللحظة.

نشأتُ بدون أم أو أب. لم يظهر أي والدين في مدرستي ليعلنوا أنني طفلهما. لم يتم الاعتراف بي كابن لأي شخص. عندما صرخَتْ نورما "هذا ابني!"، لأول مرة شعرتُ أنني تم التعرف عليَّ كإنسان. انتميتُ إلى شخص ما!

بارقة أمل

كانـت فلسـفتي بشـأن الديـن دائمًا منفتحـة وعفويـة. ومـع ذلـك، ولتكريـم نورما، شعرتُ أنه يجب عليّ أن أظهر الاحترام ليس فقط لها، بـل لدينها أيضًا، مما جعلني إلى حد ما منافقًا. لم أكـن أبحـث عـن الانتماء لأي ديـن، ولكـن أن تعتـرف بي نورمـا علنًا كابنها كان واحدًا مـن أهـم لحظـات التقديـر بالنسـبة لي. فكرت أنـه إذا قبلـت دينها، فسـأكون أسدد لها بعضًا مـن جميلها بطريقـة صغيـرة. بـدأتُ أفكـر في أن أتعمـد في كنيسـة المورمـون.

❖❖❖❖

بينمـا كنـت أعيـش مـع نورمـا، جـاء مـارك هانسـن إلى بويـزي لزيارتي وزيـارة زملائـه السـابقين. خـلال هـذه الزيـارة، ذكـرت لمـارك تورطـي مـع كنيسـة المورمـون ونية تعميـدي كمورمـون.

قـال لي: "أنـت عـار عـلى عرقـك وكل النـاس السـود إذا انضممـت إلى كنيسـة المورمـون."

لم يكـن مـارك ليعتـرض إذا أخبرتـه أنني كنـت أعتنـق الكاثوليكيـة أو أنضـم إلى كنيسـة ميثوديـة، لكنـه كان ينظـر إلى الوضـع مـن زاويـة فلسـفية. أشـار لي أن كنيسـة المورمـون تاريخيًا لم تعتـرف بالسـود كأشـخاص، ولعـدة قـرون، منعـت السـود مـن الانضمـام إلى الكنيسـة. كان يعتقـد أنني أنحـاز إلى عقيـدة لا تعتـرف بي كإنسـان، حتى وإن كان الحظـر قـد رُفـع قبـل بضـع سـنوات فقـط. رأى تعميـدي كعمـل مـن أعمـال الخيانـة ليـس فقـط لـه، بـل خاصةً لنفسي.

كان مـارك رجـلًا أخلاقيًا. أرادني أن أكـون كذلـك أيضًا. حاولـت أن أشـرح لـه أسـبابي للتعميد - أنـه كان طريقتي في تكريـم نورمـا وكل مـا كانـت تفعلـه مـن أجلـي. شرحـتُ لـه موقفـي مـن الديـن وأنني لم أكـن بالـضرورة ألتـزم بالإيمـان بالمورمـون، بـل أردت أن أظهـر احترامـي لنورمـا.

ومع ذلك، كان مارك غير متهاون. شعر أن اتخاذي لهذه الخطوة كان تنازلًا كبيرًا من قِبَلي، خاصة بعد كل محادثاتنا والجهد الذي بذله في تشجيعي على الوقوف بشموخ وقوة، ومعرفة واحترام نفسي، والمطالبة بالاحترام من الآخرين.

عندما تحدثت إلى كاثلين عن اكتشافاتي ومقارناتي بين النبي محمد (صلى الله عليه وسلم) وجوزيف سميث، قالت: "العديد من المسيحيين الأمريكيين يعتبرون النبي محمد [صلى الله عليه وسلم] ليس محتالًا، بل رجلًا عظيمًا وصالحًا كان له دور كبير في تأسيس دين عالمي هام ينتمي إلى التقليد اليهودي-المسيحي." لكنها رفضت اهتمامي بالدين تمامًا. قالت لي بشكل قاطع ألا "أضيع [وقتي] بمثل هذا الهراء"، مشيرة إلى المورمونية، ولكن أيضًا إلى الدين بشكل عام.

كانت نورما مقتنعة بأنني مبارك ومولود بأفضل صفات تعاليم كتاب المورمون. كانت تعتقد أنه سيكون من الأنسب لي أن أكون مع فتاة مورمونية. كما أرادت أن تثبت أن المورمون ليسوا عنصريين من خلال جعل معبد بويزي يسجل أول عضو أسود في الكنيسة.

رأيت في أعماقها أنها تحبني حقًا مثل أحد أبنائها، وأن ضمي إلى الكنيسة كان أفضل ما يمكنها فعله للتعبير عن حبها. من اليوم الذي استقبلتني فيه في المطار، عاملتني بكرامة واحترام وقدّمت لي دعمها بحرية. فكرت، ما الذي سأخسره إذا جعلت هذه السيدة سعيدة ببادرة بسيطة من خلال الغطس في الماء [التعميد]؟

قمتُ بإجراء التعميد، واحتفال ما بعده أكد لي أنني قد فعلت الشيء الصحيح. كان تعميدًا نموذجيًا، حيث كنت أرتدي رداءً أبيض ورجل يغمسني

في بركـة مـاء، لكـن نورمـا دعـت الأصدقـاء إلى منزلهـا بعـد ذلـك للاحتفـال بالمناسـبة. قدَّمـتْ وليمـةً كبـيرةً، ورحَّـب بي جميـع أصدقائهـا. ومنـذ ذلـك اليـوم، رأى أصدقاؤهـا وأفـراد عائلتهـا في الكنيسـة أننـي عضـو حقيقـي في عائلتهـا.

❖❖❖❖

بسـبب خلفيتـي الأبويـة المختلطـة وتأثـير الأديـان والثقافـات المختلفـة، تذبذبـتُ بـين ممارسـات دينيـة وثقافيـة مختلفـة خـلال طفولتـي. لم أكـن أعتقـد أن ذلـك سـيكون مسـألة كبـيرة هنـا أيضًـا. وافقـتُ عـلى السـفر مـع عائلـة نورمـا إلى بروفـو، يوتـا، وحضـور بعـض دروس الديـن هنـاك.

تعرفـتُ إلى فتـاة جميلـة تبلـغ مـن العمـر تسـعة عـشر عامًـا في إحـدى خدمـات الشـباب بالكنيسـة. كفتـى خجـول، واجهـتُ صعوبـة في بـدء محادثـة لكـسر الجليـد. اتخـذَتْ الفتـاةُ المبـادرةَ للتحـدث معـي، وبدأنـا في التواعـد. كانـت قواعـد التعامـل مـع التواعـد لشـباب القديسـين في الأيـام الأولى تمامًـا مختلفـة عـن باقـي الأمريكيـين. لا يجـوز لأي شـخص دون سـن السـتة عـشرة التواعـد. كان التواعـد يـدور حـول الدراسـة الجماعيـة والتواصـل الاجتماعـي والأحـداث الجماعيـة، وكانـت المواقـف الحميمـة محظـورة.

لسـت متأكـدًا مـما إذا كان قـد صيـغ مصطلـح "العيـش الصحـي" في ذلـك الوقـت، لكـن كان يشـجع عـلى القديسـين عـلى تنـاول الطعـام الصحـي والاعتنـاء بأجسـامهم. كانـوا ممنوعـين مـن شرب المشروبـات الكحوليـة والقهـوة والشـاي، وتدخـين أي نـوع مـن المـواد، واسـتخدام الأدويـة غـير القانونيـة وغـير المشروعـة. إذا كنـت تسـتمتع بمثـل هـذه الأشـياء، فـلا تفكـر في التواعـد مـع قديسـين.

عندمـا كنـت أتحـدث مـع أصدقـائي الأمريكيـين غـير المورمـون، سـمعت أن أكـبر المشـكلات في ديانـة المورمـون، بالإضافـة إلى اسـتهلاك الكحـول، هـي قانـون العفة.

يحظر قانون العفة الجنس قبل الزواج والزنا، ويدين المثلية الجنسية، ويصفها بأنها خطيئة خطيرة.

كنت أخبر الناس أن هذا العقيدة متشابهة في الإسلام وكيف تربيتُ في شمال اليمن. حتى المسيحيون الأرثوذكس لا يشجعون على مثل هذه السلوكيات، ولكنهم لم يفرضوها بالطريقة الصارمة التي تفعلها المجتمعات المسلمة. سألني أصدقائي، "هل تقول لنا إنك لم تُقبِّل فتاة أبدًا، أو تتذوَّق الكحول، أو تمسك بيد فتاة في موعد في اليمن؟" كان ردي دائمًا: "لا". لم أكن قد تواعدتُ من قبل وصولي إلى الولايات المتحدة، حيث إن التواعد ليس عادة في اليمن. نظروا إليَّ كما لو كنت غير طبيعي أو كاذب تمامًا.

"ليس من العجب أنك تذهب إلى كنيسة المورمون. أنت واحد منهم في كثير من الطرق"، كانت النكات النمطية التي كنت أتلقاها.

بعد ثلاثة أشهر من التواعد الجماعي والتجمع، بدأت الفتاة الجميلة، مارثا، في زيارة شقتي لتسليم المواد الكنسية أو الواجبات المدرسية. قضينا ساعات عدة في الزيارات، ولكن خلال زياراتنا، كنا نحتفظ بمسافة لا تقل عن ستة أقدام بيننا. ثم بدأت تزور شقتي بشكل متكرر بعد المدرسة أو خدمات شباب الكنيسة. أعجبتني مارثا حقًا، فكانت فتاة هادئة الكلام، ذكية، بشعر بني جميل، وأسنان مثالية، وعيون زرقاء. كانت ترتدي بشكل متعفف.

كانت مارثا أطول مني ببضع بوصات، ولكنني دائمًا جعلت كل فتاة أمريكية تبدو أطول وأكبر مني. عندما كنا في مواعيدنا، كنا نذهب إلى السينما، ونخرج لتناول العشاء، ونذهب في رحلات المشي، وإلى الشاطئ، والمباريات الرياضية، وأي شيء آخر يعجبنا. كما كانت تأتي أيضًا مع نورما لمشاهدة مباريات الكرة الخاصة بي.

في أحد عطلات نهاية الأسبوع، قبَّلنا مارثا وأنا بعضنا البعض. شعرتُ بحُمَّى في شفتي وعمودي الفقري. كنت أرغب دائمًا في لمس جسدها وشعرها.

في الأحد التالي، خلال مؤتمر للأفراد الأعزاب، توجهَتْ مارثا إلى المنصة، واعترفَتْ ببعض الدموع في عينيها، وطلبت الغفران من الله. أعلنت أنها ارتكبت فعلًا غير مقدس العطلة السابقة. وعندما عادت مارثا إلى مقعدها، لم تنظر إليَّ إلا بإشارة بالعين. كانت تتوقع مني أن أعترف بفعلتي الخاطئة من عطلة نهاية الأسبوع أيضًا. كنت مرتبكًا ومذعورًا.

قمتُ بالوقوف من المكان الذي كنت أجلس فيه وقلت: "لم أفعل شيئًا! لقد قبَّلتها ولمستها فقط!"

جلستُ. ساد هدوء مطبق في قاعة الكنيسة!

بعد هذا الصمت المطول دقيقة، ابتسم الجميع. كانت مارثا محرجة ولم تتحدَّث معي مرة أخرى. كان ذلك نهاية علاقتنا. ولم أعد أذهب إلى كنيسة المورمون بعد ذلك.

في هذا الوقت، كان مارك يتصل بي منذ زيارته الأخيرة للاطمئنان على حالتي. أردتُ أن أكون صادقًا معه، لذا أخبرته في إحدى محادثاتنا الهاتفية أنني تمَّمتُ التعميد في معبد المورمون.

كان هذا سببًا في قطع علاقته معي. كان خائب الأمل فيّ وقال لي إنني عار عليه. قطع علاقته بي أيضًا. بدون علم، فقدت كل من مارثا ومارك في نفس الوقت! شعرتُ أنني خيبة أمل بالنسبة لمارك. شعرتُ بعدم الكفاءة في التعامل مع الأمور العامة أو الاجتماعية.

فرصة ضائعة

في أوائل عـام ٢٠٢٢، اكتشـفتُ نسـخة مـن رسـالة أرسـلها مـارك إلى كاثلين قبـل مغـادرتي شـمال اليمـن لتقديمـي لهـا. كنـتُ قـد نسـيت هـذه الرسـالة التـي احتفظـت بهـا لمـدة تقـارب الأربعـين عامًـا:

٣٠ يونيو ١٩٨٤

كاثلين العزيزة،

هـذه الرسـالة هـي نـوع مـن التعريـف الشـخصي لصديقـي، الـذي يعتـبر حقًـا مثـل أخـي الأصغـر، إذا كان لـدي واحد-عـادل بـن هرهـرة. لا تـدع اسـمه العـربي الطويـل يخدعـك؛ إذا كان هنـاك شيء، فهـو أن عـادل أقـل تدينًـا منـي، وفقـط صدفـة الـولادة جعلتـه رسـميًا مسـلمًا في بلـد إسـلامي.

يصـف نفسـه بأنـه ابـن الطبيعـة. كان والـده يمنيًـا، ولكنـه مـن الجنـوب تحـت الحكـم البريطـاني بينـما كانـت والدتـه -ومـا زالـت، لأنهـا تعيـش في أديـس أبابـا- إثيوبيـة. يبـدو أن عـادل قـد ورث الكثـير مـن السـمات الإفريقيـة أكـثر مـن العربيـة ولا يعتـبر نفسـه عربيًـا ولا يمنيًـا، بـل "شـخصًا جيـدًا" يتمتـع بالفخـر والكرامـة. لقـد كان عـادل أكـثر مـن صديـق جيـد لي هنـا، بـل صديـق وأخ بالمعنـى الحقيقـي الأعمـق لهاتـين الكلمتـين المسـتخدمتين بشـكل مفـرط.

مـن فضلـك، كاثلـين، افعـلي مـا بوسـعك لمسـاعدته إذا دعـت الحاجـة. لقـد عمـل وادَّخـر وحلـم بفرصـة للحصـول عـلى تعليـم جيـد بتكلفـة وتضحيـة كبـيرة. كان قـد خطَّـط للقـدوم في ديسـمبر، لكـن قانونـًا جديـدًا الآن يمنـع جميـع اليمنيـين مـن السـفر إلى الخـارج لأي سـبب لفـترة غـير محـددة. لحسـن الحـظ، كان عـادل قـد حصـل بالفعـل عـلى تأشـيرة خـروج قبـل تنفيـذ السياسـات، لذلـك عليـه أن

يغـادر الآن.

سـأكون ممتنًـا لـكِ إذا تواصلـتِ مـع بعـض أصدقـائي القدامـى في بويـزي (إذا كان هنـاك أي منهـم مـا زال موجـودًا)، مثـل روبرتسـون، وجيمـي شـافير، وكـين سانديرسـون، ومـا إلى ذلـك، وطلبـتِ منهـم أن يقدِّمـوا يـد العـون لعـادل. هـذه سـتكون المـرة الأولى لـه في بلـد غـير مـن العـالم الثالـث، إذا جـاز التعبـير. قـد يحتـاج إلى المسـاعدة والنصائـح في أمـور مثـل العثـور عـلى شـقة صغـيرة، وأماكـن المرافـق العامـة مثـل المكتبـة، ومـا إلى ذلـك، والتسـوُّق بطريقـة اقتصاديـة، وأسـئلة أخـرى.

سـيكون لديـه أمـوال كافيـة، ولكـن نظـرًا لأن هـذه الأمـوال يجـب أن تسـتمر لفـترة طويلـة، يخطـط للعيـش حيـاة بسـيطة وزاهـدة، باسـتثناء الدراسـة وقـراءة الكتـب.

نظـرًا لأن اهتمامـه الرئيـسي (الشـغف سيكون كلمـة أدق) هـو في علوم الحاسـب، فإنـه سيسـتثمر في حاسـوب شـخصي؛ وهـو يجلـب معه الكثـير مـن البرمجيات.

عندمـا تقابلـه لأول مـرة، قـد تجـده خجـولًا وهادئـًا؛ قـد تـسيء فهـم جديتـه الطبيعيـة عـلى أنهـا نقـص في الـود. مـن فضلـك لا تفعـل ذلـك. عـادل شـاب دافـئ وصـادق ذو مشـاعر عميقـة، ولكنـه أيضًـا شـخص مقتصـد في الـكلام ولا يعـبر عـن مشـاعره بشـكل سـطحي بسـهولة.

إنـه مُوجَّـه للغايـة نحـو الأهـداف ومـدرك تمامًـا للجهـد الـذي سـيبذله، خاصـة في السـنوات الأولى. لم أشـعر مـن قبـل بثقـة كبـيرة بـأن شـخصًا مـا سـيحقق أهدافـه بـأي تضحيـة شـخصية بقـدر مـا أشـعر تجـاه عـادل.

كاثلـين، كـوني أختـًا أكـبر لـه، افعـلي هـذا مـن أجـلي. سيرسـل (أو يسـلم) رسـالة شـخصية طويلـة لـكِ حـول أمـور أخـرى، لـذا توقَّعيهـا قريبًـا. اعتنـي بنفسِـكِ

وشكرًا. سأراكِ (بالتأكيد) في سبتمبر.

مع الحب،

مارك

كنت أبكي وأنا أقرأها؛ لم أتمكن من إنهائها بسبب عينيَّ المملوءتين بالدموع! ليس لأنها كانت رسالة مؤثرة أو حزينة، ولكن لأنها أعادت لي ذكريات من الثمانينيات.

من خلال هذه الملاحظة، بعد ما يقرب من أربعة عقود، كنت محقًا في اعتقادي أن مارك كان يعاملني كأخيه الأصغر، ولم أعد أشك في سبب عدم تحدثه معي مرة أخرى لحظة علمه بأنني تعمَّدت في كنيسة المورمون. نحن نشعر بخيبة الأمل فقط من الأشخاص الذين نهتم بهم. لقد وصفني بدقة على أنني لست شخصًا غير ديني بشكل رئيسي، بل "ابن الطبيعة".

لعبَتْ كاثلين دورًا كبيرًا كأخت في حياتي أثناء إقامتي في الولايات المتحدة. لقد أخذَتْ المخاطرة لتكون شاهدة وتضع توقيعها على زواج احتيالي لمساعدتي في الحصول على الإقامة الدائمة في الولايات المتحدة. كانت أستاذة جامعية بدوام كامل في جامعة ولاية بويزي عندما أخذَتْ فرصةً لتدمير حياتها المهنية وسمعتها. كم منا سيذهب إلى هذا الحد لمساعدة شخص ما؟

صادقَتْنِي، استمعَتْ إلى قصة حياتي، وأعطَتْني أسطوانة فردية كهدية عيد الميلاد: "بارك الله الطفل" لبيلي هوليداي. في البداية، كنت مشوشًا بشأن سبب إعطائها لي هذه الأغنية؛ لم أكن أعرف المغنية، ولم أسمع الأغنية من قبل. شرحَتْ لي كلمات الأغنية، متحدثةً عن الصمود وراربطها بالإشارة التوراتية التي تقدمها الأغنية ("لأن كل من له سيُعطى ويزداد، ومن ليس له فالذي عنده سيؤخذ منه." [متَّى ٢٥:٢٩]). عندما أعطتني كاثلين الأسطوانة،

قالت: "هذا أنت". منذ أن بدأت في كتابة هذه الكتب الثلاثة، أعود دائمًا إلى تلك الأغنية - معناها وعنوانها. أشعر أنها تلخص حياتي بشكل مثالي.

في رأيي، تخصيص كتابي الأول لها واستخدام "بارك الله الطفل الذي يملك ذاته" كعنوان فرعي لكتابي الأول لا ينصفها هنا.

كل من كاثلين ومارك قد رحلا منذ فترة طويلة وأنا هنا، أسترجع تلك الأيام وأكتب عنها.

أحد الأشياء التي ندمت عليها هو كيف انتهت صداقتي مع مارك.. أو بالأحرى انتهاؤها كليًا. يقولون إن الوقت يداوي جميع الجراح، وربما لو كان حيًا والتقينا مجددًا لكان قد خفَّف من موقفه وأدرك أن قرار معموديتي في كنيسة المورمون لم يكن سوى جزءًا صغيرًا غير ذي بال من حياتي مقارنةً بكل ما تخللها. وربما لا. يا للأسف، لن أعرف أبدًا.

التاسع

الخروج الطوعي

ليس طريقنا نحو وجهتنا دائمًا مسارًا مستقيمًا. نسلك الطريق الخاطئ، ونضل عن السبيل، ونعود أدراجنا. ربما لا يهم أي طريق نخوضه. ربما المهم أن نخوض.

- باربرا هول، عمدة تورنتو السابقة (١٩٩٤ - ١٩٩٧).

في خريف عام ١٩٩٢، كنت أعمل في مكتبة ولاية أيداهو في بويزي. كنت متحمسًا للانتقال إلى سياتل بشكل دائم وشغوفًا بمتابعة أهدافي الأكاديمية. مع وضع طلبات الالتحاق ببرنامج الدراسات العليا في جامعة واشنطن في ذهني، تواصلتُ مع مكتب القبول الخاص بهم. لسوء الحظ، توقف حماسي عندما أبلغوني عن وجود خلل في وضعي كأجنبي في الولايات المتحدة، على ما يبدو، كانت هناك بعض المشكلات مع تأشيرتي منعت معالجتهم لطلبي. مصممًا على متابعة تعليمي، اقترحوا عليّ أن أراجع مكتب خدمات الهجرة والتجنس المحلي للحصول على مزيد من التوضيح بشأن حالة تأشيرتي.

شعرتُ بالارتباك التام. كنتُ تحت انطباع بأن محاميّ وأنا ما زلنا ننتظر ردًا على الاستئناف الذي قدَّمه. توجهتُ إلى مكتب إدارة الهجرة والجمارك للاستفسار عن الخطاب الذي أرسله مكتب إدارة الهجرة والجمارك إلى مكتب القبول بالجامعة عندما سألتُ عن التقديم. أخذَتْ السيدة في مكتب الاستقبال اسمي الكامل وطلبت مني الانتظار بينما تتوجه إلى المكتب الخلفي.

خلال ثلاث دقائق، عادت هي ورجل، وطلب مني الرجل أن أتبعه إلى

مكتب، وهو ما فعلتُ. أخبرني أنه تم اتخاذ قرار بشأن استئنافي، وأُمهلتُ ستين يومًا للمغادرة الطوعية من البلاد.

وقال: "لقد مضى على ذلك حوالي أربعة أشهر ونصف، ولم تغادر بعد."

صُعقتُ وأخبرته: "لست على علم بالقرار. يجب أن أتحدث مع محاميٍّ."

قال: "بالتأكيد يمكنكَ ذلك، ولكن إذا دفعتَ ثمن تذكرة الطيران وغادرتَ البلاد خلال يومين، فيمكننا التنازل عن فترة الإقامة الزائدة التي تبلغ ستين يومًا والتي مُنحَتْ لك. يبدو أن ليس لديك أي سجل إجرامي، لذلك ينبغي أن يكون كل شيء على ما يرام. بهذه الطريقة، يمكنك دائمًا العودة إلى الولايات المتحدة دون أي سجلات سيئة في ملفك."

أجبتُ: "لا بد لي من التحدث إلى محامِيًّ للحصول على استشارة قانونية سليمة."

كان منزعجًا بعض الشيء لأنه لم يكن يعلم أنه لا يمكن فعل شيء في تلك المرحلة لأن مغادرتي كان يفترض أن تكون فورية، ولم أستمع إليه.

وعندما وقفتُ لأغادر المكتب، قال لي: "أخشى أنه لا يُسمح لك بالمغادرة."

"لماذا؟"

قال: "لقد انتهكتَ فترة المغادرة الطوعية التي تبلغ ستين يومًا، وبموجب القانون، كان من المفترض أن نطاردك ونُخرِجك من البلاد منذ شهور."

زادت حيرتي وقلتُ له: "كما تعلم، أنا موظف بشكل شرعي وبدخل ثابت، ولدي عنوان مقيم. إذا كنتُ أهرب من إدارة الهجرة والجمارك، فلماذا آتي إلى مكتبكم؟"

كـرَّر قائـلًا: "لقـد انتهكـتَ فـترة السـتين يومًـا، ويجـب أن آخـذك إلى مركـز احتجـاز المهاجريـن في سـياتل."

سـألتُ عـما إذا كان بإمـكاني إجـراء مكالمـة هاتفيـة مـع محامِـيَّ، أو ربمـا أحـد أفـراد عائلتـي. وافـق وأعطـاني هاتـف مكتبـه لاسـتخدامه.

اتصلـتُ بدينيـس ونورمـا ومحامِـيَّ. لم يكـن المحامـي متاحًـا، لكننـي شرحـتُ موقفـي لدينيـس ونورمـا.

دينيـس مايـر في شركـة ساينتيك إنـك قـد وظَّفتنـي كجـزء مـن برنامـج علـوم الحاسـب والهندسـة في سـنتي الجامعيـة الثالثـة. بـدأتُ الوظيفـة كعمـل بـدوام جـزئي وانتهـى بهـا الأمـر إلى أن تكـون بـدوام كامـل تقريبًـا في الأشـهر السـتة الأخـيرة؛ امتـدَّ عمـلي هنـاك حـوالي ثمانيـة عـشر شـهرًا. ظللـتُ صديقًـا جيـدًا لهـما بعـد أن توقفـتُ عـن العمـل لديـه.

عندمـا اتصـل دينيـس ونورمـا بالمحامـي، قيـل لهـما إن مكتبـه ليـس لديـه أي سـجل لخطـاب رفـض اسـتئنافي الـذي أرسـله مكتـب إدارة الهجـرة والجـمارك إلى مكتـب المحامـي. أصبـح الأمـر بعـد ذلـك أكـثر إربـاكًا وإحباطًـا بالنسـبة لي.

رفضَـتْ إدارة الهجـرة والجـمارك قبـول أي طلـب لإصـدار كفالـة. عـلاوة عـلى ذلـك، ذكـروا أنـه إذا لم أدفـع أجـرة تذكـرة طـيراني وأغـادر البـلاد في غضـون أسـبوع، فسـيقومون بدفـع ثمـن رحلتـي وإعـادتي إلى اليمـن، ولـن تتـاح لي الفرصـة للعـودة إلى الولايـات المتحـدة مـرة أخـرى. أُصِبـتُ بالذعـر! كان منعـي مـن دخـول الولايـات المتحـدة إلى الأبـد أسـوأ وضـع يمكننـي تخيلـه في تلـك اللحظـة. وافقـتُ بسرعـة عـلى دفـع أجـرة تذكـرة طـيراني حتـى لا أُعـرِّض للخطـر أي أمـل مسـتقبلي في العـودة إلى الولايـات المتحـدة.

في هـذه الأثنـاء، حـاول محامِـيَّ معرفـة سـبب عـدم إخطـار مكتبـه بقـرار إدارة

الهجرة والجمارك بشأن الاستئناف. قدَّم مكتب إدارة الهجرة والجمارك سجلات تفيد بأن مكتب محامِيَّ تلقَّى الخطاب قبل أربعة أشهر وتقصيره في إخطار موكله (أنا). كان نورما ودينيس غاضبين للغاية! لقد استأجرا محاميًا آخر وحاولا نقل ملف قضيتي من المحامي الحالي.

بينما كان المحامي الجديد يتفاوض بشأن المسألة مع دانيلوف ويبحث عن خيارات لتقديم استئناف آخر، كنت أتألم في سياتل لمدة شهرين، في انتظار حل موقفي. كنتُ أخشى العودة إلى اليمن، المكان الذي بذلتُ كل جهد لمغادرته إلى الأبد. إن معرفة أنني سأضطر على الأرجح للعودة كان أشبه بانتظار سماع حكم سجني. تأملتُ مستقبلي وخشيتُ أنه بغض النظر عن مغادرتي للولايات المتحدة طواعية أم لا، فقد يُمنع دخولي إليها مرة أخرى. لقد كانت محنة، وبحلول الوقت الذي انتهت فيه، كنتُ منهكًا عقليًا وماليًا.

قالت إدارة الهجرة والجمارك إن القرار قد اتُخذ. في نظرهم، كان الوضع واضحًا: تم رفض طلب اللجوء الخاص بي، وتم منحي ستين يومًا للمغادرة، ولم أغادر. قالوا إن بإمكاني المغادرة طواعية، ولكن يتعين عليّ القيام بذلك في غضون أسبوع.

كانت المشكلة الأخرى هي أن كل هذا جاء إليّ دون سابق إنذار، وكان جواز سفري منتهي الصلاحية. تحتفظ إدارة الهجرة والجمارك بجواز سفري منذ عام ١٩٨٧ وكان منتهي الصلاحية. لم تُتَح لي الفرصة لتجديده. الآن، لم أكن أواجه فقط الإجبار على مغادرة البلاد في فترة قصيرة، ولكن أيضًا بدون جواز سفر صالح.

اقترحَتْ نورما طرد المحامي والذهاب مع الجديد، لكنني لم أرغب في

التخلص من المحامي في منتصف المفاوضات. لقد أدرك أنه أخطأ، وبدا أنه يحاول تبرئة نفسه بالحرص على عدم وجود سجل لي في الولايات المتحدة. كان أصحاب العمل يحاولون الحصول لي على تأشيرة العمالة المؤقتة جديدة، لكن إدارة الهجرة والجمارك ظلت تضغط عليّ لمغادرة الولايات المتحدة. إذا كنت سأغادر، أردت أن يكون ذلك بشروط جيدة.

كان ريتشارد ويلسون من مكتبة ولاية أيداهو يحاول جعل المكتبة تبرم عقدًا جديدًا معي حتى أتمكن من الحصول على تأشيرة من خلالهم، لكن إدارة الهجرة والجمارك قالت إن الأجر الذي عرضته لي مكتبة ولاية أيداهو أقل بستين سنتًا في الساعة من الحد الأدنى للحصول على وضع مهني. لم يتمكن ريتشارد من الحصول على الستين سنتًا إضافية في الوقت المناسب حيث تطلّب ذلك تعديلات على نطاق الرواتب على مستوى الولاية.

عندما نفد الوقت في النهاية، اخترتُ دفع أجرة ذهاب فقط، حوالي ٢٨٠٠ دولار أمريكي، والعودة إلى اليمن. اتصلتُ بنورما من الرحلة لأخبرها أنني في طريقي.

كانت هذه الرحلة على النقيض تمامًا من الرحلة التي قمت بها من اليمن إلى الولايات المتحدة قبل سنوات؛ لم يكن هناك أي حماس للوصول إلى وجهتي. شعرتُ بالهزيمة وعدم القيمة والأمل. قضيتُ تلك الرحلة وأنا أشعر وكأنني أفعل العكس تمامًا لكل ما فعلته - العودة إلى الصفر والتراجع والعودة إلى المكان الذي كنت فيه محل سخرية، وتعرَّضت للتمييز، وفقدت هويتي كإنسان. كانت العودة إلى المكان الذي هربت منه أسوأ من الوقوع في بيئة مجهولة وغير متوقعة. كنتُ عائدًا إلى منطقة كنت أعلم أن ليس لدي فيها شيء؛ لم أكن أرغب في أن أكون هناك.

خلال المكالمة الهاتفية أثناء الرحلة، أخبرتني نورما أنها والمحامي الجديد مستعدان لمساعدتي في مقاضاة دانيلوف.

العاشر

في طي النسيان

"لا يمكن إلا لأولئك الذين يرون أنفسهم عاجزين تمامًا أن يقدروا نعمة الله حقًا."

- إيروين و. لوتزر، كاتب كندي.

لأول شهرين بعد وصولي إلى اليمن، كنت تائهًا. لم تكن السنوات الثمانية التي قضيتها في الولايات المتحدة طويلة بما يكفي لنسيان التفاصيل العامة، ولكن عند عودتي إلى اليمن، وجدت أنني نسيت تمامًا أسماء الناس وأسماء الشوارع وغيرها من المعلومات الأساسية. كان هذا النسيان أحد علامات الإرهاق الشديد والاكتئاب الذي كنت أشعر به.

عندما كتبتُ إلى نورما من اليمن، أخبرتُها أنني ناجح في البقاء على قيد الحياة، ولكن الطريقة الوحيدة التي تمكنتُ من خلالها البقاء على قيد الحياة هي قمع مشاعري وإخفاء مشاعلي وإنكار ما حدث في الولايات المتحدة مع تأشيرتي. عودتي إلى اليمن شعرتُ وكأنني أُوقِّع حكم إعدام على نفسي.

كانت شاريس، صديقتي وزميلتي في المدرسة من بويز، بالإضافة إلى أصدقاء وزملاء آخرين يحاولون مساعدتي على التأقلم من خلال كتابة رسائل مشجعة. وقد استأجرت نورما بسرعة محاميًا جديدًا لمقاضاة المحامي الأول؛ طلب المحامي الجديد ٧٥٠٠ دولار أمريكي لرفع الدعوى. عدت إلى اليمن بمال جيب -أقل من ١٠٠ دولار- لذلك كانت إحدى العقبات الرئيسية هي جمع مبلغ ٧٥٠٠ دولار. قامت نورما بتسييل حساب التقاعد ٤٠١ ألف

الخاص بي وباعت سيارتي وممتلكاتي الأخرى التي تركتُها في الولايات المتحدة.

لمدة شهرين عشتُ مع عائلة بن عجاج. فاطمة بن عجاج هي المرأة التي أصبحَتْ بمثابة أمي عندما كنت أعيش في شمال اليمن في أوائل الثمانينيات. خلال هذين الشهرين، كنت في غياهب المجهول، لا أعرف ما إذا سيُسمح لي بالعودة إلى الولايات المتحدة، وإذا كان الأمر كذلك، فمتى. لم أستطع الأكل؛ بالكاد كنت أنام، وعندما كنت أفعل ذلك، كنت أتحدث وأمشي وأنا نائم. على الرغم من إفلاسي، لم يكن لدي أي دافع للبحث عن وظيفة. في يوم من الأيام، في أحد الأيام، جلسَتْ معي وتحدثنا عن قضيتي.

أطعمَتْنِي وقالت: "عادل، أرى مدى بؤسَكَ. اِسمع، أَعلَم كم هو مؤلم بالنسبة لكَ العودة إلى البلد الذي لم يكن لديكَ نيةٌ للعودة إليه. أنا أعلم المحنة التي مررتَ بها للبقاء في الولايات المتحدة. أعلم أنكَ تريد أيضًا العودة إلى هناك لأنك لا تتناسب هنا. في حالتك، أعتقد أنك تحاول اصطياد عصفور بالطيران. ليس لديك مظلة. ليس لديك وسيلة لإعالة نفسك أو خوض هذه المسألة القانونية. للحفاظ على سلامتك العقلية، أسقِط القضية. ركِّز اليوم على كيفية الحفاظ على نفسك في اليمن. ابحث عن وظيفة. ابدأ الحياة من جديد. لقد بدأتَ من الصفر عندما كنت طفلًا. يمكنك أن ترتفع فوق هذا أيضًا."

كانت على حق. لقد انخفضتُ إلى مستوى يائس لدرجة أنني كنتُ بحاجة إلى لملمة نفسي والبدء في المضي قدمًا. بعد شهور من عدم اليقين والمعلومات المتضاربة والمصاريف التي لا تنتهي، لم يكن لدي أي طاقة لمواصلة القتال.

كتبتُ رسالة إلى المحامي الجديد وأرسلتُها إليه، وقلت له: "لن أستأنف هذه المسألة بعد الآن. لا أرغب في العودة إلى الولايات المتحدة الآن. الرجاء إسقاط

القضية."

رد المحامي بأن دانيلوف سيقبل بتسوية خارج المحكمة مقابل ٢٥ ألف دولار أمريكي، على الرغم من أننا رفعنا دعوى قضائية بأكثر من ١٧٥ ألف دولار مقابل الأجور المفقودة. (لم يتم ذكر المعاناة كجزء من الصفقة.) ومع ذلك، ابتعدتُ أنا عن الأمر.

في ذلك الوقت، لم أفكر بوعي فيما فعله بانسر، صديق والدي المقرب ومؤيدي الكبير في إثيوبيا، قبل سنوات. كان يحاول استعادة الأموال المستحقة لتركة والدي من رجل اقترض مبالغ كبيرة من المال من والدي على مر السنين لبناء فنادقه في جميع أنحاء إثيوبيا. عندما عرض عليه الرجل ٦٠٠ دولار فقط لتسوية المسألة، قال له بانسر: "إذا كان هذا ما تقدمه، فانسَ الأمر. أنا لست بحاجة إليه." وابتعد. كان بانسر رجلًا شريفًا، ورفض أخذ مبلغ زهيد مهين من رجل عديم الضمير. ربما كنتُ، في ردي على هذه القضية القانونية، أظهر رغبة لا شعورية في أن أكون رجلًا شريفًا وأقتدي به.

قلت له: "اِنسَ كل شيء. أَرسِل لي ملفاتي." كان هذا المحامي سيأخذ ٦٠ بالمائة من مبلغ الـ ٢٥ ألف دولار التي كنت سأتلقاها. لم يكن لديَّ القدرة على القتال من أجل بضع نقود.

شعرَتْ نورما بخيبة أمل. اتصلَتْ بي وسألَتْ: "هل أنتَ في كامل قواكَ العقلية؟"

قلتُ لها: "لقد انتهيتُ من الولايات المتحدة." كنت محبطًا، يائسًا، مكتئبًا للغاية، وقلقًا جدًا، ومعوزًا. أصرَّت نورما، محاولة إقناعي بالاستمرار، لكنني أنهيتُ المعركة القانونية. اهتممتُ بسداد ديوني لبعض الأصدقاء الذين قدَّموا لي مصاريف قانونية مقدمًا، مثل دينيس، ثم حاولتُ المضي قدمًا في

حياتي.

ويسعدني أنني فعلت ذلك. بعد دفع أتعاب المحامي الحالي، كانت التسوية ستعود عليّ بمبلغ ٧٠٠٠-٨٠٠٠ دولار أمريكي بعد استثمار أكثر من ١٠٠٠٠ دولار وكمية لا نهاية لها من الضغط النفسي. سألتُ نفسي، ماذا سأحصل غير الصداع؟

شعرَتْ نورما أن الوضع برمته كان ظالمًا للغاية. وكان كذلك بالفعل.

خسر ٧٠ موظفًا في مكتبة ولاية أيداهو القضية، وليس أنا فقط. كان هناك الكثير من الناس يدافعون عني، ويكتبون الرسائل، ويجرون المكالمات الهاتفية، ويُقدِّمون النصائح. كانت النشرة الأسبوعية للمكتبة تنشر تحديثات منتظمة حول عودتي إلى اليمن.

ما اكتسبتُه من خلال هذه التجربة هو إدراك شجاعة حوالي مئة شخص كانوا يعملون على إعادتي: موظفي المكتبة، ونورما، وشيريس، وريتشارد (رئيسي في المكتبة)، وأصدقاء وزملاء آخرين من منظمات جامعة ولاية بويزي ومنظمات كرة القدم، وحتى حاكم ولاية أيداهو. ما كان واضحًا لي هو صلاح الشعب الأمريكي في قتاله ضد "النظام". إن دليل هذا الخير مسجل بشكل دائم في كومة الرسائل الضخمة (التي لا أزال أحتفظ بنسخ منها) التي تتوسل إلى إدارة الهجرة والجمارك نيابة عني والرسائل المكتوبة إلى مباشرة (التي لا أزال أحتفظ بها أيضًا)، تشجعني على العودة.

القدر مرة أخرى؟

كما هو الحال مع أي مأساة، كان هناك أبطال وسادت العاقبة مرة أخرى. كطفل في إثيوبيا، اعتقدتُ أن القدر أظهر وجهه عندما أضاع عمي، الذي أخذني في الخامسة من عمري فقط لأنه أراد المال الذي جاء معي بعد وفاة والدي، المال ثم مات فقيرًا. شعرتُ أيضًا أن القدر لعب دورًا عندما فقدت العائلة التي اقترضَتْ المال من والدي ولم تسدده أبدًا كلَّ أموالها في النهاية؛ كما سُجن بعضهم بسبب أعمال أخرى. هذه الأحداث، بالإضافة إلى ما حدث لمحامِيَّ في الولايات المتحدة، هي دليل بالنسبة لي على أن العاقبة الأخلاقية لم تفقد عنواني أبدًا.

تم تشويه سمعة محامِيَّ الأول، دان ب. دانيلوف، الذي كان يُعتبر سابقًا من بين أفضل المحامين في الولايات المتحدة؛ تم منعه في النهاية من ممارسة المحاماة في الولايات المتحدة.

اتضح أن مهاجرين ولاجئين آخرين لديهم قصة مشابهة لقصتي. في أواخر التسعينيات وأوائل العقد الأول من القرن الحادي والعشرين، تقدَّم آخرون علنًا، زاعمين أن دانيلوف فشل في تقديم المستندات الصحيحة أو لم يقدمها في الوقت المناسب لتلبية المواعيد النهائية المطلوبة. وبالتالي تم ترحيلهم. كنت سيتم ترحيلي أيضًا لو لم أغادر طواعية؛ لو تم ترحيلي، لما سُمح لي بالعودة إلى الولايات المتحدة. لم أكن سوى واحدٍ من ستة عشر شخصًا رفعوا دعوى ضده، وقدَّموا جميعًا نفس الادعاءات ضده.

عند إجراء البحث حول هذا الكتاب، بحثتُ عن معلومات محددة حول ممارسته وتفاصيل شكواي وشكاوى الآخرين ضده. كانت حالتي في الولايات المتحدة بين يديه بالكامل بين عامي ١٩٨٧ و١٩٩٢، ولم تكن النتيجة كما

توقَّعتُ أو كنت آمل. منحني معرفة أن الآخرين قدَّموا شكاوى مماثلة بعض الراحة؛ لم تكن حالتي الوحيدة التي تم التعامل معها بشكل سيء. لستُ شخصًا حقودًا. لا أتمنَّى لأحد الأذى، ولكن معرفة أنه تم إيقافه وتشويه سمعته بسبب إهماله المهني منَحَنِي بعض الرضا العاطفي وربما ساعدني في النهاية على إغلاق باب تلك المرحلة من حياتي عقليًا.

الجزء الثاني.. الحادي عشر

مرحبًا بك في كندا

أنا كندي، حر في التحدث دون خوف، حر في العبادة على طريقتي الخاصة، حر في الدفاع عما أعتقد أنه صحيح، حر في معارضة ما أؤمن بأنه خطأ، أو حر في اختيار من سيحكم بلدي. أتعهد بالحفاظ على هذا التراث من الحرية لنفسي ولجميع البشر.

- جون جي. ديفنباكر، رئيس وزراء كندا ١٩٥٧-١٩٦٣.

أول مرة سمعتُ فيها كلمة كندا كانت في عام ١٩٧٤ في درس الجغرافيا في الصف السادس. علمتُ أن كندا هي ثاني أكبر دولة في العالم بعد الاتحاد السوفيتي. بالتأكيد، قيل لي إنها دولة باردة. تحدث معلمي في المدرسة الابتدائية عن كندا بشكل كبير، خصوصًا نظامها التعليمي وجمالها الطبيعي النقي (بحيراتها وجبالها وأنهارها). حتى ذلك الحين، كنتُ أعتقد أن كلمة "جمال" مخصصة فقط للنساء.

تعلَّمنا عدة حقائق عن كندا: كندا لديها أطول خط ساحلي في العالم؛ هي أكبر مصدر للمياه العذبة في العالم؛ أكثر من نصف بحيرات العالم توجد في كندا. كندا لديها جاذبية أقل من أي مكان آخر في العالم! كندا هي البلد الأكثر تعليمًا في العالم. نسبة معرفة القراءة والكتابة هي ٩٩ في المئة، لذا يمكن تقريبًا لجميع الكنديين القراءة والكتابة. العنوان الرسمي لسانتا كلوز هو في كندا.

في عام ١٩٩٠، عندما أخذني فريق كرة القدم من بويزي، أيداهو، إلى فانكوفر، كولومبيا البريطانية، لخوض بطولات كرة القدم، بدأتُ أفكر في

الهجرة إلى كندا. كانت تلك الرحلة أيضًا هي التي بدأتُ فيها أفكر بشكل مختلف عن مكان بيتي المستقبلي. مثل بويزي، كانت فانكوفر جميلة في الصيف. ومع ذلك، كانت مدينة أكثر تنوعًا ثقافيًا بكثير من بويزي. كان لديها طابع مختلف وتبدو أقل من مدينة رعاة البقر. بدت فانكوفر أكثر حداثة وحيوية. وقال لي مارك: "لو كنت قد ذهبت إلى سان فرانسيسكو، لما كنت ستتفاجأ بفانكوفر." لو كنت قد ذهبت إلى لوس أنجلوس، شيكاغو، نيويورك -أي مكان- لكنت قد حصلت على تجربة مختلفة عما حصلت عليه في أيداهو.

خلال العشرينات من عمري، أصبح حلمي في أن أصبح مواطنًا أمريكيًا أقل رغبة وأقل إمكانية. بمجرد أن انتهت فترة شهر العسل وتكيَّفت ثقافيًا مع العيش في الولايات المتحدة، أدركتُ أن الولايات المتحدة تسجن مواطنيها أكثر من أي دولة أخرى في العالم. بشكل خاص، كان هناك المزيد من الشباب السود في السجون أو يعيشون في الشوارع أكثر من الذين يحضرون الجامعات.

على الرغم من قرب كندا من الولايات المتحدة، وجدت أن معظم الأمريكيين، بما في ذلك أولئك الذين يعيشون بالقرب من الحدود، يعرفون القليل عن كندا، لذا كان من الصعب العثور على معلومات عن كندا من الأشخاص الذين أعرفهم في الولايات المتحدة. في بويزي، كنت محاطًا بأشخاص لديهم رؤية ضيقة للعالم ونطاق ضيق من الخبرات الحياتية خارج ولايتهم وثقافة متجانسة إلى حد كبير.

الأشخاص الذين كانوا مهمين ومؤثرين في حياتي في ذلك الوقت -كاثلين، مارك (رغم أنه قطع العلاقات معي، كانت كلماته لا تزال تتردد في ذهني غالبًا)، ونورما- كانوا دائمًا يدعمون نواياي، بغض النظر عن ماهيتها. كان

بارقة أمل

مارك دائمًا متفائلًا بشأن كندا عندما كنت أتحدث معه عنها. على الرغم من أن نورما كانت تُقدِّر الجمال الطبيعي لكندا، إلا أن كل ما كانت تعرفه عن كندا هو أسماء لاعبي الهوكي المشهورين ووجود المجتمع المورموني في ليثبريدج، ألبرتا. لكن كاثلين كانت شخصًا مطلعًا وتبدو أنها تُقدِّر السياسات الليبرالية الكندية والمواقف العامة للكنديين. كانت تعتقد أن رئيس الوزراء الكندي الراحل بيير ترودو كان شخصية بارزة. كان لدي نظرة إيجابية على السياسات والنظم في كندا مقارنة بالولايات المتحدة لأن كاثلين ونورما كان لديهما وجهات نظر إيجابية عن كندا.

لم أكن أعرف من هو ترودو، لكن اعتبرته كاثلين رجلًا مثقفًا وجذابًا يتمتع بفهم سياسي شامل، وأشادت بجهوده للحفاظ على الوحدة الكندية. ذكرت حركة السيادة في كيبيك وتحدثت عن جهود ترودو لتعزيز الهوية الكندية الشاملة. قارنت بينه وبين الرئيس الأمريكي ج. ف. كينيدي وعلَّقتْ بأن ترودو ربما كان أفضل منه في رأيها. كانت تؤمن دائمًا بأن كندا مكانٌ أفضل للعيش من الولايات المتحدة. من تلك المحادثات والانطباعات، بدأ ولائي يتحوَّل من الرغبة في أن أكون أمريكيًا إلى الرغبة في أن أكون كنديًا.

عندما كنت أعيش في ولاية أيداهو، قضيتُ جزءًا كبيرًا من وقتي في مكتبة جامعة بويسي ستايت أقرأ عن كندا. تعلمي عن نظام حكومتها أعطاني شعورًا بالتوازن. كماركسي في شبابي، وجدت فكرة نظام الرعاية الصحية الشاملة في كندا جذَّابة. تعلَّمتُ عن تأييد ترودو لكاسترو؛ مقارنة بأيداهو، بدت كندا أكثر ميلًا لليسار بكثير. بدأتُ أفهم أن معظم الكنديين لم يروا الشيوعية كحركة إرهابية مرعبة. بدلًا من ذلك، أظهر القادة الكنديون دبلوماسية عظيمة بالجلوس مع قادة آخرين في المفاوضات والمحادثات. وبدا أن الجمهور الكندي أقل فردية من الأمريكيين.

شعرتُ بالفراغ بعد النهاية الكارثية والمفاجئة لوقتي في الولايات المتحدة. هذا المفهوم بأن هناك خيارات أخرى، ربما أفضل، من العودة إلى الولايات المتحدة تعزَّزَ بسبب تعقيدات وضع الهجرة الأمريكية الذي كان معلقًا. أُجبِرتُ على العودة إلى اليمن، لكنني ما زلت أرغب في العيش في مجتمع غربي. كنتُ بحاجة إلى خطة بديلة.

ثم، في أوائل عام ١٩٩٣، بينما كنت أعمل في شركة نفط في اليمن، التقيتُ بشخص كندي يُدعَى جون ريس. كان يعمل في اليمن كجيولوجي وأخبرني عن كالجاري، كندا، حيث كان من هناك.

مثل الجميع، لم أستطع اختيار مكان ولادتي، أو والديّ، أو الدين، أو اللغة، أو الثقافة التي تعرَّضتُ لها كطفل. لم يكن لديَّ سيطرة على الثورة الاشتراكية في إثيوبيا، التي أدت إلى مئات الآلاف من القتلى والهجرات. وكانت هجرتي إلى شمال اليمن لأعيد الاتصال بأسرتي الأبوية مليئة بالاضطهاد الذي تحمَّلته بسبب لوني وعرقي، مما أجبرني على الفرار إلى الولايات المتحدة. ثم، الخيارات السيئة التي اتخذتها والواقع القاسي للنظام القانوني وسوء ممارسة المحامي الفاسد أجبراني على العودة إلى اليمن لتحمُّل المزيد من المعاناة الشخصية والحرب الأهلية. أخيراً، في عام ١٩٩٣، اتخذت قرارًا كان نقطة تحوُّل في حياتي: الهبوط في كندا - الهجرة إلى بلد جديد كإنسان حر لأول مرة في حياتي.

٢٧ نوفمبر ١٩٩٥

السيد المحترم بن هرهرة:

توجد تأشيرة الهجرة الكندية الخاصة بك في الظرف المرفق. إذا كنت مصحوبًا بزوجتك و/أو أطفالك المعالين إلى كندا، فستجد أيضًا تأشيراتهم مرفقة. يجب أن تصل في أو قبل

تاريخ انتهاء صلاحية التأشيرة الموضح في المربع ٣٣ من التأشيرة. لا يمكن تمديد تاريخ انتهاء صلاحية التأشيرة. يجب حمل التأشيرة معك وتقديمها إلى ضابط الهجرة عند دخولك إلى كندا، وفي ذلك الوقت ستطلب منك توقيعها. نظرًا لأن التأشيرة هي الدليل الوحيد على حالتك في كندا، فيجب الحفاظ عليها بعناية وتقديمها في كل مرة تعود فيها إلى كندا.

اغتنِم هذه الفرصة لأتمنى لك كل النجاح في حياتك المستقبلية في كندا.

السفارة

❖❖❖❖

استغرق إتمام الأوراق للحصول على تأشيرة الهجرة الكندية ما يقرب من ثلاث سنوات. بعد أن حصلتُ على أوراق الهجرة الخاصة بي من القنصلية الكندية في عام ١٩٩٥، ركَّزتُ على اختيار المدينة التي سأنتقل إليها. كانت العوامل التي أخذتُها في الاعتبار هي فرص العمل وتكلفة المعيشة (مع الأخذ في الاعتبار أنني قد أحتاج للبقاء بدون عمل لمدة ستة أشهر على الأقل) والإمكانية بأن أكون قريبًا من جبال الروكي.

أول مرة سمعتُ فيها عن كالجاري كانت في عام ١٩٨٨ عندما كنتُ أعيش في بويزي وكانت كالجاري تستضيف الألعاب الأولمبية الشتوية. حتى ذلك الوقت، لم أكن أعرف بوجود الألعاب الأولمبية الشتوية. وقبل ذلك، كنت أعرف فقط ثلاث مدن كندية: تورونتو، ومونتريال، وفانكوفر.

على الرغم من أن ظروف الشتاء هناك لم تكن لتثير إعجابي بصراحة، فقد اعتقدت أن كالجاري تبدو مدينة ودودة. كانت تشبه دنفر أكثر من بويزي في الشتاء. كان هناك الكثير من الثلوج في أيداهو، لكن بويزي كانت تتلقَّى كمية أقل بكثير من الثلوج مقارنة ببقية الولاية، ولم تكن هناك كمية

كبيرة كما هو الحال في كالجاري. في أيداهو، كنا نرى الزهور تتفتح في مارس لأن الشتاء كان أقصر وأخف من كالجاري. ارتعشتُ عندما قال المعلق التلفزيوني إن كالجاري يمكن أن تشهد تساقط الثلوج في يونيو!

إذ كنتُ قد وصلت إلى مدينة بويزي خلال فصل الصيف، وكنتُ أنتظر بفارغ الصبر رؤية تساقط الثلوج للمرة الأولى، والذي حدث بالفعل في يوم الرابع من نوفمبر. لقد كانت لحظة سحرية بالنسبة لي، وانبهرتُ بجمال المشهد! ولكن عندما علمتُ أن مدينة كالجاري أبردُ بكثير، ومن المحتمل أن تشهد تساقطًا للثلوج في أي شهر على مدار السنة، شعرتُ بالخوف.

إذ كنت أعمل أنا وجون ريس معًا في صنعاء باليمن في أوائل التسعينيات، كنتُ أتحدث إليه في كثير من الأحيان عن مدينة كالجاري لمعرفة المزيد عن المدينة، وخاصةً فرص العمل والمؤسسات التعليمية والطقس وما إلى ذلك.

إلى يومنا هذا، أنا معجب بمدينة مونتريال، ربما بسبب متابعتي لأولمبياد صيف عام ١٩٧٦ التي أُقيمت هناك على شاشة التلفزيون، ولكن كان من السهل عليّ استبعاد مونتريال بسبب افتقادي لإتقان اللغة الفرنسية. وعلى الرغم من أن ظروف الطقس كانت أكثر ملاءمةً لي في كل من تورنتو وفانكوفر، إلا أنني اضطررت إلى استبعاد هاتين المدينتين أيضًا بسبب ارتفاع تكلفة المعيشة فيهما وخوفي من عدم قدرتي على تأمين وظيفة بشكلٍ مباشر.

لقد كانت رابع مدينة محتملة هي كلجاري، حيثُ تُعد موطنًا لشركات نفط وغاز رئيسية. بالإضافة إلى ذلك، كان معدل البطالة في كالجاري منخفضًا في ذلك الوقت مقارنةً بفانكوفر أو تورنتو. أخذتُ بعين الاعتبار أيضًا قربها

من مقاطعة بريتيش كولومبيا الجميلة، وكذلك تحيط بها جبال روكي من الغرب. تقع مدينة كالجاري على بعد ١٤٥ كيلومترًا (٩٠ ميلًا) من أماكن خلابة مثل بانف وبحيرة لويز. إنها واحدة من أنظف المدن التي زرتها أو عشت فيها. علاوة على ذلك، فهي قريبة من غرب الولايات المتحدة، حيث عشتُ لسنوات عديدة، لذا سأتمكن من السفر ومقابلة أصدقائي السابقين من ولايات أيداهو وواشنطن وأوريغون.

أما بالنسبة إلى الجوانب السلبية لكلجاري، فكان فصل الشتاء القاسي وأنماط الطقس المتقلبة (خاصةً الرياح المعروفة باسم "تشينوك") التي تُؤدي إلى الإصابة بالصداع النصفي المزعج ومع ذلك، سرعان ما تعلَّقتُ بحب كالجاري، وقد انتهى بي الأمر إلى قضاء معظم حياتي فيها. من الصحيح القول إن "الوطن ليس مكانًا؛ إنه شعور". أشعر أنني في منزلي في كالجاري. إنها مسقط رأس بناتي. وقد سمحت لي كالجاري أن أكون على طبيعتي.

في يونيو ١٩٦٣، وفي برلين بألمانيا، قال جون إف كينيدي: "للحرية صعوباتها العديدة، والديمقراطية ليست نظامًا مثاليًا، لكننا لم نضطر أبدًا إلى بناء جدار لحبس شعبنا، لمنعهم من مغادرتنا." هذا ما شعرتُ به؛ لم تبنِ كندا جدارًا لمنعي من القدوم، حتى مع أنني لم أكن مواطنًا كنديًا بعد.

بالتأمل في حياتي والفرص التي أتاحتها لي كندا، أقول كرجل حر، وأفخر بكلماتي: "أنا فخور بأن أكون من كلجاري والكندي!"

الثاني عشر

حقوقها، في مواجهة مظهري

> "لو كان شعر المرأة يُشكّل مثل هذه الإشكاليات، لخلقنا الله بلا شعر أصلًا."
> ـ مرجان ساترابي، روائية فرنسية إيرانية.

عندما أتأمل في ماضيَّ، وتحديدًا في تفاعلاتي مع النساء، أرى مدى تأثير بيئتي الاجتماعية، ودراستي في شمال اليمن، وتدريبي وعملي في مجال الحاسب في أمريكا الشمالية، على وجهات نظري وأفعالي.

في اليمن، كانت هناك قواعد صارمة تحكم التفاعل بين الرجال والنساء. كانت الفتيات يدرسن في مدارس منفصلة، وترتدي النساء غطاءً للرأس، بحيث لا يظهر سوى أعينهن. ونتيجة لذلك، كانت أعينهن بالنسبة لي ساحرة وجذابة. بالإضافة إلى ذلك، لم يكن يُسمح للرجال التحدُّث إلى النساء خارج نطاق العائلة إلا لأغراض تجارية محددة (مثل إجراء المعاملات المصرفية، والتحدث إلى معلمات المرحلة الابتدائية من الإناث، وما إلى ذلك). حتى إن مجرد سؤال امرأة عن الاتجاهات في الشارع كان ممنوعًا.

في بيوتنا، كان الوضع مختلفًا. لقد نشأنا مع أمهات وأخوات. كان هناك حب وضحك. كنتُ أحترم وأقدّر نساء عائلتي، وكنتُ أشعر بالضيق الشديد عندما يُواجهن كراهية النساء من أزواجهن، وهي ظاهرة منتشرة في مجتمعنا. لقد كان الرجال يحرفون تعاليم الإسلام لمصلحتهم الشخصية

مـن أجـل الحفـاظ عـلى سيطرتهم عـلى النسـاء. وكان معظـم الرجـال يرفضـون الـزواج مـن نسـاء حاصلات عـلى تعليـم جامعـي؛ إذ كان يُنظـر إلى النسـاء ذوات المسـتوى التعليمـي الأعـلى عـلى أنهـن صعبـات السـيطرة. لذلـك، كان الآبـاء يُخرجـون بناتهـن مـن المدرسـة عنـد وصولهـن إلى الصـف الثامـن حتـى لا يُهِـنَّ "رجولـة" أزواجهـن المسـتقبليين.

يفـرض الإسـلام عـلى جميـع النـاس أن يتعلمـوا كيفيـة المسـاهمة في خدمـة الإنسـانية بأفضـل طريقـة ممكنـة. ومـع ذلـك، كان الرجـال هـم مـن يسـيطرون عـلى الخطـاب الدينـي في شـمال اليمـن.

يختلـف مفهـوم احـترام الرجـال للنسـاء في اليمـن عـن مفهومـه في الـدول الغربيـة. فـإذا كان أحدهـم يتحـرش بامـرأة في الشـارع باليمـن، سـيتدخل رجـل مـا لحمايـة المـرأة والدفـاع عنهـا، وقـد يصـل الأمـر إلى ضرب المتحـرش. مجتمـع اليمـن ليـس فيـه مغتصبـين متسلسـلين أو قتلـة ومـا إلى ذلـك. ففـي اليمـن، النسـاء مظلومـات لكنهـن لسـن مسـتهدفات بالعنـف المبـاشر. إنهـن مقصـورات عـلى المنـزل ومتوقـع منهـن الخضـوع. معاملـة المـرأة في اليمـن ظالمـة لكنهـا لا تشـكل كراهيـة. لم أشـهد يومًـا كراهيـة تجـاه النسـاء مـن رجـل عـربي/ مسـلم، لكنـي رأيتهـا في ثقافـات أخـرى.

عـلى الرغـم مـن أننـي كنـتُ أعتـبر نفسـي مختلفًـا، إلا أننـي كنـتُ أعتقـد أن المـرأة يجـب أن تكـون جميلـة، وطاهيـة ماهـرة، وأمًّـا صالحـة. لقـد كنـتُ ابنًـا للمجتمـع اليمنـي في ذلـك الوقـت. عندمـا انتقلـتُ لأول مـرة إلى الولايـات المتحدة

بارقة أمل

في منتصف الثمانينيات، ورأيتُ كاثلين تقود شاحنة بيك آب وتقضي ليالٍ بمفردها في التخييم بالجبال، أصبتُ بالذعر. شعرتُ أنها يجب أن تقود سيارة أفضل، وتساءلتُ في نفسي، لماذا تنام امرأة بمفردها في الجبال؟

بعد مغادرتي لشمال اليمن للمرة الأولى واستقراره في الولايات المتحدة، كنتُ أفاجأ في كل مرة أقابل فيها امرأة سلطة. لم يكن سوى الرجال ذوي النفوذ أو القادة في مجتمعي اليمني. كان رؤية النساء في المناصب القيادية أمرًا محيرًا ومُدهِشًا لي. بدأتُ أدرك كم لدي لأتعلمه وكم أحتاج إلى توسيع مداركي. ربما الأهم من ذلك، كنتُ بحاجة إلى معرفة أن للنساء أدوارًا تتجاوز مجرد خدمة احتياجات الرجال.

عقد عملي في مجال الحاسوب زاد من تعقيد المشكلة. لا يمكن أن تؤذي مشاعر حاسوب. لم أكن أنظر إلى عيون أحدهم عندما أرتكب خطأً. كنتُ فقط أحذف الخطأ وأمضي قدمًا. لم يتحسنَ ذكائي الاجتماعي بسرعة لأنني كنتُ منغمسًا في عالم إلكتروني.

تعرَّضَ ذكائي الاجتماعي الضعيف وتأثير نشأتي للاختبار خلال زواجي. كنتُ قد دخلت في هذا الزواج المدبّر في اليمن بمشاعر مختلطة. كان عمري ثلاثة وثلاثين عامًا؛ لقد حان الوقت للمضي قدمًا في حياتي بالزواج وتكوين أسرة. لقد عايشتُ المواعدة وفقًا للعادات الأمريكية الشمالية عندما كنتُ أعيش في الولايات المتحدة، ولكن في اليمن، كان خياري الوحيد هو اتباع عادات الخطوبة والزواج هناك. وهذا يعني أنني لم أكن واقعًا في حب زوجتي

عندما تزوجتها، لكننا دخلنا الزواج بالطريقة النموذجية التي يبدأ بها الزوجان اليمنيان حياتهما معًا. ولكنني لم أكن يمنيًا بالدم أو الممارسة فقط.

في محاولتي لتحديث نفسي في الولايات المتحدة، ابتعدتُ عن ديني. لقد حافظت دائمًا على بعض أجزائه، لكنني لم أخصص وقتًا للتفريق بين الكراهية الثقافية للمرأة والإسلام. كانت زوجتي ترتدي الحجاب، وبعد زفافنا، أجبرتها على خلعه. كان التوقيت والفعل نفسه قاسيين وغير إنسانيين. لقد حدث ذلك في رحلتنا إلى كندا، وكانت تلك هي المرة الأولى التي تضع فيها قدمها خارج اليمن. كانت تنتظر مولودنا الأول، وقد قمتُ بأول فعل لي كزوج ظالم. جعلتها تخلع الحجاب رغم أن ذلك يخالف معتقداتها وما تريده لنفسها.

إزاحة الستار

كانت رحلتنا من مطار صنعاء إلى كالجاري تمر عبر فرانكفورت وكانت ليلية. استغرق التوقف في مطار فرانكفورت حوالي ست ساعات. غفوتُ قليلًا أثناء الرحلة، لكن زوجتي لم تفعل ذلك. كانت تبلغ من العمر واحد وعشرين عامًا وخمسة أشهر حاملًا. لم نكن نعلم في ذلك الوقت، لكنها كانت قد أصيبت بالسكري. كان عليها أن تأخذ مقعدًا في الممر حتى تتمكن من الذهاب إلى الحمام بشكل متكرر.

في مطار فرانكفورت، وبينما كنا ننتظر رحلتنا المتصلة إلى كالجاري، لاحظتُ زوجتي وهي تسند رأسها على المقعد وتكافح من أجل البقاء مستيقظة. سرعان ما بدأ غطاء رأسها يوشك على السقوط، ويكشف عن شعرها

الأسـود الحريـري الداكـن. بـدت متعبـة جـدًا بحيـث لم تـدرك أن غطـاء رأسـها يسقط فعليًا.

بـدأتُ أتأمَّـل في أفعـال والـدي عندمـا كشـف عـن زوجتـه مريـم وجعلهـا تلتقط صـورًا لاستخدامها في وثائـق السـفر. كان أغرب شيء فعلـه هـو توزيـع صورتها على أخيـه الأكبـر، الـذي كان عـلى خـلاف معـه، ليخبره بـأن زوجتـه أجمل مـن زوجـة أخيـه. لقـد أظهـر صـورة مريـم لأصدقائـه، متباهيًا بـأن مريـم أجمل مـن زوجاتهم.

فكـرتُ في نفـسي، لقـد فعـل والـدي ذلـك بدافـع غـروره المتضخـم والانتقـام والموقـف المتمـرد، وبـلا أي اعتبـار أو تفاهـم لحقوقهـا. حقوقهـا في الخصوصيـة أو المتطلبـات الدينيـة. ثقافتهـا ونظام قيمهـا. أنا رجـل متعلـم. أنظر إلى حقـوق المـرأة في ضـوء أفضـل بكثـير مـما فعـل هـو عـلى الإطـلاق. أريـد أن تكـون زوجتـي حـرة، ومـن خـلال إزالـة غطـاء شـعرها، فأنا أحـرر امـرأة. يجـب أن أبدأ بزوجتـي ثـم بأطفـالي لاحقًـا إذا رزقتُ ببنـات. عـلاوة عـلى ذلـك، عـلى الرغـم مـن أننـي أحببـت والـدي وعظمتـه، إلا أننـي كنـت أعتبره متبجحًـا ومتغطرسًـا. وربما مجنونًا أيضًا!

حدقتُ في زوجتي لمـدة عـشر دقائـق تقريبًا. ثم انحنيتُ نحوهـا لرفـع الوشاح وكشـف شـعرها. شـعرَتْ أننـي توقفـت عـن قـراءة كتـابي واسـتدارت لتنظـر إليَّ. فتحـت عينيهـا وسـألتني: "هـل أنت بخير؟ لمـاذا تنظر إليَّ هكـذا؟" لم أرد للحظة.

ثـم وقفتُ وأخبرتهـا: "وشـاح شـعرك كان يسـقط." وبينـما كانـت تحاول ترتيبـه بسرعة، تظاهـرتُ بمسـاعدتها.

بدلًا من ذلك، أزلتُ الغطاء وابتعدتُ.

لم تكـن تعلـم مـا يحـدث. كانـت نصـف نائمـة، ورأيـتُ ارتباكهـا. حاولَـتْ أن تمسـك بيـديّ عندمـا نزعـتُ الحجـاب عنهـا، لكننـي كنـتُ أسرع منهـا.

وضعَـتْ يديهـا عـلى رأسـها، محاولـة تغطيـة شـعرها. وكانـت تحـاول أيضًـا الإمسـاك بحقيبتهـا؛ كانـت خائفـة ومحتـارة. مشـيتُ إلى أقـرب سـلة مهمـلات وألقيتُ بالوشاح. وعندما عـدتُ إلى مقعـدي، وجـدتُ زوجتـي تمسـك بشعرها، مصدومـة وكأننـي نزعـتُ عنهـا كل ملابسـها. ثـم بـدأت تبحـث عـن شيء في حقيبتهـا يمكـن أن تسـتخدمه لتغطيـة شـعرها. لم تجـد شـيئًا.

جلستُ بجانبها وقلت: "أنتِ امرأة حرة." "ماذا تقصد؟" سألت.

قلـتُ لهـا: "ليـس عليـكِ ارتـداء حجابـكِ بعـد الآن. يجـب أن تتـصرفي مثـل كل النسـاء اللـواتي تريهـن."

"أنـا أشـعر بالخجـل والحـرج مـن التجـول بـدون غطـاء للشـعر"، توسـلَتْ. وقالَـتْ: "أنا لست معتادة على المشي في الأماكـن العامـة بـدون غطاء للـرأس".

أضفـتُ: "سـيعتقد النـاس أنـكِ غريبـة ومضحكـة إذا ارتديـتِ غطـاء رأسـكِ في كنـدا".

"لقـد قلـتَ لي إن كنـدا مـكان آمـن لنكـون أنفسـنا ونتبـع نظـام إيماننـا. قلـتَ إنهـا دولـة مسـالمة"، جادلَـتْ.

"نعم، كنـدا بلـد آمـن وحـر للعيـش فيـه، ولهـذا نحـن متجهـون إليهـا. ومـع ذلـك، يجـب أن تظهـري وتتـصرفي مثـل معظـم الكنديـين. أريـدكِ أن تبـدي كسـيدة تشـبه الإسـبانيات، وليـس كعربيـة ترتـدي غطـاء للـرأس. بالإضافـة إلى ذلـك، سأشـعر بالحـرج مـن التجـوُّل مـع زوجـة تغطـي شـعرها. أشـعر وكأننـي أظلمـكِ. هـذا لا يبـدو جيـدًا بالنسـبة لي".

لم ترد. بدأت فقط بالبكاء.

❖❖❖❖

بالنظر إلى تصرفاتي اليوم، أقول إن طلبك من امرأة أن تكشف شعرها أمر سيء بقدر إجبارها على تغطيته. يجب أن يكون هذا اختيارها؛ يجب أن يُسمح لها باتباع قيمها الدينية والثقافية، وليس قيمي أنا.

من أنا لأحرر امرأة؟ ألا ينبغي لي كزوج أن يكون دوري هو دعم قراراتها وخياراتها؟ هل كنت مهتمًا بصورتي وبالتالي أذعن للمعايير الاجتماعية، أم كنت أؤمن بحقوق المرأة؟

الثالث عشر

هنا اكتشفتُ مجتمعي

إن هدف الحياة ليس أن تكون سعيدًا، بل أن تكون ذا أهمية - أن تكون منتجًا، أن تكون مفيدًا، أن تُحدث فرقًا بوجودك.

- ليو روستن، كاتب أمريكي.

كالجاري

وصلتُ أنا وزوجتي إلى مدينة كالجاري في مقاطعة ألبرتا الكندية في الأول من مايو عام ١٩٩٦. كنتُ حينها في الرابعة والثلاثين من عمري. هاجرتُ إلى كندا كمحترف مستقل، قادرًا على العمل والإنتاجية منذ اليوم الأول، دون أن أُشكل عبئًا على دافعي الضرائب.

باستثناء جون ريس، الذي كان حينها يسافر بين كالجاري واليمن للعمل، لم يكن لي أنا ولا زوجتي أي معارف في كالجاري. وخلال أسابيع قليلة من وصولنا، تعرفنا على عدة عائلات يمنية هاجرت إلى هناك. في منتصف التسعينيات، لم يكن هناك أكثر من عشر عائلات عرفناها ممن جاؤوا من اليمن. وكان معظم اليمنيين في كالجاري في ذلك الوقت من اليمن الجنوبي. وفي العادة، كانت هذه العائلات يُعيلها على الأقل فرد واحد محترف (الأب في الغالب). وهذا لا يعني عدم وجود نساء متعلمات، حيث حصلت سيدتان على شهادات جامعية.

على الرغم من أن معظم أفراد الجالية اليمنية كانوا من اليمن الجنوبي

أو تلقوا تعليمهم في جنوب اليمن، إلا أنهم كانوا أيضًا منقسمين حسب القبيلة والوضع المادي. كما قابلنا بعض الهنود من أصول إسماعيلية المسلمين الذين ولدوا وترعرعوا في جنوب اليمن. ومع ذلك، كان معظم اليمنيين يجدون صعوبة في قبولهم كيمنيين لأنهم لا ينتمون إلى سلالة عربية. وينطبق الأمر نفسه على ذوي الأصول الصومالية، ولكن الذين ولدوا في عدن، جنوب اليمن.

استمر رجل يمني مسن في التشكيك في كوني يمنيًا بسبب مسقط رأسي في إثيوبيا والبشرة السمراء التي أعتز بها. سألني هذا الرجل عما إذا كان بن هرهرة اسمًا يمنيًا أصلًا. وأشار إلى أنه ربما كنت مخطئًا بشأن نفسي وربما كنتُ من هرر، وهي مدينة في شرق إثيوبيا.

ضحكتُ وأخبرته: "أتفهم ارتباكك بسبب بشرتي الداكنة، وربما يزداد سوء فهمك بسبب صفاتي غير اليمنية. ومع ذلك، كيف تصنف عشرات الآلاف من أفراد قبائل هرهرة الذين يعيشون في اليمن وبقية الشرق الأوسط وأوروبا وأمريكا الشمالية؟"

على الرغم من أنه ولد وترعرع في عدن، إلا أنه لم يكن يعرف سوى القليل عن قبيلة هرهرة الحاكمة المهمة (السلالة) التي حكمت منطقة يافع العليا في اليمن بين عامي ١٧٣٠ و١٩٦٧.

خلال أسبوعنا الأول في كندا، اصطحبتُ زوجتي إلى جمعية كالجاري الكاثوليكية للهجرة، والتي كانت تقدم دروسًا في اللغة الإنجليزية للوافدين الجدد إلى كندا. سجلتها في دورات اللغة الإنجليزية. في مكتب التسجيل والتقييم، صرح أحد الموظفين: "لم أرَ قط رجلًا عربيًا يأتي بزوجته للتسجيل في دورات اللغة الإنجليزية في أسبوعهم الأول في كندا. وتستمر أنت في طلب رأي زوجتك.

"لماذا؟"

كان رجال يمنيون آخرون يتحدثون نيابة عن زوجاتهم؛ النساء اليمنيات الأخريات اللواتي قابلناهن لم يفتحن أفواههن مطلقًا. ولكن بدون معرفة اللغة الإنجليزية، لن تكون زوجتي قادرة على تعلم قيادة السيارة أو القيام بمهام أخرى بنفسها. لقد أردت لها أن تعيش بحرية وراحة، ولا تضطر إلى الاعتماد عليَّ في كل شيء. كان تعلُّم اللغة الإنجليزية هي الأداة الأولى التي تحتاجها لتكون امرأة مستقلة.

بعد الحادثة التي وقعت في مطار فرانكفورت، لم تعد تغطي شعرها. وبمجرد أن أصبح مستوى إنجليزيتها جيدًا، حصلَتْ على رخصة القيادة. حصلَتْ على هاتف محمول، وفتحتُ لها حسابًا مشتركًا في البنك وحصلَتْ على بطاقة صراف آلي. خلال الأسبوعين الأولين من إقامتنا في وسط مدينة كالجاري، أريتُها الأماكن التي يمكنها المشي إليها للتسوُّق، وكيف يمكنها استخدام بطاقة العميل للمشتريات، وكيفية استخدام وسائل النقل المحلية. كان بإمكانها الذهاب إلى أي مكان تريده والقيام بذلك دون إذني. بينما كان بعض اليمنيين يعطون زوجاتهم ٥٠ دولارًا ويتركونهن في المجمعات التجارية المحلية ويعودون لملاقاتهن في وقت لاحق من بعد الظهر، علَّمتُ زوجتي قيادة السيارة والتجول بهاتف محمول وبطاقة صراف آلي.

ومع ذلك، كان اندماجها سريعًا جدًا. لقد ألقيتُ عليها بالكثير دفعة واحدة: تسجيلها في دروس اللغة الإنجليزية بعد أسبوع واحد فقط من وصولنا؛ وضعها في مدرسة تعليم قيادة السيارات خلال الشهرين الأولين قبل أن تلم بأمور اللغة أو الأنظمة الكندية؛ وثنيها عن مشاهدة الأفلام العربية حتى تتعرض للغة الإنجليزية بشكل أكبر. كان منحي لها الحرية الكاملة والفورية يتعلق بي أنا، وليس بها. أتحمل مسؤولية إلقائها في المحيط دون تعليمها

كيفية السباحة.

شعرتُ بالحرج من السير مع امرأة تغطي رأسها. لقد أردتُها أن تكون على نفس المستوى الذي تتمتع به المرأة الكندية، ودفعتُها لتكون كذلك بسرعة كبيرة. أردتُ منها الاندماج بين عشية وضحاها على الرغم من أن تكيُّفي على العيش في الولايات المتحدة الأمريكية استغرق سنوات.

انتقدني معظم أفراد الجالية اليمنية لأنني وضعت معيارًا مختلفًا عما وضعه الرجال العرب الآخرون، وبذلك أشعلتُ نوعًا من التمرد داخل منازلهم. عندما رأى عرب آخرون زوجتي منفتحةً جدًا وانحرافها الفوري عن مسار الثقافة والبروتوكولات اليمنية النموذجية، غضب مني بعض أفراد الجالية اليمنية. لقد رُئيتُ على أنني لست شجاعًا بما يكفي لضبطها. ذهب البعض إلى أبعد الحدود ليقترحوا أنه إذا كنتُ يمنيًا صالحًا، فلن أسمح لها بهذا السلوك الأكثر تحررًا. وعبّر قلة عن رغبتهم في تمزيق جواز السفر اليمني الذي استخدمته للوصول إلى كندا، لأنني كنتُ وصمة عار. كانت نساء يمنيات يقلن لي إنني لست رجلًا. وُصفت بالجبان والمخنث؛ قيل لي إنني ضعيف. وتعرضتُ لانتقادات لفشلي في الحفاظ على عادات وتقاليد أسرتي اليمنية ومستوى معيشتها. وقيل لي إنني عار على عرقي وأصولي الإثنية. وفي كثير من الأحيان، كان آخرون يحذرونني من دفع الثمن في النهاية، بما في ذلك فقدان بناتي، بسبب السماح لزوجتي بالتحرر.

يمكنني أن أفهم موقفهم بوضوح وأحترم وجهات نظرهم. إذا كانت زوجتي ترغب في التمسك بالحفاظ على ثقافتها وتقاليدها اليمنية الجميلة، كان يجب أن أمنحها خيار القيام بذلك. لكنني أردتُ منها الاندماج.

على الرغم من أن أقارب زوجتي لم يقدروا جهودي، إلا أنني سأفعل الشيء

بارقة أمل

نفسه مرة أخرى إذا تزوجتُ بفتاة أخرى من قرية في اليمن. ومع ذلك، دفعتُها إلى مكان لم تكن معتادة عليه، وردود فعل اليمنيين الآخرين، سواء أكانت مبنية على الغيرة أم الخوف، أبعدتُها أكثر عن ثقافتها الخاصة.

جربتُ حضور الفعاليات الثقافية اليمنية عندما قَدِمنا لأول مرة إلى كندا. ومع ذلك، عندما رأت العائلات اليمنية الأخرى سلوك زوجتي، اجتمعوا واتفقوا على عدم دعوتها إلى حفلاتهم والتجمعات لأنهم شعروا بأنها منفتحة للغاية. تجنَّبها المجتمع الإسلامي. لقد جعلوها تشعر وكأنها تحاول ملاحقة أزواجهن؛ شعر البعض أنها ثرثارة، وظن معظمهم أنها تأثير سيء. شعر جميع الرجال أنها خارجة عن السيطرة وأنها قدوة سيئة لزوجاتهم؛ لم يريدوا التعامل معها.

وهكذا، إذا كان مجتمعك يرفضك لأنكِ متحررة، فما الخيار الذي أمامك سوى البحث عن رفقة في مكان آخر؟ انجذبَتْ إلى المجموعة الخاطئة - أفراد لم يركزوا على أولوياتهم، أو ضاعوا بين الثقافات، أو لديهم احترام الذات منخفض، أو ليس لديهم هدف في الحياة.

في تلك الفترة المربكة، كنت دائمًا ألجأ إلى صديقي القديم، منير السقاف، وزوجته، حُوَيدَة با صديق. وُلد منير في جِيجِيجَا، عاصمة إقليم الصومال بإثيوبيا، لكنه غادر إثيوبيا في أواخر سن المراهقة عام ١٩٦٧ إلى جنوب اليمن. كان هذا الشخص مثيراً للاهتمام لأنه كان لديه فهم جيد لليمن، وإثيوبيا، والشرق الأوسط، وأوروبا. لم يكن هو وزوجته يساعداني فقط في التنقل عبر متاهة الحياة الأسرية (كانا يربيان أربعة أطفال في كندا)، ولكنهما أيضًا قضيا عددًا كبيراً من السنوات في عدن وكان لديهما فهم راسخ للعادات الاجتماعية اليمنية.

لعب منير دورًا رئيسيًا في مساعدتي على سد الفجوات الثقافية بين الشرق والغرب والإجابة على الأسئلة التي كانت تراودني حول اليمن وإثيوبيا خلال الخمسينيات والستينيات. حصل على تعليمه العالي في الاتحاد السوفيتي السابق وكان جيولوجيًا محترفًا؛ وكان على دراية تامة بالشؤون العالمية والسياسة. كما وجدته مفيدًا لفهم كيفية حياة العائلات العربية في إثيوبيا (في جيل والدي). كان مليئًا بالمعلومات والنصائح، وأخبرني عن نمط حياة الأسرة العربية وبنيتها، موضحًا لي: "هذه هي الثقافة التي تنتمي إليها زوجتك".

كان يذكّرني باستمرار بأنه على الرغم من حزمهم حقائبهم ومجيئهم إلى أمريكا الشمالية، فإن معظم اليمنيين يواصلون العمل بعقلية قبلية. على الرغم من التعليم الأكاديمي والفني الذي يتلقونه خارج اليمن، إلا أن مواقفهم وعقلياتهم لا تتغير. آراؤهم حول المرأة تقليدية. أراد معظمهم القدوم إلى كندا للحصول على الجنسية، لكن بيئتهم المفضلة للعيش هي وفقًا للقيم والأعراف الشرق أوسطية. تتيح لهم جوازات السفر الكندية (أو الأمريكية) التجول في دول الخليج للعمل، لكن رؤيتهم للعالم تتعارض مع القيم الغربية في نواحٍ كثيرة.

"ماذا فعلت لأعطيهم مثل هذا الانطباع، ولماذا كانوا يتفاعلون بالطريقة التي تصرفوا بها؟" كنت أسأله كثيراً.

ضحك وقال: "أولًا، حاولتَ تغيير زوجتك بين عشية وضحاها. يجب أن يأتي التغيير تدريجيًا ومع فهم أعمق للأعراف الاجتماعية والاقتصاد للثقافة التي تعيش فيها [كندا]. أنت لا تجبرها. بدلًا من ذلك، يجب أن يأتي فهم التزاماتها وحريتها من داخلها. لديك فهم جيد للثقافة اليمنية ودور المرأة ومكانتها في اليمن. كانت تبلغ من العمر واحد وعشرين عامًا فقط عندما

أحضرتَها إلى كندا. من السهل عليها أن تتحير وتتمرد على ماضيها ونشأتها".

استخلص منير موقفي قائلًا: "يجب أن تقبَل بأنك مختلف. لقد وُلِدْتَ في إثيوبيا وترعرعتَ في بيئة ثقافية مختلفة. نعم، أنت يمني وذهبتَ إلى شمال اليمن في سن صغيرة، لكنكَ واجهتَ صعوباتٍ في الاندماج هناك أيضًا. لم تندمج قط ولن تندمج أبدًا. ثم انتقلتَ إلى الولايات المتحدة، وحصلتَ على تعليم عالٍ، وتعرفتَ على نمط حياة مختلف. عندما عدتَ إلى اليمن بعد قرابة عقد من الزمان لبدء حياة جديدة، وجدتَ صعوبة أكبر في الاندماج. بعد ذلك، تزوجتَ بزوجة شابة ليس بينكما أي قاسم مشترك. ليس لديكما أي توافق على أي مستوى. لقد كنتَ تبحث عن شخص لم تصبحه بعد! لن تندمج أبدًا كإثيوبي أو يمني. أنتَ مختلف! طالما أنك على اتصال بعائلتك المباشرة في الشرق الأوسط، فأقترح أن تنسى اليمنيين الذين يعيشون في هذا الجزء من العالم وتُركِز على زوجتك وأطفالك. أما بالنسبة لزواجك، فقد خلقتَ وضعًا معقدًا لنفسك، وتحتاج إلى التعامل معه."

لم أختلط باليمنيين في كالجاري مرة أخرى.

وجهي الآخر

هناك جانب غريب في حياتي يتمثل في مدى ابتعادي عن المجتمع الإثيوبي خلال الخمسين عامًا الماضية. عندما أنظر إلى الوراء وأبحث عن السبب، لا أجد أي سبب. على مدى عقود، افتقدتُ الطعام والموسيقى والجوانب الثقافية الأخرى لنصفِي الآخر. وقد تساءلت بين الحين والآخر عما ستكون النتيجة لو كنت متزوجًا من امرأة إثيوبية أو على الأقل -شخصًا يشبهني- سيدة مختلطة الأعراق، إثيوبية ويمنية في نفس الوقت.

لقد لاحظتُ مرارًا وتكرارًا أن عملي والأنشطة الاجتماعية والرياضية التي أمارسها هي التي يبدو أنها تحدد من هم أصدقائي. مرارًا وتكرارًا، وجدت نفسي منجذبًا إلى العقول الراديكالية - الأشخاص الذين يحفزون عقلي وروحي أكثر من أولئك الذين يشاركونني قيمي الثقافية. في حين من الأحيان، أتوَّق إلى أصدقاء مثل أصدقائي في شبابي - المثقفين الماركسيين. وللأسف، عندما كنت أدرس في المدرسة الإعدادية وسُجنتُ بسبب النشاط السياسي، قُتل معظم أقراني. فقدتُ الاتصال بالباقين القليلين. لأسباب مجهولة بالنسبة لي، لا يستخدم العديد من الإثيوبيين أسماءهم الحقيقية على وسائل التواصل الاجتماعي، وقد جعل غياب الألقاب في الثقافة الإثيوبية من الصعب العثور على أي شخص كنت أعرفه سابقًا من مدارس الابتدائية والإعدادية.

كان التحدي الذي واجهتُه في كالجاري هو كيفية الوصول إليهم. أنا لست عضوًا فعالًا في مجتمعهم، ولا أحضر القداس في الكنيسة. عندما زارني أحد إخواني غير الأشقاء من تورنتو مؤخرًا، طلب مني أن أصحبه إلى منزل صديقه الإثيوبي. سألني الصديق كم سنه عشت في كالجاري. عندما أخبرته بما يزيد عن خمسة وعشرين عامًا، ظن أنني أكذب. كان شكه ناتجًا عن حقيقة أنه لم يرني أو يسمع عني من قبل.

سألتُ عائلةً أخرى زرتها أنا وأخي غير الشقيق كيف وصلت إلى كندا. اعتقدتُ أنهم يسألونني عن رحلتي. كانت إجابتي أننا أتينا عبر فرانكفورت. ضحك أخي قليلًا، لأنني أسأت فهم السؤال. كان أفراد العائلة الأخرى يسألونني عن القناة التي دخلتُ بها إلى كندا - هل أتيتَ بطريقة غير شرعية؟ هل كنتَ لاجئًا؟ كانت هناك طرقٌ محددة يستخدمها اللاجئون والمهاجرون الآخرون عبر بلدان مختلفة، وكانوا يتساءلون عن الطريق الذي سلكته. أوضح أخي أنني لم أسلك المسار الذي سلكه معظم الإثيوبيين،

حيث وصلت إلى كندا كلاجئين أو برعاية كينيا أو جنوب إفريقيا. لم يكن أي من هذا واضحًا لي.

لقد أدى نقص فهمي العميق للثقافة الإثيوبية وآليات التفاعل الاجتماعي، والذي تفاقم بسبب صعوبة التعبير باللغة الأمهرية، إلى تطوير قلق لدي بشأن الاندفاع وبدء محادثة مع أي شخص إثيوبي. على عكس اليمنيين، يتحفَّظ الإثيوبيون في البداية ويرتاحون مع استمرار المحادثة أو مع تعارفهم على بعضهم البعض. أميل إلى أن أكون منفتحًا وطفوليًا، مما يجعل معظم الإثيوبيين يضعون حواجز، وذلك أساسًا بسبب عدم معرفة ما يمكن توقعه.

لذلك، كان المكان الوحيد الذي شعرتُ فيه بالأمان وتمكنتُ من أن أكون فيه على طبيعتي هو منزل أستاذ جامعة كالجاري لاشيتو جيدامو، أولاش. اسم زوجته راني. راني هي هادرية، (والهادرية هي خليط من الأتراك، والهنود، والإثيوبيين، والعرب الذين يعيشون في إثيوبيا) وهي على دراية تامة بالثقافة الإسلامية. هذا المزيج جعل الأمر سهلًا بالنسبة لي، حيث كان لاش أمهري من قبيلة والدتي، وكانت راني مسلمة؛ كلاهما كانا على اطلاع بالثقافة العربية. إذا تصرفتُ أو تعاملتُ كعربي، فسيسامحني لاش، وإذا كنت أمزح باللغة الأمهرية، فإن راني تفهم تمامًا. في كثير من الأحيان، كنا نتحدث باللغة الإنجليزية، لأنها كانت اللغة المشتركة.

علَّمتني راني كيفية تحضير طبق إثيوبي واحد - من المفارقات أنني أستطيع طهي أصعب طبق فقط! عندما كنت أشعر بالإحباط بشأن كيفية التواصل مع ابنتيَّ المراهقتَيْنِ، علَّمتني كيفية التحدث معهما، والأهم من ذلك، كيفية الاستماع إليهما. عندما سألتُها عن سبب حديث ابنتي معي بعدم احترام وبنفس الطريقة التي كانت تتحدث بها زوجتي، نصحتني بعدم أخذ الأمر على محمل الجد والرد على ابنتي دون غضب.

قالـت: "بعـد كل شيء، هـذه هـي الطريقـة التـي رأت بهـا والدتهـا تتواصـل معـك، وابنتـك تفهَـم أن هـذه هـي الطريقـة التي يجـب أن تتحـدث بهـا إليـك".

كان كل مـن راني ولاش يخـبراني دائمًـا بالبقـاء عـلى المسـار الصحيـح وإنشـاء هيـكل مناسـب للأطفـال.

نصحـوني: "قـد لا يرحبـون في البدايـة، ولكنهـم سـيقدِّرونه في النهايـة. لا تُغـيِّر نهجك لمجرد خوفـك مـن عـدم إعجابهـم بـك أو تفضيلهـم لوالدتهـم. يجب أن تتـصرف بمـا فيـه مصلحـة الأطفـال. كـن صبـورًا ومثابـرًا."

أمـا بالنسـبة للاندمـاج بالجاليـة الإثيوبيـة، فربمـا كنـت، كـما أخـبرني منـير، شـخصًا غـير منسـجم تمامًـا، تمامًـا مثـل شـعوري مـع الجاليـة اليمنيـة.

قـال لاش: "كـما تعلـم، الإثيوبيـون طيبـون الطبـاع، لكـن لديهـم خلافـات داخـل مجتمعاتهـم عـلى مسـتويات عديـدة. عـلى الرغـم مـن أنـك ولـدت في إثيوبيـا، وتشـبههم في المظهـر وتتحـدث لغتهـم -وإن كان بطريقـة مضحكـة- فأنـت في النهايـة مختلـف. الإثيوبيـون الذيـن عرفتهـم في طفولتـك والذيـن سـتقابلهم في كالجـاري مختلفـون تمامًـا. لديهـم خلفيـات ثقافيـة مختلفـة وتوقعـات مختلفـة للحيـاة. بسـبب نظرتـك للحيـاة وتجاربـك وسـفرك، أصبحـت فريـدًا مـن نوعـك. بوضـوح، أنـت لا تنتمـي تمامًـا إليهـم. هـذا لا يعنـي أن أحدهـم أفضـل مـن الآخـر، بـل إنهـم مختلفـون فقـط. يمكنـك أن تكـون عـلى علاقـة سـطحية معهـم، لكنـك لـن تكـون قـادرًا عـلى بنـاء نفـس نـوع الروابـط التـي كانـت لديـك عندمـا كنـت مراهقًـا في السـبعينيات. لقـد مضـت السـنوات، وأنـت الآن تأثـرك باليمـن والولايـات المتحـدة وكنـدا، قـد صاغـك لتكـون مزيجًـا فريـدًا. كـن مهذبًـا واحترِمهـم، لكـن حافـظ عـلى مسـافة."

أغلقت كلمات لاش معظم تساؤلاتي.

الرابع عشر

أولويات الأبوّة

الأب الحنون ينقش أثره في قلب ابنته مدى الحياة.

- د. جيمس دوبسون، إجابات ثابتة.

عانت طفولتي من غياب الأبوين الحاضنين، الأمر الذي زرع بي شكوكًا عميقة في قدراتي الأبوية. وقد تعقَّدَتْ المسألة أكثر بسبب نشأتي في مجتمع ذكوري بدولة نامية، إضافة إلى تنوُّع خلفيتي الأسرية والدينية. أثّر ذلك سلبًا على ثقتي بنفسي في تربية ابنتيّ في المجتمع الغربي. ازدادت المشكلة تعقيدًا بسبب اختلاف وجهات نظري مع زوجتي حول التربية، حيث تبادنا وجهات نظر متضاربة حول أفضل السبل لتربيتهما. لم نقدم لهما نموذجًا مثاليًا للعلاقة الزوجية القائمة على الحب والاحترام، بل ساد بيننا خلاف مستمر حول الأساليب التربوية.

ما هي الطريقة الصحيحة لتربية بناتنا؟

بعد انتهاء الزواج، كانت الأولوية القصوى بالنسبة لي هي ابنتاي. لم تشهدا نموذجًا مثاليًا للمحبة والرعاية، إذ لم نقدم أنا وزوجتي علاقة قائمة على الاحترام المتبادل. كثرت الخلافات بيننا حول أساليب التربية، مما أثر سلبًا على ابنتاي. وبعد الانفصال، آمنت بقدرتي على التأثير الإيجابي على ابنتيّ من خلال الولاية المشتركة.

عندما أواجه أمرًا جديدًا، أميل إلى اللجوء إلى القراءة. كان ذلك هو الحال عندما وصلت أنا وزوجتي إلى كالجاري. كانت حاملًا في الشهر الخامس

حينها. وفي الأسبوع الأول لنا في كالجاري، زرت مكتبة كالجاري العامة لأحصل على بعض المطبوعات. وفي تلك الزيارة الأولى، استعرتُ كتاب "ماذا تتوقعين عندما تكونين حاملًا؟" لهيدي موركوف.

كانت زوجتي تبلغ من العمر واحدًا وعشرين عامًا، ولم تكن تقرأ أو تكتب أو تتحدث الإنجليزية، لذا وقع كل شيء على عاتقي. فبالإضافة إلى إعداد السيرة الذاتية والبحث عن عمل، كُرّست طاقتي واهتمامي لضمان حصول زوجتي والطفل على كل ما يحتاجان إليه. لقد وجدتُ طبيبًا للعائلة، وحضرتُ زياراتها الطبية، واستمعتُ إلى تعليمات الطبيب وترجمتُها لها. بالإضافة إلى ذلك، أجرَتْ اختبارات لارتفاع نسبة السكر في الدم (سكري الحمل)، وكان يجب مراقبة نظامها الغذائي وضبطه. كانت قراءة المعلومات، وإعداد الأسئلة، والشرح، والترجمة بين الطبيب وزوجتي أمرًا مرهقًا ومكلفًا بالطاقة.

شعرتُ بحافز غامض، لا أستطيع تفسيره، بأن الطفل القادم سيقوم بتقييمي بناءً على قدرتي أو عدم قدرتي على رعاية الأسرة. وقد عزز هذا الالتزام الكامل -فكرة الأبوة- من عزيمتي. كان ذلك مصدرًا للدافع وأعطاني إحساسًا بالعجلة لإيجاد وظيفة في الأسبوع الأول من وصولي إلى كالجاري.

كانت زوجتي بعيدة عن بيئتها التي تعودت عليها و تربت فيها ، ولم يكن لديها أحد في كالجاري سواي. في حين إن عدم وجود نظام دعم يشكل تحديًا بحد ذاته، فإن قصور فهمي لمراحل الحمل الثلاثة كان عقبة كبيرة. لم يكن لدي أي خبرة سابقة بالحمل أو الولادة. كان عليَّ أن أكون الشخص الأقوى، وأقدم العزاء والراحة لزوجتي لتقليل قلقها.

على الرغم من حمل زوجتي للطفل، شعرتُ بأنني أحمل الأم والطفل في

بارقة أمل

عقلي وقربي! كان عليّ التحدُّث مع زوجتي، والاستماع إليها، وتثقيف نفسي، وإعطائها الدواء في الوقت المحدد، وعدم الانزعاج من رغباتها الشديدة. وعندما أظهرت أعراض الحمل مثل الغثيان وزيادة الوزن وتقلُّب المزاج والانتفاخ، شعرتُ بالألم أيضًا، ولكن عقليًا وعاطفيًا وليس جسديًا. كنت أعاني من القلق والاكتئاب والاضطراب وانخفاض الرغبة الجنسية. كما أنني كنت أعاني من الأرق. وقد يكون الضغط الناجم عن القدوم إلى بلد جديد والاستقرار قد ساهم في ذلك أيضًا، لكن النصف الثاني من حمل زوجتي أضاف مستوًى مختلفًا من العبء والقلق.

خلال زيارة لطبيب العائلة، الذي كان يراقب زوجتي وطفلنا أيضًا، فتحتُ قلبي وطلبتُ المساعدة. أخبرني الطبيب أنني أعاني من متلازمة كوفاد. قال الطبيب إن متلازمة كوفاد، أو حمل التعاطف، يحدث أحيانًا عند الرجال أثناء الحمل. يظهر بعض الرجال أعراضًا شبيهة بالحمل مثل القلق والاكتئاب والغثيان وتغيُّرات في الشهية وصعوبة النوم وتغيُّرات في الرغبة الجنسية.

خلال أغسطس ١٩٩٦، اضطرَّت زوجتي عدة مرات خلال الأسبوع إلى إيقاظي وتوصيلها إلى المستشفى في منتصف الليل فقط لتُقال إن تقلصاتها كانت إنذارًا كاذبًا وإرسالها إلى المنزل. مع قلة النوم، ذهبت إلى العمل بعيون حمراء وعدم القدرة على التركيز. كنتُ في فترة اختبار، وكنت قلقًا من أن يتم فصلي من العمل بسبب ضعف الأداء. كمتخصص في شبكات الحاسوب، كان عملي يتطلَّب درجة عالية من التركيز.

في يوم الأربعاء، ٢١ أغسطس ١٩٩٦، أخذتُ زوجتي لتناول العشاء في مطعم محلي. وبعد طلب الطعام وبينما كنا ننتظر وصوله، انفجر كيس الماء عنها، واضطررنا للذهاب إلى المستشفى على عجل. لم يسمح الممرضون لزوجتي

بتناول الوجبة التي طلبناها، بل أعطوها قطعة خبز. في خضم الارتباك والضوضاء والترقب، نسيت أتناول الطعام.

جلستُ مع زوجتي بجانب سريرها طوال الليل، وقمتُ بترجمة المعلومات والإرشادات من الطاقم الطبي إلى العربية لها. على الرغم من قراءتي عن الولادة في الكتب، إلا أنني لم أكن حاضرًا في وسطها من قبل.

بعد خمس ساعات من المخاض، وُلِدَتْ ابنتنا الكبرى في الساعة ٦:٣٧ صباح يوم الخميس، ٢٢ أغسطس. على الرغم من عدم الأكل أو النوم لمدة ست عشرة ساعة، والتأكد من صحة زوجتي، وترجمة كل التواصل بينها وبين الطبيب والممرضات، كنت أتمالك نفسي. أو هذا ما ظننت.

في اللحظة التي شاهدت فيها رأس الطفل يخرج من قناة الولادة، انهرتُ على أرضية المستشفى ليس بعيدًا عن المكان الذي كان يعمل فيه الممرضون والأطباء على زوجتي. تجاهلوني وواصلوا عملهم. كانوا واضحين في عدم تأثرهم بأب فاقد الوعي ملقى على الأرض. لا بد أن هناك اتصالًا لاسلكيًا لأن بعض الممرضات الأخريات ظهرن لرفعني. وضعوا شيئًا على أنفي، والرائحة أعادتني إلى الحياة. لم أكن ميتًا، لكنني فقدت الوعي.

استمروا في سؤالي عما إذا كنت أرغب في قطع الحبل السري. كنت مرتبكًا منهكًا. قلت باستمرار: "لا! لا أريد أن أكون بالقرب من هذا المكان! لا أريد رؤيته مرة أخرى!" لم أفعل ذلك.

تم تنظيف الطفل ووضعه داخل سرير صغير متحرك. كان الأمر كالمعتاد بالنسبة لهم، لكنني بدأت بالبكاء. بكيت مثل طفل ولم أتمكن من التوقف.

بدأت أسأل نفسي: هل مرّت أمي وأخواتي بما مررت به عند ولادة أطفالهن؟ شعرتُ بقدر هائل من الذنب. لم أستطع أن أغفر لنفسي الألم والبؤس الذي

ألحقتـه بزوجتي.

بعـد فـترة وجيـزة، أخـذوا الطفـل لإجـراء اختبـار مـن نـوع مـا. أصبـت بالذعـر، قائـلًا: "لا تخلطـوا بـين طفلتـي! لديهـا علامـة ولادة عـلى بطنهـا!"

نظـرتُ إلى إحـدى الممرضـات وقالـت: "إنهـا كلهـا وحمـة. ليـس لدينـا أي أطفـال آخريـن ذوي بـشرة فاتحـة اللـون هـذا المسـاء. لا تقلـق. لـن نخلطهـا!"

ابتسمتُ وغادرتُ.

عـلى الرغـم مـن طمأنتهـا، كنـت جـادًا للغايـة، ولم أقتنـع تمامًـا حتـى أعـادوا الطفـل إلى الغرفـة وتأكـدتُ مـن وجـود علامـة الـولادة عليهـا.

ثـم لاحظـتُ وجـود علامـة اسـم تقـول "الطفلـة بـن هرهـرة" مـع ذكـر وزنهـا عنـد الـولادة وقياسـاتها الأخـرى. احتججـتُ عـلى الممرضـة لوضـع اسـم الطفلـة الحقيقـي عـلى العلامـة.

قالـت: "نحـن نفعـل ذلـك غالبًـا لأن الآبـاء قـد لا يكونـون قـد اختـاروا اسـمًا للطفـل بعـد. هـذه العلامـة ليـس لهـا أي تأثـير ولا يتـم تسـجيلها."

أصرّت هي على تغيير البطاقة.

قبـل الـولادة، ناقشـنا أنـا وزوجتـي أسـماء الأطفـال. أردتُ إعطـاء طفلتنـا اسـمًا يعمـل في كل مـن الثقافتـين - اسـمًا غربيًـا وآخـر لـه معنـى باللغـة العربيـة. اقترحـت تسـمية ابنتـي الكـبرى مريـم، تيمنًـا بوالـدتي الزوجـة. لكـن زوجتـي رفضـت إعطـاء الطفـل اسـمًا اسـتخدمته أطفـال صديقاتهـا. كان لـدى اثنتـين مـن صديقاتهـا اليمنيـات في كالجـاري ابنتـان تُدعَيـان مريـم وسـارة، لذلـك كان هـذان الاسـمان مسـتبعدين. اسـتقررنا عـلى اسـم لينـا.

كنت أعرف أن لينا كانت لقبًا لبولينا، أو هيلينا، أو مارلينا، أو أنجلينا.. في اللغة العربية، اسم "لينا" يعني "نخلة صغيرة" وكذلك "رقيقة" و"ناعمة". اعتقدتُ أن هذه الصفات تتناسب مع طبع الطفل الحلو الجميل.

وكاسم يوناني، يمكن أن يأتي لينا من "لينوس"، والذي يعني "الكتان". أحببت فكرة إعطاء ابنتي اسمًا يربطها بالأرض.

بعد بضعة أيام، أخذتُ زوجتي والطفلة إلى شقتنا المكونة من غرفة نوم واحدة. لم يكن لديَّ المال لشراء سرير للأطفال أو أرجوحة. اخترتُ النوم على الأرض بينما نامت الأم والطفلة على السريرالكبير. في كثير من الأحيان، كنت أستيقظ في منتصف الليل لأتأكد من أن زوجتي لم تقلب نفسها وخنقت الطفلة وقتلتها. لسبب غريب، لم أكن أثق بزوجتي مع الطفلة الجديدة. كنت أنا من كان يحممها كل يوم خلال الأشهر الستة الأولى.

لم يكن هناك بائعو مكنسة كهربائية من الباب إلى الباب في كالجاري آنذاك، ولم أتمكن من شراء مكنسة كهربائية بعد. ومع ذلك، انتهى بي الأمر بشراء كاميرا فيديو سوني ٨ مم لإنشاء مجلة فيديو. بدأت بتسجيل كل ما كان يحدث منذ اليوم الذي عدنا فيه إلى المنزل مع لينا. كانت هذه طريقتي لترك سجلات لكل شيء في حالة رغبة ابنتي في معرفة المزيد عن طفولتها المبكرة. ربما كان هذا لتعويض الفجوات في طفولتي.

أما بالنسبة للأرجوحة الداخلية، فقد وضعتُ كرسيَّيْ مطبخ ظهرًا لظهر على مسافة ٧٠ سم (٢٨ بوصة)، ووضعتُ كتبًا للأرقام الهاتفية ثقيلة على كل كرسي، ثم ربطت وشاحًا طويلًا بين الكرسيين حيث يمكن أن تضع الطفل ليرتاح. وضعتُ الأرجوحة بالقرب من الأريكة وبدأتُ بهز ابنتنا الصغيرة بلطف لتهدئها وتنام. تعد هذه البداية المتواضعة واحدة من أعز

ذكرياتي عن زواجي.

بعد ولادة لينا بفترة وجيزة، تعرفنا على المزيد من اليمنيين المقيمين في كالجاري. بدا أن الجميع لديهم نصائح وآراء قوية حول كيفية عيش عائلتي، وكانوا غالبًا ما يقدمون وجهات نظرهم بطريقة تدخلية. كانت زوجتي صغيرة وقابلة للتأثر، وتأثرت غالبًا بتلك الآراء والاقتراحات. أخبرتني عن شعورها بالحرج عندما سألتها إحدى السيدات: "كيف لا تملكين سريرًا للأطفال، وكيف لديك طفل بدون واحد؟" كانت سيدة أخرى مندهشة لأنني لم أكن أملك المال لشراء مكنسة كهربائية أو سرير للأطفال، بل اشتريت مسجل فيديو.

الحقيقة هي أنني استأجرت مكنسة كهربائية وآلة غسيل السجاجيد من متجر لعدة أشهر. طالما أنني كنت أتناوب النوم بين الأرض والأريكة، لم أعتقد أن سرير الأطفال ضروري على الفور. والأهم من ذلك، أنني شعرت بالانزعاج من التدخل الذي فرضته هذه العائلات عليَّ. لم أُعلِّق أبدًا على وضعهم المعيشي ومعاييرهم، فلماذا يفعلون ذلك بي؟ كنت أُقدِّر أن زوجتي كانت تكوِّن صداقات، حيث كنت أعرف من تجربتي الأولى في الولايات المتحدة ما معنى الشوق للوطن. ساعد لقاء السيدات اليمنيات في تخفيف حنينها للوطن. كما أنها وجدت فرصة للتحدث باللغة العربية مع السيدات من بلدها. علاوة على ذلك، لم تكن تقود السيارة بعد أو تعرف الطريق للعودة إلى المنزل إذا قررت مغادرة المبنى السكني. لذلك، كان لقاء السيدات اليمنيات بمثابة علاج، ولكن على المدى الطويل، فاق الضرر الذي تسببن به لعائلتي الفوائد.

بارقة أمل

الخامس عشر

الارتقاء الوظيفي والمهني

"عِش كأنك تموت غدًا، وتعلم كأنك ستعيش إلى الأبد"

- ماهاتما غاندي.

في مرحلة لاحقة من مسيرتي المهنية، في أوائل العقد الأول من القرن الحادي والعشرين، قررت أنه ربما حان الوقت لتعلم المزيد واكتساب فهم إضافي لعملي من منظور تجاري. عملت كمبرمج حاسوب، ومهندس شبكات بيانات، ومهندس نظم تكنولوجيا المعلومات. كنت أعرف كيفية إصلاح الأشياء، لكنني لم أفهم سبب قيامي بما أقوم به. لم أر ارتباطًا قويًا بين عملي وتأثيره على الأبعاد الثلاثية: الاقتصاد، المجتمع، والبيئة.

شعرتُ أن الحصول على درجة الماجستير في إدارة الأعمال من جامعة كندية سيمنحني شعورًا بالإنجاز ويسمح لي بتطوير مسيرتي المهنية. أردتُ أن أكتب بشكل جيد في السياق التجاري، وأفكر بشكل استراتيجي، وأفهم قيمة خبرتي التقنية في عالم الأعمال. وربما، بسبب انتفاخ رأسي، كنت بحاجة إلى إضافة حاصل على ماجستير في إدارة الأعمال إلى اسمي.

عندما قررتُ الالتحاق ببرنامج الماجستير في إدارة الأعمال، كتبتُ دراسة جدوى لصاحب العمل لتبرير فوائد الحصول على درجة دراسات عليا في إدارة الأعمال. حددتُ التكلفة والجداول الزمنية والعائد على الاستثمار إذا تلقيت دعمًا ماليًا جزئيًا من المدير العام للمساعدة في دفع الرسوم الدراسية. وبطبيعة الحال، كان لا بد أن يبدأ كل شيء على مستوى مديري

المباشر، وظهرت طلبات خاصة للإدارة العليا للموافقة أو الرفض.

أخذني مشرفي المباشر، وهو مهندس معتمد مهنيًا، لتناول العشاء في حانة محلية وحاول تحذيري من أنه قد لا يكون الوقت المناسب لحضور الدراسات العليا. كانت لينا تبلغ من العمر خمس سنوات ونصف في ذلك الوقت، وكانت زوجتي حامل بطفلنا الثاني. اعتقد أن وجود أسرة صغيرة والعمل بدوام كامل في مجال تقني معقد ودراسة على مستوى الدراسات العليا سيكون مشروعًا ضخمًا. بدت مخاوفه حقيقية، لأنه كان قد جرب ذلك ولم ينجح. لطالما استمعتُ إلى وجهات نظر الآخرين وأخذتُ تجاربهم في الاعتبار، لكنني كنت مصممًا على تحقيق أهدافي. والأهم من ذلك، كنت أطمح إلى النمو والتطوُّر. تقدَّمتُ بطلب، وعلى الرغم من مخاوفه، فقد دعم طلبي.

قُبِلَتْ حالتي التجارية، وبدأتُ أوازن بين الأولويات الثلاثة المتنافسة: العائلة، والعمل، ودورات الماجستير في إدارة الأعمال. كما توقع مشرفي، لم يكن الأمر سهلًا. لم تكن زوجتي تفهم تعقيد الدورات أو حجم العمل الذي كنت أديره من أجل تحسين وضعي لتقديم الأفضل للعائلة. كانت زوجتي اجتماعية، وهو ما كان يجذبني لأن طبيعتها المنفتحة كانت تعتبر توازنًا إيجابيًا لطبيعتي الانطوائية. لكن في هذا الوضع، خلق اختلاف الشخصيات صراعًا بيننا. كل عطلة نهاية أسبوع، كانت تدعو الأصدقاء إلى منزلنا لإقامة حفلات (غالبًا ما ترقص النساء اليمنيات خلال التجمعات الاجتماعية). وإذا لم يأتِ الناس إلى منزلنا، كان من المتوقع أن أرافقها إلى منازل الآخرين، حيث كانت ترغب في البقاء والتواصل لساعات. كانت هناك أوقات كنت في منتصف قراءة تقرير أو القيام بأعمال دراسية أخرى، وكانت تترك المنزل لساعات، مما يترك لي مسؤولية رعاية الأطفال ومحاولة الانتهاء من واجباتي

الدراسية. بشكل غير مقصود، كانت تعيق جهودي بشكل مستمر لأنها لم تكن تستوعب المطالب الأكاديمية التي كنت أتعرض لها.

يجب على أي متخصص في تكنولوجيا المعلومات ترقية مهاراته باستمرار كل عام لمواكبة التطور. الإنجليزية هي لغتي الثالثة، ولم تكن الكتابة قوتي. كان يُشار دائمًا في تقييمات أدائي إلى أنني بحاجة إلى تحسين مهارات الكتابة. أحب التفكير وحل المشكلات؛ لا أحب الكتابة. تتطلب الكتابة صبرًا، وهو ما لم يكن موجودًا في حمضي النووي.

علاوة على ذلك، كان أول برنامج مفيد ابتكره مهندسو الكمبيوتر هو المدقق الإملائي، وهو الأداة الأساسية التي اعتمدنا عليها. إذا كانت الرياضيات والمنطق صحيحين، فإن أحدًا لم يهتم بكيفية كتابتنا لأي شيء. لذلك، لم يستثمر معظمنا -المهندسين- وقتنا في الكتابة.

بعد أن عشت تجربة الدراسة في كلية إدارة الأعمال وبعد أن أمضيت وقتًا أطول خارج المدرسة مما كنت فيه، يمكنني تقديم منظور مختلف. لا أستطيع القول إنني اكتسبت الكثير من الحكمة منذ أن كنت طالبًا. بالتأكيد لم أستفد من كلية إدارة الأعمال من حيث أن أصبح الرئيس التنفيذي أو الانتقال إلى موقع جغرافي آخر للحصول على فرص أفضل. ومع ذلك، فإن مرور الوقت منذ كتابة طلب الالتحاق بالدراسات العليا ثم التخرج بالحصول على درجة الماجستير في إدارة الأعمال قد منحني الشجاعة لكتابة مواضيع لم أتمكن من التعبير عنها لنفسي أو للآخرين آنذاك، مثل السلوك البشري والاقتصاد والبيئة.

سوء الإدارة والتحديات المهنية

في منتصف دراستي، انتقل مديري إلى وظيفة مختلفة، وبدأتُ في تقديم التقارير إلى رجل آخر - هندي شرقي من أصل إفريقي. كان مهندس صوت، ربما يتمتع بالذكاء الكتابي، لكنه لم يكن مديرًا جيدًا للأشخاص، ناهيك عن كونه قائدًا. كان أصعب شخص تعاملت معه على الإطلاق. كان مثالًا رئيسيًا لمبدأ بيتر وحيث تمت ترقيته على الرغم من افتقاره للتدريب المناسب والحساسية الثقافية. هل تمت ترقيته لأنه كان من الأقليات الموجودة، ولأن صاحب العمل أراد إظهار القبول والتنوُّع من خلال وضعه في منصب قيادي؟ ربما، أو ربما لا. بغض النظر عن ذلك، لم يكن لديه المهارات المناسبة للوظيفة.

بدا أسلوب إدارته مستوحى من كتب إدارة الأعمال القديمة من خمسينيات القرن الماضي. عندما تم تعيينه للعمل مع فريقنا، تأكد من الحصول على مكتب بأبواب. كان مشرفي السابق يعمل من إحدى المكاتب المفتوحة بين أعضاء الفريق، وكان دائمًا متاحًا وكان قائدًا قويًا بدعمه للجميع. على الرغم من تواضعه، كنا في كثير من الأحيان نخطئ في فهم لياقته على أنها ضعف. لكننا فعلنا كل ما طلبه، وكنا نتجاوز التوقعات في كثير من الأحيان.

أما مديري الجديد، فقد خلق بيئة عمل سامة. كان مهتمًا بإظهار القوة، وفرض الرقابة الدقيقة على كل شيء، وإثارة الخوف، والتصرف بسرية. على الرغم من أن تغيير القيادة والموقف الجديد أثَّر سلبًا على بيئة العمل، بما في ذلك ديناميكيات الفريق، إلا أنه لم يكن هناك أحد في الفريق شجاعًا بما يكفي للتحدث. في معظم الأحيان، كان الكنديون مهذبون، وكان زملائي يشتكون منه خلف الأبواب المغلقة لكنهم لم يفعلوا شيئًا رسميًا لتحسين

الوضع.

سرعان ما شعرت أن هذا الرجل يستهدفني ككبش فداء. كل ما لم يعجبه في عمل الفريق، كان يختارني أولًا باستمرار. أراد فرض أسلوب عمله علينا، والذي كان فرديًا للغاية وغير تعاوني. بدلًا من تعزيز العمل الجماعي وتشجيعنا على خلق التآزر، تولى المسؤولية عن المهمة الضخمة وأعطى الأفراد أجزاء معينة من المشروع الأكبر لكنه لم يشارك البقية فيما يعمل عليه كل شخص، مما خلق بيئة يعمل فيها الجميع في صوامع. لم يكن أحد يعرف بالضبط كيف كان من المفترض أن يساهم في المشروع بأكمله. كان أسلوب إدارته يتناقض تمامًا مع ما تم تدريبي عليه وما كنت قد خبرت به سابقًا.

راقب من يأتي إلى العمل وفي أي وقت وتتبع عدد الدقائق التي تأخر فيها كل شخص أو غادر فيها مبكرًا. كان يراقب الساعة دائمًا عندما نغادر لتناول غدائنا. أخبرنا أنه سيتم معاقبة الفريق بأكمله إذا تم القبض على أي شخص يتصفح الإنترنت أو يفحص هاتفه المحمول أثناء ساعات العمل أو يتصل بالمرض بدون ملاحظة طبية. كان يفضل الاتصال بأي منا عبر مكبر الصوت لإعطائنا تعليمات العمل. كان يعامل مجموعة من المحترفين كأطفال في المدرسة الابتدائية.

في صباح أحد الأيام، أبلغته أنني سأذهب إلى موعد مع طبيب الأسنان خلال استراحة الغداء وأنني سأستأنف العمل الساعة ١:١٥ مساءً، أي متأخرًا ربع ساعة. كان مكتب طبيب الأسنان متأخرًا، وبحلول الوقت الذي انتهى فيه العمل على أسناني ووصلت إلى المكتب، كنت متأخرًا خمسة وأربعين دقيقة.

عندما جلست على مكتبي، رن هاتفي وكان رئيسي. كان منزعجًا من تلك الخمسة والأربعين دقيقة. أمرني بالتحدث معه عبر مكبر الصوت. شعرتُ دائمًا وكأنني أذهب إلى مكتب المدير. غضب وسألني لماذا لم أتصل به لأخبره أنني سأستغرق ثلاثين دقيقة إضافية. أخبرته أنني كنت على كرسي طبيب الأسنان وجئت بأسرع ما يمكن عندما انتهى عملهم. أشرت إلى أنني لم أتناول حتى غدائي.

أمرني بالحصول على بطاقة تتبع الإجازات (في ذلك الوقت، كنا نتتبع وقتنا بنسخة ورقية). جعلني أستقطع أربعين وخمس وأربعين دقيقة من وقت الإجازة، ووافق عليها. اعتقدت أنه كان أحمقَ، لكنني لم أهتم بالجدال حول أمور تافهة وأعدت بطاقة الوقت للمساعد الإداري.

على الرغم من أنني لم أكن الوحيد الذي شعر بأنه طاغية، إلا أنه لم يتحدث أحد. كنت أشك أنهم كانوا قلقين من أن يُتهموا بالعنصرية، لذلك التزموا الصمت، لكني كنت أعرف كيف يتحدثون عن الوضع في السر. كما أنه كان يعرف أن أحدًا لا يحبه أو يحترمه، وبذل قصارى جهده لجعلنا نخاف منه.

في أحد الأيام، اتصل بي إلى مكتبه ليخبرني أن لدي مشكلة في الموقف. لم أرد. وقفت هناك أنتظر الحصول على أمر أو سماع ما يقوله. لم يسألني عن أي شيء متعلق بالعمل؛ بدلًا من ذلك، سأل: "من أين أنت في الأصل؟"

"لا علاقة لعرقي أو مكان ميلادي بالعمل."

"سمعت أنك إثيوبي وعربي."

"فماذا في ذلك؟:

"استمع، اعتاد الناس مثلك أن يغسلوا قدمي في إفريقيا. أنا وُلدت هناك، كما

بارقة أمل

تعلم. كان البيض في القمة. ثم كنا نحن، والباقون في القاع."

سألته: "ماذا تحاول أن تخبرني؟"

قال: "فقط لتعرف أنك يجب أن تكون ممتنًا لوجودك هنا. عدِّل من سلوكك."

اقتربت بهدوء من مكتبه، ووضعت قدمي اليمنى عليه (نعم، أنا مرن للغاية)، وقلت له: "إذا كنت تعتقد أنني أقل قيمة منك، أعتقد أن لديك مشكلة."

رغم أنني لم أستخدم أبدًا الألفاظ البذيئة في حياتي، قلت: "إذا كانت لديك مشكلة معي، فلنحل الأمر خارج المبنى. قد أكون أصغر حجمًا، لكنني قادر على ضربك بشدة!"

لم أكن أدرك أنني أشير إليه بأصابعي. طلب مني عدم الإشارة إليه وإزالة قدمي من مكتبه.

أخيراً، قلت له: "من المكان الذي أتيت منه، في مدينة عدن، حيث حكم البريطانيون البلاد لمدة ١٣٩ عامًا، جلبوا أشخاصًا من بلدك لتنظيف نظام الصرف الصحي. ومع ذلك، أنا لست مثلك. لا أفكر فيمن هو إنسان أعلى أو أدنى. أعلم أنك تعاملت معي بقسوة في العمل، لكنني لم أهتم، لأن أفعالك التافهة لن تزعزعني."

قال: "سأبلغ قسم الموارد البشرية عنك وأقيلك بسبب التمرد."

اقتربت من الجانب الآخر من مكتبه، ورفعت الهاتف، وطلبت منه إخباري برقم الموارد البشرية. لم يرد. سلَّمته سماعة الهاتف وأمرتُه بالاتصال بالموارد البشرية. لم يفعل. كان مصدومًا ومتوترًا.

كان قد أخرج الوحش مني. كان رجلًا قويًا يبلغ طوله ١٧٣ سم (٥,٨ بوصة) ووزنه حوالي ٩٠ كجم (٢٠٠ رطل)؛ كنت فقط ١٦٧ سم (٥,٥ بوصة) و١٢٥ رطلًا. كان واضحًا أنه خائف.

قلت له: "قد يكون الفيل أكبر حجما، لكن الأسد يحكم الغابة." وغادرتُ مكتبه.

في اليوم التالي، جاء إلى مكتبي وطلب مني أن أتبعه إلى مكتبه. اعتذر ومدَّ يده لمصافحتي. صافحتُ يده وقلت: "إنه ماضٍ وانقضى" لم أخبر أحدًا بهذا الموقف. ولم يتصل بالموارد البشرية أبدًا.

❖❖❖❖

بعد عام، عندما كنت أكتب أطروحتي النهائية للتخرج، اتصل بي إلى مكتبه. أبلغني بأنه تم تخفيض وضعي الوظيفي من بدوام كامل إلى دوام جزئي. وأنه اعتبارًا من ذلك اليوم، سيتم تجديد عقد عملي شهريًا. كان من حقه القيام بذلك، لكن بصفتي العائل الوحيد في أسرة ذات دخل الواحد، كنت قلقًا بشأن كيفية إطعام أطفالي. بمجرد حصولي على درجة الماجستير، بدأت أبحث عن فرص عمل أكثر استقرارًا.

بعد أسبوع من التخرج، عرضت على شركة عالمية متعددة الجنسيات وظيفة. كان مديري في إجازة لمدة شهر. قدمت استقالتي إلى مدير القسم، مع إعطاء إشعار أسبوعين كما هو مطلوب. على الرغم من غياب المدير، كان يتحقق من بريده الإلكتروني، وأمر قسم الموارد البشرية فورًا بحجب أجري وساعات الإجازة غير المدفوعة والمساهمات التقاعدية التي تبلغ ١٨٠,٠٠٠ دولار. عندما سألت عن سبب هذا التصرف، قيل لي إنه: "يريد منك سداد المبلغ الذي أنفقته المؤسسة على تعليمك". قدَّمت شكوى إلى قسم معايير العمل في

حكومة ألبرتا، مع العلم أن صاحب العمل ليس لديه الحق في حجب أجري ومزاياي. تدخَّل المحامون عندما كتبت الجهات المعنية في معايير العمل إلى المؤسسة حول خطأ القسم في حجب الأموال. بعد حوالي ستة أشهر، وبعد أن بدأت وظيفة جديدة، تم استدعائي للمثول أمام المحكمة.

ظهر أربعة موظفين من مكان عملي السابق في المحكمة: مديري السابق، وممثلون عن إدارتي الموارد البشرية والمالية، ومحامٍ من الشركة. كنت في وضع غير مؤاتٍ ومتوترًا. طلب القاضي من المحامي توضيح القضية وبيان الأمر. أوضح المحامي أنني استخدمت أموال المؤسسة لتعزيز تعليمي بعد أن قلت إنني سأخدم المؤسسة لكنني لم أفعل ذلك. بدلًا من ذلك، وجدتُ وظيفة أفضل وانتقلت. أكد على أنني حصلت على وظيفة رائعة في شركة عالمية بسبب التعليم الذي استثمرته فيها الشركة السابقة. وذكر المحامي أنه نظرًا لرفضي سداد المبلغ، اضطروا إلى جلب هؤلاء الأفراد كشهود. وادعى أنه يجب عليّ سداد المبلغ بالكامل الذي تم دفعه لتعليمي.

توجه القاضي إليّ وطلب دفاعي. قلت: "ذهبت إلى الدراسات العليا لتحسين مهاراتي والمساهمة في المؤسسة التي خدمت فيها لمدة عشر سنوات. أنا ممتن جدًا لأولئك الذين كنت أقدم التقارير لهم والدعم الذي تلقيتُه ماليًا وغير ذلك".

أضفت: "قبل بضعة أشهر من تخرجي، تم تخفيض وضعي الوظيفي من موظف دائم بدوام كامل إلى موظف مؤقت بدوام جزئي. كان عقدي يخضع للتجديد الشهري. لدي ابنتان صغيرتان وأنا المعيل الوحيد لعائلة ذات دخل واحد. احتجت إيجاد وظيفة مستقرة لإعالة أطفالي.

"علاوة على ذلك، لا أنكر تلقي الأموال. إن جلب إدارتي الموارد البشرية

والمالية، وكذلك مديري السابق، كان غير ضروري. لم أترك وظيفتي عن اختيار. بل اضطررت إلى المغادرة بسبب تغيير غير متوقع في وظيفتي وقت تخرجي. لن أسأل لماذا تم تغيير وضعي الوظيفي. أترك الأمر لك يا قاضي لتطرح هذا السؤال. علاوة على ذلك، تنص سياسة الشركة على أنني سأخدم المؤسسة لمدة شهر مقابل كل ١٠٠٠ دولار تلقيتها كمساعدة تعليمية. لقد كنت أدرس للحصول على درجة الماجستير في إدارة الأعمال خلال السنوات الثلاث الماضية وقد خدمت المؤسسة باستمرار خلال تلك الفترة. تم الوفاء بالمدفوعات التي تم إجراؤها خلال السنوات الثلاثة السابقة".

سلَّمت القاضي الملاحظات التي أعطاني إياها مديري حول تغيير وضعي الوظيفي ونسخًا من سياسة الشركة المتعلقة بالدعم التعليمي.

استغرق التفكير الكامل ما يقرب من ساعتين، وسلَّم المحامي مجلدًا ضخمًا للقاضي ولِي. احتوى المجلد على جميع درجاتي والفواتير والإيصالات الخاصة بالمدفوعات التي قمت بها والمبالغ المستردة التي تلقيتها من المؤسسة.

نظر القاضي إلى سياسة الشركة وإشعار تغيير حالة العمل وسألني متى اكتملت الدورة الأخيرة أو قُدمت الأطروحة النهائية. أكملت دوراتي في يونيو وقدمّت أطروحتي في أكتوبر من نفس العام. سأل القاضي متى استقلت وقبلت الوظيفة الجديدة، فأخبرته أنه كان في الأول من يونيو من العام التالي - بعد ثمانية أشهر من الانتهاء من أطروحتي. غادر القاضي الغرفة، وتم توجيهنا بالانتظار.

بعد حوالي خمسة عشر دقيقة، عاد القاضي إلى قاعة المحكمة وذكر ما يلي:

"كان المدعى عليه في وضع صعب وكان بحاجة إلى إيجاد وظيفة أخرى لإعالة أسرته، وكان من حقه القيام بذلك.

لم ينكر المُدَّعَى عليه تلقي الأموال لتعزيز تعليمه.

بارقة أمل

غادر المُدَّعَى عليه المؤسسة في يونيو وقدَّم أطروحته النهائية في أكتوبر التالي.

يجب على المُدَّعى عليه دفع ٤٠٠٠ دولار فقط لمدة أربعة أشهر لم يخدم فيها المؤسسة.

يمكن للمُدَّعَى عليه ترتيب الدفع حتى يتم سداد المبلغ بالكامل."
كان الحكم عادلًا.

جادل المحامي بأن المبلغ المسترد يجب أن يكون أعلى بكثير من ٤٠٠٠ دولار. لم يقتنع القاضي بأي من الحجج التي قدمها.

بالطبع، كنت سعيدًا بأمر القاضي، حيث كان من المتوقع أن أدفع جزءًا صغيرًا فقط من المبلغ الذي تريده الشركة. لاحظت أن مديري السابق أصبح وجهه مثل اللفت الداكن.

❖❖❖❖

تُظهر تجربتي مع هذا المدير الصراعات التي تنشأ عندما يستمر المهاجرون في العمل وفقًا لأنظمة القيم التي يحضرونها معهم. كان أسلوب إدارة مديري يتعارض بشكل مباشر مع الطريقة التي كنت أُدار بها من قبل.

لقد ذهبتُ لتناول وجبات العمل في أمريكا الشمالية مع مدراء هاجروا إلى كندا أو الولايات المتحدة، وبعد الوجبة، رفضوا استخدام بطاقة الشركة الائتمانية لدفع ثمن وجبة العميل أو الشريك التجاري إذا كان هذا الشخص يأكل لحم الخنزير أو يطلب الكحول. في تعاملاتي التجارية في كالجاري، عندما يأتي الرجال اليمنيون إلى كندا للعمل، وأستضيفهم في المطاعم، لم يكن من غير المألوف أن يطلبوا مني توفير المضيفات الترفيه لهم بعد تناول الطعام في المطعم.

الصراع الثقافي أمر مفهوم، ولكن في كل من الحياة اليومية وخاصة عالم الشركات، يجب وضع الطريقة التقليدية للتفكير جانبًا. يُطلب من البيض الخضوع للتدريب على الحساسية، ولكن يجب أن يسير الأمر في الاتجاه الآخر أيضًا. يجب أن تعكس ثقافة الشركة مناخ البيئة التي يعمل فيها الناس.

وبالمثل، لا ينبغي وضع الأشخاص غير المؤهلين ليكونوا مدراء في مناصب قيادية لمجرد أن الشركة يمكن أن تقول إنها شاملة. الموظفون المدربون في الخارج الذين لديهم فهم قليل للنظام الأمريكي الشمالي لا يجب أن يجلبوا ممارساتهم الثقافية الخاصة إلى مكان العمل؛ يمكن أن يكون لذلك تأثير ضار. هذا لا يعني أن جميع الأفراد من أجزاء أخرى من العالم هم كذلك أو يقدمون أنفسهم بهذه الطريقة دائمًا، ولكن من وجهة نظري، يبدو أن هناك نمطًا.

تجربتي مع هذا المدير ذكرتني بمشهد في فيلم ميسيسيبي ماسالا، عندما كان شخصية دنزل واشنطن في نقاش مع والد صديقته، وهو رجل باكستاني، حول اعتراض الأب على العلاقة:

"أنا رجل أسود ولدت ونشأت في ميسيسيبي. لا يمكنك أن تخبرني شيئًا عن النضال. أعلم أنكم وأهلكم يمكن أن تأتوا إلى هنا من مكان لا يعلمه إلا الله وتكونون بنفس سواد ورق اللعب، وبمجرد وصولكم هنا، تبدؤوا في التصرف وكأنكم بيض وتعاملوننا كأننا ممسحة لأقدامكم.

أعلم أنك أنت وابنتك مجرد بضع درجات من هذا هنا [يشير إلى وجهه]."

كيف يمكن لأي شخص تبرير معاملة إنسان آخر على أنه أقل شأنًا لمجرد لون بشرته؟

السابع عشر

مهمة دولية

لماذا تغادر؟ لكي تتمكن من العودة. لكي تتمكن من رؤية المكان الذي جئت منه بعيون جديدة وألوان إضافية. وأيضًا ليراك الناس هناك بشكل مختلف. العودة إلى حيث بدأت ليست مثل عدم المغادرة أبدًا.

- تيري براتشيت، الكاتب البريطاني.

كجزء من دراساتي العليا، تعلَّمتُ أن التعاقد الخارجي للوظائف يساعد الشركات في أمريكا الشمالية على أن تكون أكثر تنافسية في السوق العالمية. يتيح لهم ذلك البيع للأسواق الخارجية من خلال فروع خارجية. يؤدي التوظيف في الأسواق الناشئة ذات مستويات المعيشة الأدنى إلى تخفيض أسعار السلع التي يتم شحنها مرة أخرى إلى الولايات المتحدة أو كندا.

أثناء عملي في شركة متعددة الجنسيات، كانت مسؤوليتي هي الاستعانة بمصادر خارجية.. كنت عادة ما أُعين في مرحلة الفرصة/المشاركة في الصفقة، وأعمل مع العميل وفريق المشاركة لبناء والتحقق من نطاق وتعقيد وجدول زمني وتكلفة تسليم الصفقات المنقولة.

مع إغلاق عمليات الشركات المحلية أو تقليصها في الولايات المتحدة وكندا، بدأت أرى تأثير الاستعانة الخارجية كتقليل في العمالة الأمريكية والكندية. على الرغم من أن المديرين التنفيذيين أخبرونا بأن نقل الوظائف الخارجية يزيد من إنتاجية العمل والعمالة والأجور والتكاليف ويحسن مستوى المعيشة، إلا أنه لم يكن هناك شيء من ذلك مرئيًا بالنسبة لي.

لمدة سبعة أعوام متتالية في وظيفتي في كالجاري، واصلت إرسال الموظفين الكنديين والأمريكيين إلى المنزل مع إخطارات الفصل وقيام بنقل وظائفهم بنشاط إلى الهند وماليزيا والجمهورية التشيكية والمكسيك والأرجنتين، وغيرها. واصلت التفاعل بشكل أقل وأقل مع الطاقم الفني لأمريكا الشمالية. على الرغم مما قاله المديرون التنفيذيون، فإن الاستعانة الخارجية تسببت في ارتفاع البطالة وفقدان الدخل وفقدان الميزة التنافسية، مما ترك الكنديين والأمريكيين بدون دعم مالي أو عمل. سرعان ما تم إرسال المناصب الإدارية أيضًا إلى الخارج. بدأت أتساءل عما سيحدث لي. نعم، مع بدء اختفاء الفرص في أمريكا الشمالية، احتجت أنا أيضًا إلى الانتقال للعمل من المكاتب الخارجية.

أول فرصة ظهرت في طريقي كانت العمل في دبي بدولة الإمارات العربية المتحدة. لقد جذبتني لأنني أتحدث العربية ويعيش العديد من أقاربي في أبو ظبي، عاصمة دولة الإمارات، والتي تبعد حوالي ساعة ونصف بالسيارة عن دبي. عند استشارة بعض زملائي المعينين في الخارج، علمت أن العمل في دبي يمكن أن يكون مربحًا للعديدين، مع رواتب عالية وضرائب منخفضة؛ إنه مكان مرغوب فيه لأي شخص يريد كسب أموال طائلة.

قمتُ بترتيب الانتقال إلى دبي لدعم مبادرات الشركة في الشرق الأوسط وإفريقيا وأوروبا الشرقية. على الرغم من أن راتبي لم يزد بشكل كبير، إلا أن الاتفاق كان أن أتلقى راتبًا مُعفَى من الضرائب وبدل سكن. كانت مدة الاتفاق سنتين. وافقت على راتب سنوي قدره ١٤٩,٨٦٤ دولارًا أمريكيًا؛ بدل سكن سنوي قدره ٥٥,٠٠٠ دولار؛ بدل سيارة سنوي قدره ١٢,٠٠٠ دولار؛ وبدل انتقال لمرة واحدة قدره ١٨,٠٠٠ دولار. بالإضافة إلى ذلك، سأحصل على علاوة غلاء معيشة بناءً على عدد الليالي التي أقضيها في العمل في المملكة

العربيـة السـعودية. عـلاوة غـلاء المعيشـة هـو مكافـأة تُعطَـى لمـن يعمـل في المملكـة العربيـة السـعودية لجـذب النـاس للعمـل هنـاك. عـلاوة عـلى ذلـك، كان صاحـب العمـل مسـؤولًا عـن تأمـين جميـع تصاريـح العمـل والتأشـيرات والإقامـة والوثائـق الأخـرى اللازمـة للسـماح لي بالعمـل بشـكل قانـوني في الإمـارات العربيـة المتحـدة والمملكـة العربيـة السـعودية.

قضيـت ثمانيـة أشـهر في دبي وسـافرت مـن وإلى المملكـة العربيـة السـعودية كل أسـبوع خـلال تلـك الفـترة، وعملـت سـبعة عـشر سـاعة في اليـوم، سـبعة أيـام في الأسـبوع. عمـل الموظفـون في الهنـد وكنـدا وإنجلـترا الأسـبوع المعتـاد مـن الاثنـين إلى الجمعـة، وأخـذوا عطلـة نهايـة الأسـبوع يومـي السـبت والأحـد. في الـشرق الأوسـط، لأن اليـوم المقـدس في الإسلام هـو الجمعـة، كانـت عطلـة نهايـة الأسـبوع في ذلـك الوقـت يومـي الخميـس والجمعـة، وكانـت جميـع المكاتـب تعمـل يومـي السـبت والأحـد. لذلـك، لم يكـن لـدي خيـار سـوى العمـل سـبعة أيـام في الأسـبوع.

تتمتـع المملكـة العربيـة السـعودية والإمـارات العربيـة المتحـدة بالحـزم والصرامـة في ضـمان حصـول جميـع الموظفـين الأجانـب عـلى التفويـض المناسـب للعمـل في بلدانهـم. نظـرًا للعقبـات اللوجسـتية، لم تتمكـن الشركـة مـن توفـير الوثائـق المناسـبة لي لأي مـن البلديـن، كـما كان متفقًـا عليـه. في المملكـة العربيـة السـعودية، في العديـد مـن المناسـبات، أثنـاء عقـد اجتـماع عمـل، كان عـليَّ أن أُرافـق بسرعـة خـارج مكاتـب كلـما وصلـت سـلطات الهجـرة.

إدراكًا لحجـم المخاطـر والخـوف عـلى سـلامتي، قمـت بإبـلاغ رؤسـائي في أمريـكا الشـمالية وأوروبـا بهـذه المشـاكل. كنـت متوتـرًا، حيـث إن وجـودي في سـجن المملكـة العربيـة السـعودية أكـثر رعبًـا مـن أي شيء يمكـن تخيلـه. بـدأت أفكـر في كتـاب قرأتـه وفيلـم شـاهدته: "قطـار منتصـف الليـل".

(قطار منتصف الليل) هو كتاب غير خيالي عام ١٩٧٧ لبيلي هايز وويليام هوفر عن تجربة هايز كشاب أمريكي أُرسل إلى سجن تركي لمحاولة تهريب الحشيش من تركيا. لم أستطع أن أنسى الأشياء التي رأيتها في الفيلم. خيالي الحي بدأ بالجنون حول ما سيحدث لي إذا تم القبض عليّ وأُودِعت في سجن سعودي. كانت لدي استرجاعٌ للأهوال المرعبة التي شهدتها عندما سُجِنت في إثيوبيا عام ١٩٧٧ وتخيلت أن السجن في السعودية يمكن أن يكون أسوأ. كوابيس ليلة بعد ليلة!

ليلة في دبي

بينما كنت في دبي، أصبح واضحًا لي أن تجارة الجنس كانت منتشرة هناك لسنوات. سواء كان الفندق الذي أقمت فيه أو الفنادق الأخرى التي أقام فيها موظفي وزملائي، رأيت دائمًا عاهرات يترددن على حانات الفنادق والنوادي الليلية.

أذهلني طريقة لباس النساء. بدَوْنَ وكأنهن نساء محترفات - يرتدين ملابس أنيقة ولم تكن ملابسهن كاشفة بشكل مفرط.. لم يرتدين ملابس مثل الرؤساء التنفيذيين، لكنهن بدَوْنَ وكأنهن فتيات يرتدين ملابس للخروج لقضاء أمسية ممتعة مع أصدقائهن. ارتدت معظمهن بناطيل جميلة وبلوزات تظهر قليلًا من الصدر. ارتدى بعضهن سترة عمل أو نوعًا آخر من الغطاء الذي أزلنه عند دخول النوادي. كان لديهن تسريحات شعر لطيفة وكان مظهرهن العام محتشمًا إلى حد ما؛ لم يكن مظهرهن مثيرًا للغاية.

بعض النساء، ومعظمهن من أوروبا الشرقية وآسيا الوسطى وجنوب آسيا وجنوب شرق آسيا وشرق إفريقيا والعراق وإيران والمغرب، تم إرسالهن للعمل كعاهرات في الإمارات العربية المتحدة. في المحادثات التي أجريتها

بارقة أمل

مـع المغتربـين الذيـن عاشـوا في دبي لسـنوات عديـدة، قيـل لي إن هنـاك العديـد مـن العاهـرات الإيرانيـات في دبي، وإن بعضهـن يبقـين في المدينـة لعـدة سـنوات. الإمـارات تجـذب العديـد مـن رجـال الأعـمال الأجانـب، وهـي تكتسـب سـمعة كأفضـل وجهـة للسـياحة الجنسـية في الـشرق الأوسـط. هـل يأتـون بسـبب تجـارة الجنـس، أم إن تجـارة الجنـس تزدهـر بسـبب وجودهـم؟ إنهـا دائـرة مفرغـة في هـذه المرحلـة.

في أحـد الأيـام، بينـما كنـت جالسًـا في الحانـة مـع أقـراني، اقتربَـتْ منـي فتـاة وبـدأَتْ تتحـدث معـي. بسـبب الصـوت العـالي للأغـاني التـي تُعـزف، والرقـص ليـس بعيـدًا عـن المـكان الـذي جلسـت فيـه، وربمـا لهجتهـا، لم أتمكـن مـن فهـم مـا كانـت تقولـه. طلبـتُ منهـا أن ترسـل لي رسـالة نصيـة حتـى أتمكـن مـن قـراءة مـا تحـاول قولـه. طلبـتُ رقـم هاتفهـا؛ كتبَتْـهُ عـلى منديـل وأعطتـه لي. أرسـلتُ لهـا رسـالة نصيـة وسـألتُها عـما تبحـث عنـه.

كان ردهـا السريـع "٥٠٠٠". كنـت مرتبـكًا. سـألتها عـما كانـت تعنيـه بــ "٥٠٠٠". ردت قائلـة: "لـك ولي". مـرة أخـرى، لم أفهـم. سـألتها مـاذا تعنـي بــ "٥٠٠٠". اسـتخدمت إصبـع السـبابة والإبهـام لتشـكل دائـرة ودفـع إصبـع السـبابة الآخـر مـن خلالهـا. مـن ذلـك، اشـتبهت فيـما تعنيـه. فقـط للتأكـد، أرسـلت لهـا رسـالة نصيـة "الجنـس". ابتسـمت وأومـأت برأسـها. كنـت سـعيدًا لأننـا تواصلنـا، لكننـي كنـت مرتبـكًا بعـض الـشيء، ربمـا لأننـي كنـت في وضـع غـير مألـوف حيـث كنـت أواجـه التفـاوض عـلى خدمـات جنسـية لأول مـرة في حيـاتي.

أرسـلت رسـالة نصيـة سـألتها عـن العملـة التـي تسـتخدمها؛ هـل هـذا لمـدة عـام أم شـهر؟ انفجـرت ضاحكـة. ولم تتوقـف. اعتقـدت أنهـا فقـدت عقلهـا. في نفـس الوقـت، كنـت قلقًـا مـن أن أسـئلتي كانـت دليـلًا واضحًـا عـلى سـذاجتي وأننـي مبتـدئ جـدًا في اللعبـة. بمجـرد أن اسـتعادت نفسـها، أرسـلت لي رسـالة نصيـة

قائلة "لليلة" و"درهم". (الدرهم الإماراتي هو العملة الرسمية للإمارات العربية المتحدة).

قمتُ بسرعة بالتحويل على هاتفي المحمول. الـ ٥٠٠٠ درهم الإماراتي التي طلبت مني دفعها لمدة ساعتين ذلك المساء كانت تعادل ١٧٠٠ دولار كندي أو ١٤٠٠ دولار أمريكي. فكرت، يا إلهي. هذا تقريبًا راتبي الأسبوعي. حتى لو كان ٥٠ دولارًا، لم أكن سأمضي الليل معها، لذلك رفضت بأدب. تركتني وشأني بنظرة خيبة أمل.

لم يمض وقت طويل، حتى اقتربت مني سيدة أخرى. على عكس الأولى، بدت هذه المرأة أكثر كأنها سيدة أعمال. كانت الطريقة التي قدَّمت نفسها بها مثل وكيلة عقارات أو بائعة أثاث. بدت محترفة وترتدي ملابس على هذا النحو. دخلت في محادثة عابرة معي. أرادت أن تعرف بشكل أساسي من أكون وما أفعله من أجل لقمة العيش. كانت تتحدث الإنجليزية بطلاقة.

عندما ذكرت مهنتي وخلفيتي، سيطرَتْ نظرة من عدم التصديق على وجهها. في أمريكا الشمالية، عند تبادل التحية، ليس من المألوف أن أقابل أحدًا يشك في مهنة أو دور شخص آخر. طلبَتْ بطاقتي التجارية، وأخرجْتُ واحدةً وأعطيتُها لها. أقرَّتْ بذلك وأظهرت نظرة رضا. سألتُها لماذا كانت تشك في أنني لم أكن أقول الحقيقة.

قالت: "ظننت أن تلك الوظائف تقتصر على الأوروبيين أو الأمريكيين. لم أعتقد حتى أنك ستكون أمريكيًا من أصل إفريقي، لأنك لا تبدو مثلهم."

بعد خمسة عشر دقيقة، أشارت إلى فتاة تجلس على الجانب الآخر منا تتناول المشروبات.

"ماذا عن ذلك؟" سألت.

"هل تعجبك؟" أجابت.

مرة أخرى، شعرتُ بالارتباك.

"لم أكن أعرف حتى إنها كانت تجلس هناك حتى أشرت إليها." أضفت، "لا أعرفها، لذلك لا يمكنني تكوين رأيًا حولها."

قالت: "ستعجبك. إنها تعمل لدي. إنها من قيرغيزستان".

كاد أن يتوقف قلبي عن النبض. فهمت أنها "المدام" التي تدير الشبكة.

واصلت الحديث قائلة: "لدي العديد من الفتيات من أذربيجان وكازاخستان وقيرغيزستان وطاجيكستان وأوزبكستان وروسيا".

لم أكن أستمع إلى بقية حديثها.

قلت لها: "من حيث أتيت، أشتري الدجاج واللحوم والأسماك، لكنني لا أشتري النساء، ولن أفعل أبدًا. أنا أب لابنتين وأخ للعديد من الأخوات".

حاولَتْ إقناعي. قدّرتُ جهدها وقدرتها على الإقناع، لكنني لم أكن أريد أيًا من ذلك. اقتربتُ من البار وطلبت من الساقي إعداد فاتورتي. كل ما كان لديّ هو اثنين من صودا جذر الزنجبيل. ثم طلبت مني دفع ثمن مشروباتها لأنني أضعت وقتها في محادثة لا طائل منها. تركت بعض النقود لمشروباتها وغادرت.

زملائي، رجل أمريكي من أصل إفريقي من نورث كارولينا ورجل آخر من الدنمارك، سألوني لماذا كنت أسرع للعودة إلى غرفتي. أطلعتهم على لقاءاتي خلال الساعة السابقة تقريبًا، كيف وجدت الأمر برمته مقيتًا. ضحكوا عليّ.

قال أحدهم: "ماذا تتوقع يا رجل؟ من بين جميع الفتيات اللاتي تراهن

هنا، فإن حوالي ١٢٥ منهن عاهرات". اعتقدت أنهن محترفات ويستمتعن بوقتهن بعد العمل. كنت مخطئًا تمامًا.

حافة الانهيار

قبل تكليفي بالعمل، زرت المملكة العربية السعودية آخر مرة في أوائل الثمانينيات أثناء إقامتي في شمال اليمن. بعد ثلاثين عامًا، العودة إلى البلاد تطلَّبت تحضيرات خاصة. أولًا، كنت قد غيَّرت طريقة تفاعلي مع البشر الآخرين. فقدت الآداب العربية التي اعتدت عليها سابقًا. أصبحت أكثر مباشرة وأقل تسامحًا مع الأحاديث الصغيرة المعتادة قبل الدخول في صميم محادثة العمل. نسيت أيضًا قواعد السلوك المحيطة بالصلاة والتحية. كنت أتصرف كشخص غربي دون أن أمتلك المظهر الجسدي لذلك.

أقمتُ في فندق طوال الوقت الذي عملت فيه في الرياض عاصمة المملكة العربية السعودية. كان معظم موظفي الفندق رجالًا. بينما كان أغلب أقراني يطيرون إلى دبي كملاذ لكسر الروتين، كنت أظل في الرياض لإنهاء العمل. لم أشعر بالحاجة للطيران إلى دبي لاستهلاك الكحول أو الحصول على الخدمات الجنسية. هذا ليس من أنا، والطيران إلى دبي فقط للإقامة في غرفة فندق أخرى لم يستحق عناء وتكلفة السفر ذهابًا وإيابًا.

في عطلات نهاية الأسبوع، كنت أشعر بالوحدة غالبًا. كانت الإناث الوحيدات حولي مضيفات طيران لوفت هانزا كانوا يصلون مرة في الأسبوع، وسرعان ما تعلّمت جدولهم الزمني. يمكنني فقط رؤية شعر المرأة وساقيها عندما يدخلن الفندق لأنه بمجرد دخولهن غرفهن، خرجن لتناول الطعام متشحات بملابس مثل السكان المحليين - مغطيات. ذكّرتني تلك اللحظات بسنوات شبابي في شمال اليمن عندما كنت نادرًا ما أرى وجه امرأة سوى أخواتي.

بدأت أفكر وأتساءل عن تأثير ذلك على الرجال الذين بالكاد يعرفون امرأة، ناهيك عن التفاعل معهم. الحب، الاحترام، والتقدير يتطلب معرفة. كيف يمكننا فهم نصف المجتمع دون دراستهم والعمل معهم؟

عندما أشعر بالملل من العمل في غرفتي بالفندق، كنت أخرج للمشي الطويل. وفي منتصف نزهاتي، كنت أعلق أحيانًا خلال أوقات الصلاة. عند حدوث ذلك، كان المطاوعة، القائمون على تطبيق قواعد الإسلام في السعودية، يمسكون بي أثناء المشي. يقوم المطاوعة بمراقبة الالتزام بقواعد اللباس والفصل بين الجنسين في الأماكن العامة، وما إذا كانت المتاجر مغلقة أثناء أوقات الصلاة. يقومون بفرض المعايير الإسلامية المحافظة للسلوك العام، كما تحددها السلطات السعودية. عندما أصادفهم، أخرج جوازي على الفور وأبلغهم بأنني وصلت للتو من الخارج وأبحث عن أقرب مسجد. غالبًا ما يقودونني إلى أقرب مسجد لأصلي.

من وقت لآخر، كنت أذهب لجري قصير مع أصدقائي في الساعة الرابعة صباحًا، عندما تكون الظروف الجوية أكثر برودة قليلًا. وفي مناسبتين، أخبرنا ضباط الشرطة المحليون بعدم الركض بالشورت والقمصان القصيرة، لأن أرجلنا وأذرعنا كانت مكشوفة. (كشف الأطراف مخالف للأنظمة)

كنا نرد عليهم قائلين: "نحن رجال، فما المانع؟"

فكان ردهم: "إن كشف الأطراف أمام النساء أمر غير مقبول".

مع درجة الحرارة حوالي ٢٥ درجة مئوية (٧٧ درجة فهرنهايت)، كان ارتداء سروال رياضي طويل والسترات مستحيلًا. لجأت إلى الركض داخل المباني، لكن لم أستطع الجري أكثر من عشر دقائق على جهاز المشي.

إذا تم القبض عليَّ برفقة شخص غير عربي، مثل شخص أوروبي أو شمال

أمريكي أبيض، كنت أنا من يتعرض للمضايقة والدفع حولي لأنني عربي وأتحدث العربية. كان السكان المحليون يشعرون بأنه لا يوجد عذر لتقصيري.

وإذا ما صادفتني السلطات الدينية برفقة أجنبي، كأوروبي أو أمريكي، كنت أنا المستهدف باللوم والتوبيخ، بحجة أنني عربي وأتقن لغتهم، وبالتالي لا عذر لي في مخالفة أنظمتهم. ما كان يُفترض أن يكون ميزة تحوَّل إلى عائق لبقائي في المملكة.

وفي الوقت نفسه، كنت أزور كندا كل أربعة أسابيع، إلا أنني كنت أشتاق بشدة إلى ابنتيّ اللتين كانتا دون الثانية عشرة من العمر، فأنا أضيع طفولتهما. وسرعان ما فقد الراتب المُعفَى من الضرائب جاذبيته بالنسبة لي.

مرّت ثمانية أشهر، لم تعد كل من دبي والرياض تجذبانني. وكان احتمال القبض عليّ للعمل في السعودية بدون الأوراق اللازمة أمرًا واقعيًا. وكانت تأشيرة دخولي السعودية مقتصرة على تدريب موظفيّ الشركة من أمريكا الشمالية في مكتب الشركة. والأمر نفسه ينطبق على دبي، حيث كان من المفترض أن أدخل كسائح وأقصر نشاطاتي في مكتب الشركة بتأشيرة قصيرة الأجل. وكانت الشركة تحاول الحصول لي على تصريح عمل/ إقامة في السعودية، لكن العملية كانت ستستغرق ما يصل إلى ستة أشهر. علاوة على ذلك، كان على السلطات الاحتفاظ بجوازي الكندي، ولم أتمكن من مغادرة البلاد إلا بإذن من السلطات.

وببعض النواحي، شعرتُ وكأنني عدت إلى اليمن؛ كل ما كنت أريد الهروب منه كان يعود إليّ. وكانت الحكومة تسيطر عليّ تمامًا. ربما لم يحتفظوا بجوازي لفترة طويلة، ولكن حقيقة أنه بإمكانهم الاحتفاظ به وعدم قدرتي على مغادرة البلاد دون توقيع الحكومة على الأوراق التي تمنحني الإذن

بارقة أمل

بذلك أثار غضبي. وقد ذكّرني ذلك بجميع الأوقات التي اضطررت فيها إلى اللجوء إلى الرشوة ومحاربة البيروقراطية، وغير ذلك، من أجل محاولة العيش حياة طبيعية في اليمن.

كتبت رسالة طويلة إلى رؤسائي لتوضيح مخاوفي ونقاط ضعفي وتوتري بشأن مواصلة العمل في المنطقة بدون الأوراق اللازمة. وبعد ثمانية أشهر بدون أي نهاية تلوح في الأفق، لم يكن لديَّ أي رغبة في المخاطرة بعد الآن. حزمت أغراضي، وسافرت إلى لندن، وانتظرت الرد، متوقعًا عقد عمل وتصريح عمل.

أثناء وجودي في لندن، جلست في فندقي وانتظرت. لم أكن مستعدًا للعودة إلى دبي أو السعودية حتى يتم ترتيب أوراقي. خلال هذا الوقت، اتصل نائب الرئيس لقسم أوروبا والشرق الأوسط بنائب الرئيس في أمريكا الشمالية وأخبره أنني تركت مشاريع بملايين الدولارات في حالة فوضى. بعد حوالي عشرة أيام، استدعاني نائب الرئيس في أمريكا الشمالية إلى أونتاريو للاجتماع معه فورًا.

عند وصولي، اصطحبتني موظفة الاستقبال إلى غرفة الاجتماعات وطلبت مني الانتظار. كنت أنتظر أن يأتي نائب الرئيس للقاء بي. وبدلًا من ذلك، جاء مدير الموارد البشرية. أخذ بطاقتي التعريفية وحاسوبي المحمول وأخبرني بأن وظيفتي أصبحت زائدة عن الحاجة. عرضتُ على الشركة حزمة تسوية وتم فصلي.

لطالما اعتبرت نفسي محترفًا متفوقًا ومجتهدًا في عملي. كنت دائمًا أحصل على تقييمات ممتازة، وأكافأ بمنح وحوافز. لذا، عندما أُبلِغتُ بأن وظيفتي أصبحت زائدة عن الحاجة، شعرتُ بضربة موجعة لذاتي المهنية. فقد كنت أربط قيمتي الذاتية إلى حد كبير بمنصبي الوظيفي، وشعرت بالفراغ التام.

والرجال القادة بطبيعتهم تنافسيون، ويسعون دائمًا للتأقلم. أدركتُ حينها أنني أصبحت في أدنى السلم الاجتماعي بسبب بطالتي. واضطررت إلى فصل بيّن غروري وذاتي المهنية.

على الصعيد الشخصي، شعرتُ بالرفض والتجاهل، وكأن تعليمي وخبرتي لا قيمة لهما. كان لديَّ عائلة لأدعمها وقرض سكني يجب سداده، فجأة وجدت نفسي بلا مصدر رزق. اعتقدت أن الأمر خالٍ من الإنسانية وأنني مجرد قطعة قابلة للاستبدال. لقد بذلت كل جهدي لهذه الشركة على مدار عدة سنوات، وخلال فترة عملي في الشرق الأوسط كنت أعمل سبعة أيام في الأسبوع، سبع عشرة ساعة يوميًا. كنت أحمل الكمبيوتر المحمول معي في المخيم حتى لا أفوت شيئًا. شعرتُ أنني أعطيت الشركة الأولوية القصوى، لكنهم تخلصوا مني ببساطة. لقد شعرت بالإهانة.

الثامن عشر

اليمني في المجتمع الغربي

الطلاق ليس مأساةً حقيقية. المأساة هي البقاء في زواجٍ تعيس، وتعليم الأبناء مفاهيم خاطئة عن الحب. لم يمت أحدٌ قط بسبب الطلاق.

- جينيفر وينر، كاتبة أمريكية.

يُعدُّ الحديث عن اندماج المسلمين في المجتمعات الغربية أكثر راحةً بالنسبة لي من معظم الغربيين. فبصفتي قادمًا من الشرق الأوسط، أعتقد أن لديّ فهمًا جيدًا لكلا الثقافتين. يعتمد الكثير من الغربيين تصوراتهم عن المجتمع الشرقي على ما يشاهدونه في وسائل الإعلام أو الأفلام، والتي تكون بالطبع منحازةً وتصوُّر الفقر والإرهاب فقط. من المفهوم أن يشعر الغرب بالشك تجاه الإسلام والاضطراب في الشرق الأوسط، لكنه يطمس أي حديث متزن.

من المستحيل وضع أفراد المجتمع الشرقي في قالب واحد، حيث قد يكون هناك القليل من التشابه بين الأشخاص القادمين من المغرب والعراق واليمن عدا الدين نفسه. ولكن هناك نقطة مشتركة هي أنه كلما زاد ارتباط الشخص بالإسلام والقيم الثقافية لبلده الأصلي، زادت صعوبة التوفيق بين الحياة في المجتمع الغربي.

من جهة أخرى، يواجه الشخص الذي يبتعد عن القيم الثقافية الإسلامية صعوبات في التكيف مع المجتمع الغربي والحفاظ على التوازن فيه. فمن يمتلك عائلة في الشرق الأوسط ولا يتبع الأعراف الإسلامية يجد نفسه في وسط الصراع. أنا لا أرتبط بالإسلام أو أي دين آخر، ولكنني أرغب في البقاء متصلًا بالمجتمع الذي أتيت منه؛ هذا هو تراثي في النهاية. إنه توازن دقيق - الاحتفاظ بالطعام والموسيقى والقيم الأساسية مع تطوير والحفاظ على

هويتي الفريدة. لا أريد أن أسيء إلى الآخرين، ولكن عليّ أن أكون صادقًا مع نفسي. وقد أثَّرَتْ القيم والأيديولوجيات التي أؤمن بها على عملي وحياتي العائلية في كندا.

يَسألني الكثيرون ممن لا يعرفون تفاصيل خلافاتنا الزوجية غير القابلة للتوفيق عن سبب الانفصال. وقال البعض ممن يعرفوننا قليلًا: "إنها امرأة جميلة وتطهو أطباقًا لذيذة. ماذا تريد أكثر من ذلك؟" هذا هو المنظور اليمني النموذجي. كان جوابي المعتاد هو أن المشاكل الرئيسية في زواجي كانت نابعة من كونه زواجًا مُرتبًا وليس اتحادًا قائمًا على الحب والتوافق. لم تكن تناسب معاييري؛ كنا غير متوافقين تمامًا بسبب الحواجز الثقافية والتقاليد، وعدم التوافق الفكري، وتعارض الثقافة العربية -ثقافتها الأساسية- مع المجتمع الغربي الذي اعتدت عليه منذ زمن. أنا أتحمَّل مسؤولية الانفصال؛ فقد كنت أعلم منذ البداية أن هذا الاتحاد غير متوافق، ومع ذلك دخلت فيه على حساب زوجتي السابقة ونفسي.

إذا اختار المرء التمسك بتقليد الزواج المرتب كما يُمارَس في معظم دول الشرق الأوسط، فعليه البقاء في المجتمعات التي يكون فيها هذا التقليد أكثر ملاءمة. إذا انتهى الأمر بالزوجين في زواج مرتب إلى مجتمع غربي، فربما يكون من الأفضل تجديد الالتزام أو إنهاء الاتحاد. لقد رأيت العديد من الزيجات المرتبة تنتهي بالطلاق بعد انتقال الزوجين إلى بلد غربي بسبب تغيُّر البيئة. بمجرد أن تمتلك المرأة خيارات أكثر، لا يصمد التزامها وزوجها. الأمر يشبه ما حدث للزوج والزوجة في فيلم "ليس بدون ابنتي"؛ تغيَّرت علاقتهما بشكل جذري بمجرد وصولهما إلى إيران، وسيطرت ثقافة الزوج على قواعد سلوكه. في الأساس، بمجرد وصول الزوجين إلى المجتمع الغربي، يصبحون عرضة للانفصال لأن القيم والبيئة التي وحدتهم في وطنهم غير

موجـودة في ثقافتهـم الجديـدة.

عـلى الرغـم مـن أن السـبب الرئيـسي لفشـل زواجـي لم يكـن انتقالنـا إلى الغـرب، إلا أن الانتقــال ســاهم بشــكل كبــير فيــه. أكــدت زوجتــي عــلى عيــد الفطــر الإسـلامي، وتوقَّعَـتْ منـي حضـور صـلاة المسـجد كدليـل عـلى حبـي واحترامـي لهـا. لم يكـن القيـام بذلـك جـزءًا مـن روتينـي.

يرسـل اليمنيـون تحويـلات ماليـة لأفـراد عائلاتهـم في الوطـن. كانـت زوجتـي السـابقة تقـدر للغايـة مقـدار المـال الـذي يمكننـي إرسـاله لعائلتهـا ومـدى تكـراره. أشـعر أنـه ليـس لـدي أي التـزام بإرسـال أي مـال لأي شـخص، حيـث لم أحصـل عـلى شيء ولا أتوقـع أي شيء مـن أي شـخص. حتـى بلغـت الحاديـة عـشرة مـن عمـري، ربّيـت نفسي واعتمـدت عـلى ثلاثـة أشـخاص للبقـاء عـلى قيـد الحيـاة: أنـا، ونفـسي، وذاتي. أرسـل المـال إلى عائلتـي الممتـدة لأننـي أحبهـم وأريـد دعمهـم، لكنهـم لا يطلبـون ولا يتوقعـون ذلـك. وأفضـل أن أضـع بضـع مئـات مـن الـدولارات في تعليـم أطفـالي بـدلًا مـن إرسـال المـال إلى الأشـخاص الذيـن يسـتمرون في توقعـه طـوال حياتهـم. في معظـم الحـالات، تفـترض العائـلات مـن الوطـن أن أولئـك الذيـن أتـوا إلى الغـرب يجمعـون المـال بحريـة، ويجـب علينـا المشـاركة. أقـول لا.

كانـت لـديّ وزوجتـي آراء مختلفـة تمامًـا بشـأن المـال حتـى قبـل أن نتـزوج. بعـد أن حجزنـا ودفعنـا ثمـن قاعـة اسـتقبال لزفافنـا، سـمعت عـن قاعـة أخـرى اعتقـدت أنهـا أفضـل وضغطـت عـليّ لإلغـاء الحجـز الأول وحجـز الثانيـة. أخبرتهـا بـأن عربـون الحجـز الأول غـير قابـل للاسـترداد وأن إلغائـه وحجـز قاعـة أخـرى سـيكون إهـدارًا للـمال. لم نتفـق في ذلـك الوقـت. كنـت متجهًـا نحـو مسـار تصادمـي بسـبب هـذه المسـألة وحدهـا: المـال.

التاسع عشر

القصور الثقافي

لست شرطيًا، ولكنني استجبت ذات مرة مع الشرطة لرجل يبلغ من العمر تسعة وعشرين عامًا اتصل برقم الطوارئ لأن والدته لا تحترمه. قال إنه "لا يستطيع حتى" التحدث معها لأنها تسيء إليه، وأراد من الشرطة التحدث معها وإجبارها على التوقف عن عدم احترامه. كان يعيش في منزلها الجيد إلى حد ما مجانًا منذ أن ترك المدرسة الثانوية.

- إنه حقا رائع لقد فهمت هذا، ملصق إنترنت مجهول.

بالإضافة إلى فترة عملي القصيرة في الشرق الأوسط، قمت بزيارات عدة لقضاء الوقت مع أفراد عائلتي في دول الخليج.

خلال إحدى الزيارات إلى أبو ظبي، عندما كنا أنا وزوجتي وأطفالي نزور أختي شيخة وعائلتها، التقت زوجتي سيدة تدعي أنها من عدن، جنوب اليمن. أصرت زوجتي على مقابلة هذه السيدة وصديقها الفرنسي. كان فهمي أن زوجتي تأثرت كثيرًا بأسلوب الحياة في الإمارات العربية المتحدة لدرجة أنها أرادت مني إيجاد وظيفة حتى نتمكن من الانتقال للعيش هناك. كانت تفكر وتأمل في أن يتمكن هذا الزوجان من مساعدتنا.

ولكن لهذه السيدة والرجل خطة مختلفة. كانا يجريان عدة مكالمات هاتفية لمنزل ابنة أخي خلال الليل ويأتيان إلى المنزل لاصطحاب زوجتي. أثناء انتظار السيدة والرجل خارج المنزل لاصطحاب زوجتي خلال إحدى هذه الزيارات، رأى ابن أخي السيارة وتعرف على أحد الرجال الجالسين في المقعد الأمامي. كان هذا الرجل معروفًا لسلطات الإمارات بتورطه في القوادة

ومشتبه به في الاتجار بالبشر. وكان هذا الرجل أيضًا من اليمن.

لم يرغب ابن أخي في إحداث مشهد، لكنه تحدث مع وجدان، ابنة أخي، عن الأمر. اعتقد أن الطرفين المنتظرين خارج المنزل ربما يكونان معروفين لي. أكدت ابنة أخي، التي كانت مقربة مني وتعرفني جيدًا، أنها لا تعتقد أن لي أي علاقة بهؤلاء الأفراد. جاءت إليّ وسألتني عما إذا كنت أعرف شيئًا عنهم. كما سألتني عما إذا كنت مهتمًا بالاقتراب منهم للاستفسار عن سبب وجودهم وربما اقتراح مغادرتهم. وافقت.

توجهت إلى سيارة مرسيدس ذات الدفع الرباعي وسألت الرجل الجالس في المقعد الأمامي عن سبب وجودهم هناك. في نفس الوقت، ألقيت نظرة إلى المقعد الخلفي ولاحظت ابنتي الكبرى لينا والسيدة اليمنية جالستين في الخلف. قبل أن يتمكن الرجل من الرد علي، بدأت السيدة بالحديث.

"أنا هنا لأصطحب زوجتك وأطفالك. لقد كانت عائلتك قاسية مع زوجتك، لذلك سآخذها للإقامة معي."

"كيف وصلتِ إلى هذا الاستنتاج دون حتى معرفة عائلتي؟" سألتها. "لا ينبغي أن تكون عائلتي مصدر قلق لكِ. نحن وزوجتي وأطفالي في الإمارات لمدة أسبوعين، وسنعود إلى كندا بعد بضعة أيام."

ثم التفت إلى لينا.

"لينا، اخرجي من السيارة."

"لا، لا، هي بخير. يمكنها البقاء في السيارة"، قالت السيدة.

"إنها ابنتي. لينا، تعالي هنا." أجبتها.

أطاعتني لينا. بمجرد خروجها من السيارة ووقوفها معي، تحدثت إلى

السـائق، الفرنـسي.

"اذهب من هنا. لن تنضم إليكم زوجتي وأطفالي لأي شيء تخططون له."

واصلت السيدة الاحتجاج. "لن نغادر هنا بدون زوجتك."

كان هـذا طلبًـا مفاجئًـا ومخيفًـا. كانـت أجـراس الإنـذار تـدق بصـوت عـالٍ في ذهنـي. جمعـت نفـسي بحـزم وأصررت عـلى مغادرتهـم، مؤكـدًا مـرة أخـرى أن عائلتـي ليـس لهـا علاقـة بهـم. أمسـكت بابنتـي وابتعـدت وأغلقـت بـاب المدخـل الرئيـسي خلفنـا وذهبـت إلى الداخـل لأتحـدث مـع زوجتـي.

عندمـا اقتربـت مـن زوجتـي في غرفـة الضيـوف، وجدتهـا تقـوم بتجهيـز حقائبهـا وتسـتعد للمغـادرة مـع الطاقـم المنتظـر بالخـارج.

"طلبـت مـن الأشـخاص في السـيارة المغـادرة، لأنهـم بـدوا أشـخاصًا مشـبوهين"، أخبرتهـا.

"من أين حصلت على هذه المعلومات الكاذبة؟ أنت يتم التلاعب بك."

"عـلى الأقـل أحـد الأشـخاص الذيـن كنـت تتعاملـين معهـم خـلال الأسـبوع المـاضي أو نحـو ذلـك مطلـوب مـن قبـل السـلطات."

"لا أريد أن أسمع هذا."

شـقَّتْ طريقهـا خـارج البـاب واندفعـت للخـارج لمقابلتهـم. بحلـول ذلـك الوقـت، كانـت السـيارة قـد غـادرت بالفعـل. صرخَـتْ وبكَـتْ حتـى اسـتنفدت طاقتهـا وأنهكَـتْ نفسـها، ثـم أغلقَـتْ عـلى نفسـها في غرفـة أخـرى.

طلبـت منـي أختـي الانضـمام إليهـا والعائلـة لتنـاول الإفطـار في صبـاح اليـوم التـالي. سـأل الجميـع عـن مـكان زوجتـي. ذهبنـا لتفقـد الغرفـة التـي قضـت

فيها الليلة، لكنها لم تكن موجودة. كان للمنزل ثماني غرف نوم، فتفقدناها بالإضافة إلى جميع الحمامات. لم يكن لأحد أي فكرة عما حدث لها. سألنا الحارس عما إذا كان قد رآها تغادر المنزل. أخبرنا أنها غادرت حوالي الساعة الثالثة صباحًا مع الأشخاص الذين قادوا سيارة الدفع الرباعي السوداء. طلبَتْ من الحارس إبلاغنا بأن السفارة الكندية قد أخذتها.

بدأَتْ ابنتي البحث عن جميع المكالمات الفائتة على الهاتف، وخاصة أي مكالمات وردت بعد منتصف الليل أثناء نومنا. كما كتبت جميع أرقام الهواتف من المكالمات التي وردت إلى منزلها خلال الأسبوع الماضي أو نحو ذلك.

قمتُ بالبحث عن أرقام هواتف السفارة والقنصلية الكندية.

"صباح الخير. اسمي عادل بن هرهرة. أنا وزوجتي وأطفالي نزور عائلتي في أبو ظبي من كندا. أنا أبحث عن زوجتي، حيث غادرت منزل عائلتي الليلة الماضية وأخبرت الحارس أن شخصًا من السفارة الكندية أخذها حوالي الساعة الثالثة صباحًا. لست متأكدًا ممن يجب أن أتحدث معه حول هذا الأمر."

توقَّفت السيدة على الطرف الآخر لفترة وجيزة وقالت: "لماذا تعتقد أن السفارة تأخذ المواطنين؟"

"لا أعرف. أخبرنا الحارس بذلك فظننت أنه يجب أن أسأل."

قالت: "سيدي، هذا ليس منطقيًا."

"حدث جدال صغير بيني وبين زوجتي الليلة الماضية. غادرَتْ زوجتي المنزل حوالي الساعة الثالثة صباحًا وأخبرت حارس المنزل بأن أشخاصًا من السفارة

الكنديـة أخذوهـا"، كررت.

أكـدت الموظفـة: "السـفارة لا تعمـل بهـذه الطريقـة. لا نحتفـظ بالأفـراد في موقعنـا. ولم نسـمع مـن زوجتـك."

سـألتها: "أيـن يمكـن أن تكـون، ولمـاذا تركـت رسـالة تفيـد بأنهـا ذهبـت إلى السـفارة الكنديـة؟"

"سـيدي، سـأكرر: نحـن لا نأخـذ الأشـخاص مـن المنازل لمجـرد خـلاف عائـلي بسـيط." قالـت: "لـو كنـت مكانـك، لمـا أبلغـت السـلطات المحليـة."

زادني التحذيـر مـن تحديـد مـكان زوجتـي باسـتخدام وسـائل أخـرى وعـدم إبـلاغ السـلطات ارتبـاكًا وخوفًـا.

"لمـاذا لا ينبغـي لي الاتصـال بالسـلطات؟ يجـب أن أفعـل ذلـك في حالـة حـدوث شيء لزوجتـي. بالإضافـة إلى ذلـك، توجـد رضيعـة تبلغ مـن العمـر سـبعة أشـهر مـع زوجتـي."

أصرت الموظفـة مـرة أخـرى: "لا تبلـغ السـلطات المحليـة. إذا فعلـت ذلك، فسـيتم ترحيـل زوجتـك ولـن يُسـمح لهـا بالعـودة إلى الإمـارات العربيـة المتحـدة أبدًا."

لم أكـن أحقـق أي تقـدم، لـذا أعطيـت الهاتـف لوجـدان. تحدثنـا لفـترة وجيـزة، وأعـادت وجـدان الهاتـف إليَّ. تمنَّـت لي موظفـة السـفارة حظًـا سـعيدًا وأنهـت المكالمـة.

كان خيارنـا الوحيـد هـو البـدء في الاتصـال بجميـع الأرقـام التـي وجدناهـا عـلى شاشـة عـرض المكالمات عـلى أمـل أن تكـون السـيدة التي كانـت زوجتـي تتواصـل معهـا قـد اتصلـت. اكتشـفنا أن ثلثـي المكالمـات الـواردة عـلى شاشـة العـرض كانـت مـن رجـال عـرب متزوجـين في الإمارات يتصلـون لطلـب خدمـات

الرفقة. كانت قد اتصلت السيدة بزوجتي باستخدام هاتفيْن محمولين للرجال. تفاجأ الرجلان بتلقي مكالمات منا. كان واضحًا لنا أن السيدة تلعب مع العديد من العملاء.

في حوالي الساعة ٣:٣٠ مساءً، أي بعد حوالي اثني عشر ساعة من مغادرة زوجتي للمنزل، حددنا مكانها والطفلة في منزل إحدى صديقاتها. ذهبت ابنة أخي لاصطحابها. كان هذا الحادث الأكثر خجلًا وإحراجًا وخوفًا بالنسبة لي. كان لدينا يومان فقط قبل المغادرة إلى كندا، وكانت تلك أطول ثمانية وأربعين ساعة بالنسبة لي، منتظرًا لمعرفة ما إذا كانت ستحدث حادثة أخرى محرجة ومخيفة أمام عائلتي. وفقًا للثقافة العربية والدين الإسلامي، ما فعلته زوجتي كان تجاوزًا لكل الحدود، منتهكًا جميع الأعراف والتقاليد وإظهار عدم احترام كبير لعائلتي.

بالإضافة إلى ذلك، هؤلاء الأشخاص الذين وثقت بهم لم يكونوا جديرين بثقتها. وضعوها في موقف حيث تعاملت فقط مع رجل آخر للحظة، لكنهم التقطوا لها صورًا ثم أرسلوها لابتزازها، قائلين إنهم سيظهرون الصور علنًا ليبدو الأمر كما لو كانت تتصرف بشكل غير لائق.

في يومنا الأخير في أبو ظبي، جلب لي أبناء أختي العديد من الهدايا، وبينما كنت مشغولًا بحزم أمتعتي للعودة إلى كندا، جاءت أختي إلى غرفتي وتأكدت من عدم وجود أحد بالجوار.

"أخي، أنا قلقة. لا أعتقد أن زوجتك مدركة للخطر المحتمل لهذا الموقف. يبدو أنها لا تفهم بروتوكولات القيم الثقافية للعائلة التي أقامت معها. أقترح عليك الانتباه جيدًا لرفاهية بناتك وأولوياتهن. لا أعتقد أنها تهتم بشؤونهم والله معك."

الله معك يعني "الله معك. الله يباركنا جميعًا بالنجاح والصحة، والسعادة، والصبر، والقوة. تحقيق كل أحلامك وعيش الحياة التي حلمت بها دائمًا. الله يباركك بالنصر في هذه الحياة والحياة الأبدية أيضًا. آمين!" قصدت: "الله يباركك بشجاعة هائلة للدفاع عن الإنسانية طوال حياتك."

كنت مندهشًا من قدرة أختي على قراءة زوجتي والتوصل إلى مثل هذا الاستنتاج، وكنت محرجًا. أبناء وبنات أختي قريبون مني سنًا، لذلك أختي، أمهم، أكبر عمرًا. طوال الوقت الذي كنا فيه في الزيارة، كنت حريصًا على إظهار احترامي لها، لكن الطريقة التي تصرفت بها زوجتي في الرحلة كانت عارًا كبيرًا.

❖❖❖❖

بعد عشر سنوات من زيارتي لأختي شيخة في هذه الرحلة، تلقيت مكالمة في كندا من الإمارات العربية المتحدة تُخبرني أن أختي قد توفيت. بكيت مثل الطفل -بكيت لأنني لم أتمكن من الحضور عند وفاة أي من أخواتي الأكبر سنًا- هند والشيخة.

بدأت أسترجع ما أخبرتني به الشيخة - أنه يجب أن أحصل على الدكتوراه لأنها كانت تعلم أنني توقفت عن التعليم في درجة الماجستير. في التقاليد الحضرمية، يجب أن يكون الأولاد رجال أعمال ناجحين أو علماء في الشؤون الدينية أو يحققون أعلى مستوى تعليمي، وهو درجة الدكتوراه. لم أكن رجل أعمال ثريًا، ولم أكن متدينًا أيضًا، حيث إنني لا أصلي ولا أصوم. لذلك، أرادت مني الحصول على الدكتوراه لتحقيق مكانة اجتماعية أعلى.

تأملت في نصيحتها بضرورة الاهتمام ببناتي حيث كنت مُطلَّقًا في ذلك الوقت وأتعلم كيفية التربية والولاية المشتركة.

على الرغم من فقدان أختَيَّ ونتيجة لوفاتهما، انتهى بي الأمر إلى علاقة أوثق مع ابنة أخي. ملأت وجدان الفجوات التي خلفتها وفاة أختي، وكانت لطيفة بما يكفي لمنحي أقراط أختي للاحتفاظ بها قيمة عاطفية. على الرغم من التحاقي ببرنامج الدكتوراه، إلا أن الطلاق وترتيبات حضانة الأطفال كانت أولوية. انتهى بي الأمر إلى عدم متابعة الدكتوراه كما كانت تأمل أختي، لكنني وفيت بوعدي بشأن نصيحتها بشأن كيفية معاملة بناتي وبذلت قصارى جهدي لرعايتهن.

سمر

في تلك الرحلة إلى أبو ظبي، كنا عائلة مكونة من أربعة أفراد. كانت ابنتي الثانية، سمر، طفلة خلال تلك الرحلة.

على الرغم من أنني كنت أعلم أن زواجي لن ينجح، إلا أنني شعرت أن لينا بحاجة إلى أخ أو أخت، لذلك وُلِدَتْ سمر عام ٢٠٠٣.

أردتُ أن يحمل طفلي الثاني اسمًا سهلًا وذا معنى لكل من الثقافتين الغربية والشرقية. كلمة "سمر" لها العديد من المعاني: عطر الصباح الباكر، والريح، والهواء، والخالق. في اللغة العربية، يعني "سمر" مقدسًا، أو مرحًا، أو مخلصًا، أو ساحرًا. الدلالة أقرب إلى الرائع أو ممتاز أو المثالي. في اليمن، غالبًا ما نقرن هذا الاسم بمحادثة وقت غروب الشمس.

وبالطبع، الصيف موسم جميل في ألبرتا!

بارقة أمل

ليست بجريمة

في أحد أيام الأحد، وصلَتْ زوجتي إلى منزلنا في كالجاري حوالي الساعة الحادية عشرة والأربعين دقيقة مساءً برفقة طفلتينا اللتين كانتا تبلغان من العمر أحد عشر وخمسة أعوام. لم تكن هذه هي المرة الأولى التي تأتي فيها إلى المنزل متأخرة جدًا مع الطفلتين، وقد أجرينا بالفعل العديد من المناقشات حول هذه المسألة. طلبت أن يتم إطعام الطفلتين وتنظيفهما ووضعهما في السرير في وقت معقول.

كانت لديها عادة يصعب عليها تغييرها، وهي التجول بين بيوت العرب للزيارة. خلال هذه الزيارات، كانت النساء في الغالب يأكلن ويرقصن ويتسامرن في الطابق الرئيسي، بينما يُترك الأطفال غالبًا دون مراقبة في القبو أو الغرف الأخرى. كانت ابنتي الكبرى تخبرني باستمرار عن الضربات والركلات التي كانت تتعرض لها من الأطفال الأكبر سنًا المشاغبين خلال هذه الزيارات. حاولت أيضًا لفت انتباه زوجتي إلى هذا الأمر واقترحت تقليل عدد الزيارات وترك الطفلتين معي عندما تذهب في هذه النزهات. كان من المهم بالنسبة للعائلات والأطفال العرب الاختلاط حتى يتمكن الأطفال من تعلم اللغة العربية، والحفاظ على الثقافة. لم نرَ القضية بنفس الطريقة، وكان لدينا فهم مختلف لتأثير هذه الزيارات على طفلتينا.

عندما دخلوا المنزل في ذلك الأحد ليلًا، عانقت الطفلتين وطلبت منهم تنظيف أسنانهم والذهاب إلى الفراش. بالنسبة للينا، كان يوم الإثنين يوم مدرسي، لكنها لم تنه واجباتها المنزلية، وعلمت أنه بعد ليلة متأخرة كهذه، ستواجه صعوبة في الاستيقاظ مبكرًا للمدرسة. كان هذا النمط المعتاد بعد هذه النزهات، ولم أكن سعيدًا بذلك. بينما كنت أجهز الطفلتين للنوم،

كانت زوجتي على الهاتف تنهي المحادثة التي لم تتمكن من إنهائها خلال زيارتها.

بمجرد أن وضعت الطفلتين في السرير، اقتربت من زوجتي لمحاولة فهم سبب صعوبة الالتزام باتفاقنا بشأن الطفلتين باستمرار. ذكرَتْ أن الكبرى لم تكن قد أنهت واجباتها المنزلية، وهو ما كان نمطًا منذ عدة سنوات.

"لا أستطيع مساعدتها في واجباتها المنزلية والتدخل في نمط حياتهما، لأنكِ تأخذين الطفلتين في كل مكان. يبدو أن الأولوية هي لقاءاتكِ الاجتماعية على حساب طفلتينا وعائلتنا."

قالت: "لقد انتهيتُ منك، سأترك المنزل مع الطفلتين. أريد أن أفعل ما أريد. أنا حرّة، وأنا كندية."

"المسألة ليست حول حريتك أو كونك كندية، بل حول رفاهية طفلتينا. كنتِ لعدة سنوات تكررين أنك حرة وكندية. لا أعتقد أنك تدركين معنى أن تكوني كندية. أيضًا، هناك التزام تجاه حريتك. الاثنين ليسا متناقضين." أضفتُ: "لقد كنتِ عنيفة معي، ضربتِني على وجهي، وتصرخين عليّ بلغة بذيئة ومسيئة، وهددتِ بطردي من المنزل. لقد بقيتُ هادئًا وصبورًا معك لأنكِ ربما تمرين بظروف نفسية، وكان لدي الأمل في أن تتخلصي من سلوكك الطفولي."

قالت: "تبًا لك!" وأمسكت بالهاتف واتصلت بالشرطة.

ذهبتُ إلى غرفة النوم. في غضون إحدى عشرة دقيقة، وصل ضابطان شرطة إلى الباب. سمعتهما يتحدثان مع زوجتي. بعد فترة وجيزة، طلبا التحدث معي. عندما غادرتُ غرفتي وتوجهت نحو المدخل، تبعني أطفالي، حيث لم يكونا قد ناما بعد. أمرتهما بالعودة إلى غرفهما. تظاهرا بالذهاب لكنهما عادا واختبآ بين ساقي ويستمعان إلى ما يحدث.

_____ بارقة أمل

كان الضابطان رجلًا ذا بشرة سمراء وأنثى بيضاء. سألتني الضابطة: "ماذا يحدث هنا؟"

قبل الإجابة على سؤالها، سألتُ الضابط إذا كان لديها أطفال.

بدلًا من الرد على سؤالي، قالت: "سيدي، أنا هنا للتعامل مع المسألة الأسرية، وليس للإجابة على سؤالك. سؤالك ليس له علاقة بالمكالمة."

سألت: "من فضلك؟"

قالت: "لدي اثنان." "كم العمر؟"

"سبعة وخمسة"، أجابت.

"هل هما في السرير الآن؟" سألت. "من الأفضل أن يكونا كذلك، على الأقل بحلول الساعة السابعة مساءً."

"يمكنني الآن الإجابة على سؤالك، يا ضابط"، قلت. "وصلَتْ زوجتي إلى المنزل منذ حوالي عشرين دقيقة مع طفلتينا. لقد أجرت زوجتي وأنا العديد من المناقشات واتفقنا على إطعام الطفلتين واستحمامهما ووضعهما في السرير مبكرًا. الآن بعد منتصف الليل. الفتاتان ما زالتا مستيقظتين ولم يستحما. كما أن واجباتهما المنزلية لم تكتمل. سألتُها فقط لماذا يستمر هذا يحدث أسبوعًا بعد أسبوع لسنوات. أرادت اصطحاب الطفلتين ومغادرة المنزل، لكنها لم تخبرني إلى أين وماذا سيحدث للطفلتين. ثم قلت: يمكنكِ المغادرة، لكن الطفلتين لن يذهبا إلى أي مكان الليلة. لذلك اتصلت بالشرطة."

اقتربت الضابطة الأنثى من لينا، ودخلت إلى إحدى غرف النوم، وبقيَتْ حوالي خمس دقائق، ثم خرجت.

نظرَتْ إلى زوجتي وقالت لها: "سيدتي، لم يهاجمك، ولم يمنعك من مغادرة

المنـزل، ولم يسِـئْ إليـكِ بـأي شـكل مـن الأشـكال. هـل لديـكِ وسـيلة نقـل إلى المـكان الـذي تخططـين للذهـاب إليـه؟"

أجابت زوجتي: "لدي سيارة."

"إذن يمكنكِ المغادرة، لكن يجب أن تبقى الطفلتان في المنزل."

صرخت زوجتي: "أريد أن أُطلَّق منه! اعتقدتُ أنكم ستطردونه من المنزل!"

قالـت الضابطـة: "مـدام، يتـم اسـتخدام رقـم الطـوارئ في حـالات الطـوارئ التـي تهـدد الحيـاة فقـط. إذا اخـترتِ الطـلاق مـن زوجـك، أوصي بالاتصـال بمحـامٍ وليـس بالشرطـة."

غادر الضابطان المنزل.

❖❖❖❖

في وقـت لاحـق، اكتشـفتُ أن إحـدى صديقـات زوجتـي، التـي كانـت مـن اليمـن أيضًـا، اسـتفزت زوجهـا لضربهـا ثـم اتصلـت بالشرطـة. تـم طـرد الرجـل مـن المنـزل واعتقالـه بتهمـة العنـف الأسري. عندهـا أدركـت لمـاذا كانـت زوجتـي تلجـأ إلى العنـف معـي في بعـض الأحيـان. كانـت تأمـل أن أتـصرف بـرد فعـل عنيـف، وفي هـذه الحالـة، سأُطرد مـن المنزل. عـلى الأرجـح، كان سـيتم إصـدار أمـر تقييـدي بحقـي. كنـت سـأواصل دفـع الرهـن العقـاري ودعـم الطفلتـين والمزيـد مـن الأمـوال وأنـا أعيـش في قبـو شـخص مـا. ومـع ذلـك، فقـد تعاملـتُ مـع العديـد مـن المواقـف الصعبـة، مـما سـاعدني عـلى التحكـم في نفـسي في المواقـف المحتدمـة، لذلـك حافظـت دائمًـا عـلى ضبـط النفـس. عـلاوة عـلى ذلـك، لسـت مـن النـوع الـذي يـضرب النسـاء.

يواجـه بعـض اللاجئـين الرجـال القادمـين مـن بلـدان لا تتحـدث فيهـا النسـاء ردًا

على أزواجهن يجدون صعوبة في رؤية زوجاتهم يتغيرون بشكل جذري في المجتمع الغربي. على سبيل المثال، بالنسبة للرجل العربي، أن تصفعه امرأة يُعتبر أمرًا مهينًا؛ يفضل الموت على ذلك.

تستثمر الحكومة الكندية الكثير من المال في التدريب وتحسين اللغة وتقديم المساعدات الأخرى للمهاجرين، ولكن هناك فجوات. لا يفهم بعض المهاجرين النظام القانوني؛ على وجه التحديد، لا يفهمون بالضرورة أن رقم الطوارئ مخصص للحالات الطارئة التي تهدد الحياة فقط.

تريد بعض النساء المهاجرات أن يكن مستقلات مثل النساء الغربيات لكنهن يفشلن في فهم التزاماتهن. ناضلت النساء الغربيات للحصول على حق التصويت، والرواتب المتساوية للرجال مقابل نفس العمل، والمعاملة المتساوية في المنزل والعمل. كما أن النساء الغربيات على دراية كاملة بالتزاماتهن في المجتمع. شاركتُ في الأعمال المنزلية وعملتُ في مكتب. كنت أساعد في رعاية الطفلتين، وأقودهما إلى الأنشطة الرياضية، وعملتُ بجد للحفاظ على مستوى جيد لعائلتي. العديد من النساء في الشرق الأوسط يعرفن فقط حقوقهن وليس مسؤولياتهن. إنهن يرون في إعالة الطفل تدفقًا للإيرادات وليس ما هو مخصص له.

في الإسلام، كل ما تكسبه المرأة هو لها، وكل ما يكسبه الزوج يشاركه. في معظم الأحيان، لا تعمل النساء خارج المنزل. تقتصر أدوارهن على البقاء في منازلهن وضمان تغذية الأطفال وتنظيفهم وإكمال واجباتهم المدرسية. الأب هو المعيل، لكن تربية الطفل الناجح تُترك للأمهات، والأمهات في اليمن وإثيوبيا على حد سواء يأخذن الدور بجدية. عندما يكمل الأطفال الجامعة، تحصل الأمهات فقط على الفضل.

أرادت زوجتي وصديقاتها استخلاص ما هو أفضل بالنسبة لهن من الثقافتين الغربية والشرقية. بقين في المنزل بدلًا من العمل لكنهن أمضين وقتهن في مراكز التسوق، والأكل، والزيارات، والتسوق. تركن الأطفال يركضون بدون رقابة ولم يقرؤوا لهم أو وضع إطار المناسب لهم لتطويرهم وتعليمهم.

هذا لا يعني أن جميع العائلات الإسلامية أو العربية كذلك، ولكن غالبية كبيرة من المهاجرين العرب هم كذلك. هناك أيضًا أولئك العائلات التي يعمل كلا الزوجين في وظائف متعددة لإعالة أطفالهم، ولكن لا يستطيعون العثور على وقت الكافي لقضائه مع أطفالهم. يحاولون، ولكنهم غير قادرين على ذلك. أطفالهم، المولدون في المجتمع الغربي، يتحدثون الإنجليزية بطلاقة، ولكن يفتقرون إلى مفردات اللغة الإنجليزية المتطورة. عندما علّقت مدرسات بناتي على هذه المشكلة في وقت مبكر، كنت أفترض تلقائيًا أن المعلمة عنصرية. ولكن من خلال تجربتي على مر الوقت، أرى أن مثل هذه التعليقات دقيقة. هؤلاء الأطفال الذين لم يتمكنوا من الاندماج أو النجاح أكاديميًا انتهى بهم الأمر في تجارة المخدرات. كان ذلك أكبر خوفي لأطفالي.

بمرور الوقت، شعرت أنه بدلًا من قبول اختلافاتنا ومحاولة العمل من خلالها، أرادت زوجتي المنزل والأطفال لكنها أرادتني أن أخرج من حياتها وحياة بناتي. أصبحنا كالماء والزيت. هذا لا يعني أنها كانت سيئة. كنا فقط مختلفين للغاية. علاوة على ذلك، سمحتُ بالكثير من سلوكها، حيث اعتقدت أنني أفعل الشيء الصحيح من خلال السماح لها بالتكيف مع الثقافة الكندية بطريقتها. كانت فتاة ساذجة ومنغلقة تبلغ من العمر تسعة عشر عامًا عندما تزوجتها وفتاة تبلغ من العمر واحدًا وعشرين عامًا بدون خبرة مع العالم الخارجي عندما انتقلنا عبر العالم. تم دفعها

بسرعة كبيرة إلى تغيير مهم وضخم في الحياة. وعلى مدار اثني عشر عامًا، كنا نتباعد بشكل كبير.

أردتُ إنهاء الزواج بسلام وقلت لزوجتي: "لقد انتهيت، وسأطلب الطلاق."

قالت: "بالتأكيد"، لأنها كانت تبحث عن طريقة للخروج من الزواج.

العشرين

تربية المراهقين

لدي ثلاث بنات، لذا لا يمكنني أن أكون صارمًا كما أريد. عندما يكون لديك أطفال -وخاصة البنات- يعرفن كيف يستغللنك. هن أذكى منا بكثير، هذا مؤكد. لكنني سأكون أكثر صرامة مع أصدقائهن الشباب.

- تيم ماكجرو، مغني موسيقى الكانتري.

يمكن أن يكون التعامل مع المراهقين تحديًا حتى عندما يكون هناك والدان يتفقان دائمًا حول كيفية تربيتهم. تتعقد الأمور بشكل أكبر عندما يتصارع الوالدان، خاصة عندما يشعر أحدهما أن الآخر لا يجب أن يكون له أي حقوق في التربية. المراهقون بارعون في استغلال الفجوات والتناقضات بين الوالدين.

في حالتي، انتهى بي الأمر إلى أن أكون الراعي الأساسي لطفلتَيَّ. كان تربية ابنتَيَّ دون أن أفقد عقلي عندما لم يكن لديَّ دعم شريكي السابق تحديًا كبيرًا.

عندما كنت في اليمن، سمعت ذات مرة حكيمًا يقول: "أبناؤك نسخة منك". لطالما أقلقني مثل هذا التعليق، لأنني كنت طفلًا صعبًا. وأنا أعلم أن كل بنت ستتفرع وتصبح شخصًا مختلفًا مستقلًا على المدى الطويل. لقد تشكلت شخصياتهما في فترة المراهقة بشكل خاص من جيناتهما والوقت الذي قضياه معي ومع زوجتي السابقة. وقد وضعنا أنا وزوجتي السابقة أمثلة مختلفة تمامًا لابنتينا.

في عـام ٢٠١٠، عندمـا قررنـا إنهـاء زواجنـا، كانـت لينـا تبلـغ مـن العمـر ثلاثـة عـشر عامًـا ونصـف، وكانـت سـمر تبلـغ مـن العمـر سـبعة أعـوام. لم أكـن أثـق بقـدرة أمهـا أو أحـترم حكمهـا في تربيـة ابنتـين. كان للقـدوة والتأكيـد تأثـير كبـير عـلى علاقتـي بشريـكي السـابق. شـعرت، مـع كامـل الاحـترام لزوجتـي السـابقة، أن كلمـة "نحـن" تحوَّلـتْ إلى "أنـا". شـعرتُ، طـوال إجـراءات الطـلاق، أن تفاصيـل الاتفـاق كانـت كلهـا حـول طريقـة لإشـباع احتياجاتهـا الخاصـة بـدلًا مـن إيجـاد مـكان نضـع فيـه أنفسـنا في الغالـب مـن أجـل مصلحـة الطفلتـين. كان لهـذه الكارثـة تأثـير خفـي رهيـب عـلى ابنتنـا المراهقـة.

أنت لا تملك أي حقوق

بـين سـن السادسـة عـشرة والثامنـة عـشرة، اختـارت لينـا عـدم زيـارتي أو قضـاء أي وقـت في منـزلي، بينـما كنـا أنـا وزوجتـي نتجـه نحـو الطـلاق. لم تكرهنـي لينـا، لكنهـا لم تحـب قواعـدي. شـعرَتْ أننـي شـخص متحكـم يرفـض كل شيء. ارتكبـتُ العديـد مـن الأخطـاء؛ كنـت مهووسًـا بالقواعـد أكـثر مـن اهتمامـي بأسـباب وضـع هـذه القواعـد. لم أكـن قـادرًا عـلى التواصـل معهـا أو الاسـتماع إليهـا. كمهنـدس بالمهنـة، كنـت دائمًـا أبحـث عـن إصـلاح المشـكلة بطريقـة عمليـة.

مـع تزايـد التوتـر والمواجهـة والصعوبـة في علاقتنـا، وكلـما زادت التوتـرات والمواجهـات بيننـا وكلـما زادت مقاومتهـا لي، بـدأت تخيـلاتي تخـرج عـن السـيطرة. كلـما انفصلـت وابتعـدت عـن حياتهـا، زاد تسـاؤلي وقلقـي بشـأن مـا يحـدث. كان اهتمامـي الرئيـسي هـو أنهـا لـن تحقـق نتائـج جيـدة في المدرسـة ولـن تتمكـن مـن إكـمال المدرسـة الثانويـة، ناهيـك عـن الذهـاب إلى الجامعـة. لم أصـدق أنهـا سـيكون لهـا أي مسـتقبل كأقليـة أنثويـة بـدون تعليـم جيـد. كانـت وجهـة نظـري انعكاسًـا لخـوفي وحالتـي الذهنيـة أكـثر مـن كونهـا انعكاسًـا للمسـاحة التـي

كانت فيها ابنتي، لكني لم أكن أعرف ذلك حينها.

على الرغم من معرفتي بأن البوصلة الأخلاقية وغيرها من المواقف في زواجي كانت تسير في الاتجاه الخاطئ، إلا أنني لم أفكر في الحصول على مساعدة مهنية. اعتقدت أنني يمكنني إصلاح كل شيء فقط لأنني شعرت أنني على الجانب الصحيح.

لكن ماذا يعني أن تكون على الجانب الصحيح على أي حال؟ فكرت في كيفية التعامل معي كطفل. لم يعجبني الطريقة التي كنت أتعامل بها ولم أرغب أبدًا في تطبيق أي من العقوبات القاسية التي تعرضت لها: الضرب والصراخ والتحقير أو شيطنة الطفل. في نفس الوقت، لم يكن لدي خبرة في التأديب السليم.

غيَّرَتْ زوجتي السابقة عنوان لينا على سجلها الطلابي دون علمي، لذلك لم أكن أتلقَّى تقارير المدرسة. عندما فشل التواصل المباشر بيني وبين زوجتي السابقة، اخترت الاتصال بلينا مباشرة. توسلت إليها وأقنعتها بلقائي على فنجان قهوة. في هذا اللقاء، وضعْتُ قائمة بالتجاوزات وعدم الاحترام التي أظهرَتْها خلال الأشهر الثمانية عشر الماضية. فقدتُ رؤية حقيقة أن اهتمامي الوحيد في ذلك الوقت كان عدم قدرتي على الاطلاع ومراجعة تقرير درجاتها المدرسية. عندما عدنا إلى موضوع تقرير المدرسة، قالت: "بما أنني لا أقيم في منزلك، ليس لديك الحق في الاطلاع على تقرير درجاتي". كيف يمكنني أن أجادل بهذا المنطق؟

وسائل التواصل الاجتماعي

جعلني وجود ابنتين إنسانًا أفضل مما يمكن أن تفعله تجربتي الحياتية وتحصيلي العلمي. لست متأكدًا، لكن وجهة نظري حول المرأة ربما كانت قد تشكلت بشكل مختلف لو كنت أبًا لأبناء. لذلك، فإن وجود الفتيات كان أكبر نعمة وأكثر عامل مساهم دائم في حياتي البالغة.

ومع ذلك، لم يأتِ التعلم والتحسين الشخصي بدون ثمن. يفترس العالم النساء، كما يتضح من الوضع في الإمارات العربية المتحدة مع زوجتي ومتاجري البشر.

في عام ٢٠١٠، كحامي طبيعي، بدأت في قراءة كل ما يمكنني العثور عليه حول إساءة معاملة الأطفال، ومغتصبي الأطفال، والاختطاف، والتحرش. كنت دائمًا في حالة قلق زائد عن اللزوم، وغالبًا ما كنت قلقًا دون داعٍ. في بعض الأحيان، لم أستطع النوم بناءً على ما رأيته أو سمعته أو افترضته. عندما سجلت لينا حسابًا على فيسبوك، بدأت في قراءة كل المخاطر المحتملة لوجودها على وسائل التواصل الاجتماعي. كنت أعرف أنني لن أتمكن من منعها من الوجود عليه، حيث يمكنها بسهولة استخدام حساب صديقتها أو إنشاء حساب باسم مستعار. اخترت الانضمام إلى فيسبوك ومراقبة أنشطتها عبر الإنترنت.

اعتقدت سمر أن فيسبوك مخصص للبالغين الأكبر سنًا، بما في ذلك أختها، التي تكبرها بستة سنوات ونصف فقط. لذلك، اختارت الانضمام إلى إنستغرام وسناب شات بدلًا من ذلك. فعلت ذلك أيضًا. بالإضافة إلى مراجعة منشورات وسائل التواصل الاجتماعي الخاصة بهم، استخدمت خلفيتي في هندسة الحاسب لتتبع جميع حركة المرور الشبكي لتحديد المواقع التي

بارقة أمل

يزورهـا الأطفـال. لم أجـد شـيئًا، لكننـي لم أتوقـف عنـد هـذا الحـد. غالبًـا مـا كنـت آخـذ هواتفهـم المحمولـة في السـاعة العاشرة مسـاءً وأحتفـظ بهـا طـوال الليـل.

بعـد أن بـدأت مراقبـة حركـة الإنترنـت، اتصـل بي مديـر مدرسـة لينا المتوسـطة وأراد التحـدث معـي عـن ابنتـي. جـاء الاتصـال في منتصـف النهار أثنـاء وجـودي في العمـل. أول مـا خطـر ببـالي أنهـا كانـت في خطـر أو مصابـة. اعتـذرت عـن العمـل وهرعـت إلى المدرسة.

أخبرني المديـر أن ابنتـي كانـت تخـوض محادثة نصيـة غير مناسـبة مـن السـاعة ١١:٣٧ من الليلـة السـابقة، واسـتمرت حتى مـا بعـد منتصـف الليـل. وأوضـح أنه سـيكون مـن الصـادم بالنسـبة لي قـراءة المحادثـة. كان يمسـك هاتف ابنتـي بيـده بينمـا كان يتحـدث معـي.

بعـد أن انتهـى، طرحـت عليـه سـؤالين: كيـف اكتشـف الأمـر، وكمديـر مدرسـة وربمـا كأب، مـا النصيحـة التـي يمكـن أن قدمهـا لي للتعامـل مـع هـذا الأمـر.

أشـار المديـر إلى أن الفتى الـذي كانـت تتحـدث معـه ابنتـي كان لديـه محادثـات مشـابهة مـع فتـاة أخـرى في المدرسـة. وقـد أبلـغ والـدا الفتـاة المدرسـة عـن المشـكلة. ثـم اقـترب المديـر مـن الفتى لمصـادرة هاتفـه والتعامـل مـع الأمـر. بينمـا كان يتصفـح محادثـات هاتـف الفتى، اكتشـف محادثـة مشـابهة مـع لينـا. قـرأ المديـر جميـع المحادثـات. كنـت أفكـر، لمـاذا يريـد قـراءة كامـل محادثـات هـؤلاء المراهقـين؟ قـررت الاحتفـاظ بتلـك الفكـرة لنفسي.

ثـم ناقشـنا بشـكل أكبر تأثـير العـالم الإلكـتروني على حيـاة أطفـال اليـوم، بمـا في ذلـك التنمـر الإلكـتروني والجنـس والتربيـة وأدوار الوالديـن والمـدارس في التعامـل مـع مثـل هـذه القضايـا. مـا اسـتخلصته مـن هـذه المحادثـة هـو أن شـباب اليـوم

لديهـم نوعـان مـن الشـخصيات: شـخصية عـبر الإنترنـت وشـخصية حقيقيـة وجسـدية معروفـة لنـا كآبـاء. يعامـل الطـلاب أقرانهـم بشـكل أقـل إنسـانية واحترامًـا عنـد التعامـل مـع بعضهـم البعـض عـبر الإنترنـت مقارنـة بالشـخصي. (يمكـن قـول الـشيء نفسـه عـن البالغـين، عـلى مـا أظـن!) عـبر الإنترنـت، يميـل الطـلاب إلى أن يكونـوا مبتذلـين وقاسـين وأقـل اهتمامًـا بمشـاعر الشـخص عـلى الطـرف الآخـر مـن لوحـة المفاتيـح. عـلاوة عـلى ذلـك، فـإن المـدارس والآبـاء غـير مسـتعدين للتعامـل مـع المضايقـات.

عـلى الرغـم مـن أن المديـر طلـب منـي قـراءة سلسـلة محادثـة ابنتـي مـع الفتـى، إلا أننـي اخـترت عـدم القيـام بذلـك. كان يـوم الجمعـة بعـد الظهـر، وكان الوقـت يقـترب مـن نهايـة اليـوم الـدراسي، وقمـت بتوصيـل لينـا إلى المنـزل. وفي هـذه العمليـة، تحدثـت معهـا عـن الأمـر - خاصـةً، كـم كان محرجًـا بالنسـبة لي.

سألتني: " هل الأمر كله يتعلق بك؟"

توقفّت وفكّرت، إنها على حق.

اعتـذرتُ. ثـم بـدأتُ أسـألها عـن سـبب مشـاركتها في هـذا النـوع مـن التفاعـل والـدروس التـي يمكـن أن تتعلمهـا منـه.

أولًا، كانـت مسـتاءة لأن المديـر قـرأ جميـع المحادثـات عـلى هاتفهـا مـع جميـع الطـلاب وورطهـا في المشـكلة. ثانيًـا، جادلـت بـأن الحـادث وقـع خـارج المدرسـة ولا ينبغـي أن يكـون مـن شـأن المديـر. ثالثًـا، كانـت غـير راضيـة بـأن المديـر أبلـغ الوالديـن، لأن هـذا الأمـر كان بـين الأصدقـاء والزمـلاء. اعتقـدَتْ أنـه كان غريبًـا أن يناقـش تفاصيـل محادثتهـم عـبر الإنترنـت معـي. لم تفكـر في الأمـر فحسـب، بـل ناقشـت أيضًـا مـع أقرانهـا أنهـم يعتقـدون أن المديـر غريـب وأن مـن غـير المقبـول التحقيـق في الرسـائل عـلى هواتفهـم المحمولـة التـي تـم تبادلهـا خـارج

ساعات الدراسة.

أدَّت تعليقاتها بطريقة ما إلى تخفيف تركيز أسئلتي عليها. كما أنها خفضت قلقي بشأن صورتي - الصورة الذاتية التي أردت أن أبنيها كأب جيد يربي طفلًا حسن السلوك. أردت أن أفتخر بها، لكن سلوكها أحرجني. جعلني تعليقها أدرك أن هذا الموقف لم يكن متعلقًا بي. وضعت جانبًا غروري وركزت عليها -أو بالأحرى على أفعالها- ومع ذلك، كنت حائرًا من النقاط الثلاثة التي طرحَتْها. قررتُ التعامل مع الأمر بالموافقة على أنها لا ينبغي للمدير قراءة كل شيء وطرح تلك الأسئلة المحرجة. ثم عدتُ للإصرار على أن تخبرني بالدروس التي تعلَّمتها أو كان يجب أن تتعلَّمها. كما أبلغتها أنها ستكون ممنوعة من الخروج لمدة أسبوع بدون الوصول إلى هاتفها.

كأي مراهقة عادية، تجاهلتني ولم تعر أسئلتي اهتمامًا. أخبرتني أنها لا تستطيع الانتظار للعودة إلى منزل والدتها بعد يومين (كان الأطفال يتنقلون بين منزلي ومنزل والدتهم). كنت منزعجًا من موقفها المتجاهل تجاه الدراما بأكملها. لم أستطع التوقف عن العودة إلى جعل الأمر عني، واستمررت في القول لنفسي، لقد تركت عملي قلقًا عليها. ثم جاءت الأخبار السيئة في مكتب المدير والآن انظر إلى موقفها.

احتفظت بالهاتف معي. لكني لم أرغب في قراءة المحادثة. لم أعتقد أنه من المناسب لي القيام بذلك. كنت خائفًا أيضًا مما سأكتشفه في المحادثة وأنها قد يزيد من انزعاجي أو، الأسوأ من ذلك، تستفزني لأقول لها شيئًا. مع معرفة شخصيتي، لن أنسى ذلك أبدًا. سيطاردني لبقية حياتي. أقنعتُ نفسي بنسيان المحادثة. بعد كل شيء، كم يمكن أن تكون سيئة؟ فكرت. إنها مجرد كلمات.

في الوقت نفسه، بدأت أتساءل عما إذا كان يجب عليَّ قراءتها لمنع المزيد من الضرر. واصلت سؤال نفسي: هل كانوا يتحدثون عن أفعال انتحارية؟ أم إنهم يخططون لارتكاب جريمة؟ ماذا يمكن أن يكون؟

لم أستطع أن أنسى تحذير المدير: "ستُصدم عندما تقرأها".

ما الذي يمكن أن يكون صادمًا بالنسبة لي؟ هل تحدثوا عن الجنس والحياة الجنسيّة؟ هل تبادلوا صورًا عارية؟

كنت في حالة غضب واضطراب، لكنني اخترت عدم معرفة أي شيء عن الأمر.

في اليوم التالي، تلقيت اتصالًا من زوجتي السابقة تطلب مني توصيل الطفلتين إليها. كان ذلك يوم السبت، أي قبل يوم من الموعد المتفق عليه، حيث كنا نتبادل الطفلتين عادةً يوم الأحد. كنا قد انفصلنا منذ حوالي عامين في ذلك الوقت، ولم تطلب مني زوجتي السابقة توصيل الطفلتين مطلقًا خلال تلك الفترة. في معظم الأحيان، عندما كنت أوصل ابنتَيَّ إلى والدتهما، لم تكن موجودة في المنزل. لم يكن هذا الطلب منطقيًا بالنسبة لي، لكنني لم أفكر كثيرًا في الأمر وقررت أن آخذ الطفلتين إليها.

بينما كنت أقف عند باب زوجتي السابقة، أخبرتها بأنه من الأفضل أن تحجز موعدًا مع مدير المدرسة للاستماع إلى تفاصيل الحادثة التي وقعت في المدرسة وقراءة سلسلة المحادثات (إذا اختارت ذلك). اقترحتُ عليها مناقشة الموقف مع لينا وفرض العقوبة التي أعتزم تطبيقها كإجراء تأديبي (حرمانها من الهاتف لمدة أسبوع). كانت لينا قد اتصلت بزوجتي السابقة عبر الهاتف الأرضي، وشرحت لها موقفها بشأن العقوبة، وطلبت المساعدة لاستعادة هاتفها.

لم أكن على علم بالتواصل الذي حدث بين طليقتي ولينا بين بعد ظهر الجمعة وصباح السبت. كان الرد الفوري الذي تلقيتُه من زوجتي السابقة هو "اذهب إلى الجحيم". استدارت واستدعت لينا وأعطتها الهاتف المحمول. لم يكن الفرق بين أساليبنا التربوية أكثر وضوحًا مما كان عليه في تلك اللحظة.

غادرت دون أن أنطق بكلمة أخرى.

الحيض

تُعفى المرأة المسلمة الحائض من صوم رمضان وفقًا للقرآن الكريم. ويُحرِّم كل من الإسلام واليهودية الجماع مع المرأة أثناء فترة الحيض. وفي إثيوبيا، لا يزال الحديث عن الحيض يُعتبر من المحرمات، ونادرًا ما يُناقش أو يُدرَّس في المدارس. وهذا يؤدي إلى وصمة عار وخجل للعديد من الفتيات، الأمر الذي يزداد سوءًا بسبب صعوبة الحصول على المنتجات الصحية مثل الفوط الصحية والتامبون. لقد نشأتُ وأنا أتعلم أن النساء يشكلن خطرًا أثناء فترة الحيض، وسمعت الناس يستخدمون أسماءً مهينة للإشارة إلى الدورة الشهرية للمرأة.

أنا نتاج سنوات تكويني والتعاليم التي تلقيتها في إثيوبيا وشمال اليمن. لم أتناقش أو أتعلم أي شيء يؤهلني للتعامل مع هذا الموضوع. وكان التعامل معها مع ابنتَيَّ مجالًا جديدًا بالنسبة لي.

في أحد عطلات نهاية الأسبوع، أثناء تسوقي مع بناتي، اتصلت بي زوجتي السابقة لإبلاغي بأن لينا بدأت الدورة الشهرية قبل بضعة أشهر. قالت: "هي لم تكن تريدني أن أخبرك بذلك، لكن يجب أن تشتري لها الفوط

الصحيـة أثنـاء التسـوق."

قلت: "حسنًا"، وواصلت التسوق.

لم يمـضِ أكـثر مـن خمسـة عـشر دقيقـة حتـى اتصلـت بي زوجتـي السـابقة مـرة أخـرى لتذكـرني بالفـوط الصحيـة.

قلـت لهـا: "أنـا مـدرك أننـي مشـتت الذهـن، لكـن لا داعـي لتذكـيري كل عـشر دقائـق".

واصلتُ التسوق. وكان مع ابنتَيَّ فتاتان أخريان في نفس العمر أيضًا.

انتهيت من التسوق وقفت في طابور الدفع عند الخروج.

رن هاتفي مرة أخرى. كانت زوجتي السابقة للمرة الثالثة.

يا لروعة!

كانـت نصـف البقالـة عـلى الحـزام الناقـل آنـذاك، وكان العديـد مـن العمـلاء يصطفـون خلفنـا. اسـتدرت بسرعـة إلى الفتيـات الـلاتي كُـنَّ خلفنـا أيضًـا، وقلـت للينـا: "اذهبـي وأحـضري حفاضـات السـيدات".

سألتني: "أي حفاضة؟"

توقَّـف كل شيء! توقَّفـت أمينـة الصنـدوق التـي كانـت سـيدة عـن كل شيء. كانـت السـيدات اللـواتي كـن يصطففـن خلفنـا ينظـرن إليَّ.

سألت أمينة الصندوق لينا: "ما حجم الفوط الصحية التي تحتاجينها؟"

تمتمت لينا بإجابتها.

ضغطت أمينة الصندوق على زر.

بارقة أمل

وقالـت بصـوت عـالٍ عـبر الميكروفـون: "هـل يمكننـي الحصـول عـلى علبـة تحتوي عـلى ٣٦ فوطـة صحيـة فائقـة الرقـة مـع أجنحـة عنـد صنـدوق الدفـع رقـم ثلاثـة مـن فضلـك؟" الآن يعـرف الجميـع في المتجـر أن ابنتـي بحاجـة إلى هـذه الفـوط!

لم أحـرج نفـسي فقـط، بـل أهنـت ابنتـي وكشـفت عـن قلـة فهمـي واحترامـي لأبسـط حـدث طبيعـي.

نشـأتُ بـين أخـوات وزوجـات أبي، ولكـن معظـم الرجـال لا يرغبـون في التحـدث عـن الـدورة الشـهرية. يحمـرون خجـلًا عندمـا يقـول شـخص مـا "الـدورة الشـهرية" أو "حيـض" ويتجنَّبـون التحـدُّث عـن الأمـر بـأي ثمـن. كانـت أخـواتي وزوجـات أبي يتصرفـن بنفـس الطريقـة. ويعـود ذلـك إلى عـدة عوامـل مختلفـة تـتراوح بـين عـدم الرغبـة في قـول الـشيء الخطـأ إلى الشـعور بالحـرج بسـبب نقـص المعرفـة والعـار الثقـافي المحيـط بالـدورة الشـهرية. كل هـذه الأمـور يجـب أن تنتهـي. ويمكـن أن ينتهـي ذلـك مـن خـلال التعليـم والرغبـة في التحـدث وارتـكاب الأخطـاء.

اسـتغرق الأمـر فـترة (دورة) (ولا أقصـد التلاعـب بالألفـاظ!)، لكننـي اضطـررت إلى التعلُّـم والنمـو. عـلى الرغـم مـن أن لينـا لم تكـن منفتحـة معـي في هـذا الصـدد -ربمـا لأننـي أهنتهـا بشـكل لا يمكـن إصلاحـه! - إلا أن سـمر تذكّـرني بصراحـة بتقلبـات مزاجهـا وغالبًـا مـا تمنحنـي تحذيـرًا مسـبقًا عندمـا تعـرف أن موعدهـا قـد اقـترب. لقـد أصبحـتُ رجـلًا أفضـل وإنسـانًا أكـثر اطلاعًـا ومعرفـة.

الدونات
(الكعك الدائري)

أميل إلى شراء سيارات جديدة وأعطي السيارة القديمة لأولادي عندما أفعل ذلك. عندما بلغت لينا الثامنة عشرة والتحقت بالجامعة، اشتريت سيارة جديدة وأعطيتها سيارتي القديمة. بمجرد أن تخرجت من الجامعة، وحصلت على وظيفة، واشترت لنفسها سيارة جديدة، قمنا بتمرير السيارة القديمة إلى سمر. بدأت سمر بقيادة السيارة برخصة المتعلم بينما كانت والدتها أو أختها الكبرى أو أنا في السيارة.

في نوفمبر ٢٠٠٨، تلقيت اتصالًا هاتفيًا من شرطة كالجاري أثناء تقديمي عرضًا تقديميًا في العمل. سألني الضابط عما إذا كنت أعرف مكان سيارتي.

قلت: "في الطابق السفلي في موقف السيارات". سألني: "هل أنت متأكد؟"

"نعم. قدتها هذا الصباح إلى العمل".

أدرك الضابط أنني ربما كان لدي سيارات متعددة وسألني عما إذا كنت أملك أكثر من سيارة واحدة.

قلت: "نعم".

"هل تعرف مكان جيب شيروكي موديل ١٩٩٨ الخاص بك؟" "مركونة أمام منزلي".

قال بسرعة: "سيدي، وجدنا سيارتك داخل باب الكنيسة ونبحث عن ابنتك للتحدث معها".

تجمَّدت في مكاني. على عكس المكالمة من مدير المدرسة حول لينا، هذه

بارقة أمل

المرة، وضعت هاتفي على مكبر الصوت، وكان زملائي يسمعون المحادثة. شعرت بالحرج قليلًا ولم يكن لدي خيار سوى العودة إلى المنزل.

كنت أعرف موقع الكنيسة، حيث إنها داخل مجتمعنا. بمجرد وصولي إلى الموقع، بدأت أتحدث مع الضابط للحصول على مزيد من المعلومات. كان ثمانية فتية في سن المراهقة تتراوح أعمارهم بين أربعة عشر وستة عشر عامًا قد أخذوا السيارة في جولة وبدؤوا في صنع لفات دائرية في موقف سيارات الكنيسة. فقد السائق السيطرة على السيارة بسبب الجليد واصطدم بالباب الرئيسي للكنيسة، مما أسفر عن أضرار كبيرة لكل من المبنى والسيارة. عندما اصطدمت السيارة بالكنيسة، فر المراهقون. اتصل الجيران الذين شاهدوا الحادث بالشرطة.

لاحظتُ أن الشرطة ألقت القبض على سائق السيارة، وكان الصبي جالسًا بالفعل في المقعد الخلفي لسيارة الدورية.

بينما كنت لا أزال أتحدث مع الضابط، سألني عن مكان سمر. لم تكن في السيارة عندما وقع الحادث. الحمد لله لم يحدث شيء للأولاد. شعرت بالارتياح لمعرفة أن الضرر الوحيد كان للممتلكات وليس للأشخاص. أرادت الشرطة معرفة ما إذا كانت ابنتي قد أعطت مفاتيح السيارة للأولاد طواعية أم إن السيارة قد سُرقت.

في تلك اللحظة، كان والد السائق يحاول فتح سيارة الشرطة وضرب ابنه على ما فعله. عندما أدرك الرجل أن الأبواب مغلقة، بدأ يصرخ على ابنه: "سأقتلك! سأحطم رأسك! أنت عديم الفائدة. قلت لك أن تبقى بعيدًا عن المشاكل!"

استمر في صراخه وتوبيخه بلا توقف!

قمت أنا والضابط بتهدئة الأب. ثم زار ضابط ثانٍ منزلي للاطمئنان على ابنتي. أخبرَتْ سمر الضابط أنها كانت في المنزل طوال الوقت وأعطت الصبي المفتاح عن طيب خاطر.

قال لي الضابط: "السيارة تحطَّمت تمامًا. لا يمكنك المطالبة بأي تعويض لأن ابنتك أعطته المفاتيح طواعية، ولم تكن مسروقة. يمكنك أن تأخذ عائلة الولد إلى محكمة المطالبات الصغيرة".

قلت: "سأرى ما يمكنني فعله حيال ذلك".

ثم اقترب مني والد الصبي، راغبًا في التحدث. كان مسرورًا لأن ابنتي لم تكذب على الرغم من أن أصدقاءها طلبوا منها أن تخبر الشرطة بأن الصبي سرق السيارة لأن التهمة كانت ستكون أكثر شدة على ابنه.

قلت له: "أُفضِّل أن أخسر المال والسيارة على أن تكذب ابنتي على السلطات".

وعد بدفع قيمة السيارة لي، وهو ما فعله بالكامل.

لقد بلغت الواحد والعشرين

عيد الأب، ٢١ يونيو ٢٠١٧. كنت أفكر طوال الأسبوع فيما يجب أن أفعله مع ابنتَيَّ في يوم الأب. قضينا نحن الثلاثة الغداء والعشاء في منطقة بانف وذهبنا للتنزه في الجبال بعد الظهر.

قبل أن نغادر إلى الجبال في ذلك الصباح، ذهبت إلى القبو للبحث عن ألبوم صور. أردت إعداد الصور المجمعة لابنتَيَّ. نادرًا ما أذهب إلى الطابق السفلي. كان المكان الذي توجد فيه غرف نوم ابنتَيَّ ومنطقة ترفيهية

ومرافق أخرى؛ كان هذا مكانهما الخاص. بينما كنت أقف في وسط منطقة الترفيه، ظننت أنني سمعتُ صوت رجل. في البداية، اعتقدت أن التلفزيون يجب أن يكون قيد التشغيل، وحاولت العثور على جهاز التحكم عن بعد لإطفائه. قمت بتشغيل التلفزيون بدلًا من ذلك، لأنه كان بالفعل مغلقًا. شعرت بالارتباك وذهبت بهدوء للتحقق من الحمام وغرفة اليوجا، دون أن أرغب في إيقاظ ابنتَيَّ.

بدأَتْ الأفكار تدور في رأسي وبدأ قلبي يخفق بسرعة. لم أرغب في تصديق ما كنت أفكر فيه. مشيت ببطء نحو باب غرفة نوم لينا. كان صوت الرجل يخرج من غرفتها. شعرت بأن حلقي يجف بسرعة. كنت لا أعرف ما أقوله أو أفعله. جمعت نفسي وهرعت إلى الطابق العلوي لأحضر هاتفي المحمول.

أرسلت رسالة نصية إلى لينا، أسألها عما إذا كان هناك رجل في المنزل. عندما لم أحصل على رد، بدأت بالاتصال بها. لم أحصل على جواب. ثم تساءلت عما إذا كان يجب أن أمسك بسكين وأتجه إلى الطابق السفلي مرة أخرى. بينما كنت أتجه إلى المطبخ لأمسك بسكين جزار كبير، لاحظت ردًا على رسالتي النصية.

قالت ببساطة: "نعم".

"من هذا الشخص، وكيف انتهى به الأمر في المنزل؟"

ذَكَرَتِ الاسمَ. كُنتُ أعرفُ الوَلَدَ، ولكن لم يخطر ببالي أبدًا أنه سيتجرأ على قضاء الليلِ دونَ إذني..

بمجرد تأكدت من سلامتها، ووضعت خوفي من مواجهة الدخيل جانبًا، وجهت انتباهي لدوري كأب.

نادرًا ما أغضب. الطفولة الصعبة التي مررت بها علمتني أن أبقى هادئًا بغض النظر عن الوضع وأن أركز على تجاوز الظروف. ولكن في هذه الحالة، لم أستطع كبح جماحي. لقد أيقظ الموقف الوحش داخلي.

كتبتُ لها رسالة نصية قائلًا: "أريد أن يخرج من المنزل خلال دقيقتين وإلا سأنزل بسكين الجزار".

ردت قائلة: "كان يشرب الليلة الماضية، وأحضرتُه إلى المنزل وسمحت له بقضاء الليلة في سريري. أما أنا، فقد قضيت الليلة في الغرفة الأخرى مع أختي."

لم أهتم بأي عذر أو تبرير قُدم لي.

غادر الفتى المنزل في غضون خمس دقائق.

بعد مغادرته، جلست أنا ولينا على طاولة المطبخ لمناقشة الوضع. قالت لي: "أنا في الواحد والعشرين من عمري وكبيرة بما يكفي لأعرف ما أفعل."

كان ردي هو جملة يقولها كل أب لأولاده في مرحلة ما: "يمكن أن تكوني في الحادية والسبعين. طالما أنكِ تعيشين في بيتي، يجب احترام قواعد بيتي".

ردت قائلة: "أمي تسمح بذلك."

كنت أغلي داخليًا، لكنني تحدثت معها بهدوء عن الحدود والاحترام والسلامة الشخصية.

من حيث أتيت، يمكن للرجل اليمني أن يقتل ابنته أو أخته أو ابنة عمه بسهولة، أو على الأقل يضربها إذا اكتشف أنها تتحدث إلى صبي، ناهيك عن السماح له بقضاء الليل في منزل والديها. بدأت في إلقاء اللوم على طليقتي، حيث شعرت أنها خفَّضت مستوى قواعد الأسرة وفقدت السلطة الأخلاقية

بارقة أمل _____

منذ أن كان أطفالي يعيشون معها.

ثم بدأت في التساؤل: لماذا اتهمت زوجتي السابقة بدلًا من العمل على تحسين علاقتي بابنتي؟

الحادي عشر

تواصل بوسني

"الروابط الخفية هي أقوى العلاقات."

- فريدريش نيتشه، فيلسوف.

في عام ١٩٧٢، عندما كنت في المدرسة الابتدائية، قرأت مجلة تناولت زيارة الإمبراطور هيلا سيلاسي إلى يوغوسلافيا. هكذا تعرفت على البلد وزعيمه الراحل جوزيف بروز تيتو. وكان الملك الإثيوبي أول رئيس دولة إفريقي يزور يوغوسلافيا عام ١٩٥٤.

كانت المجلة مليئة بالصور بالأبيض والأسود، وتناولت القصة العلاقات السياسية والاقتصادية بين البلدين. كما تطرقت التغطية الإعلامية إلى حركة عدم الانحياز، وهي منظمة دولية مكرسة لتمثيل مصالح وتطلعات الدول النامية مثل الهند وإثيوبيا ويوغوسلافيا. علاوة على ذلك، كانت منظمة للدول التي لم تنحَز رسميًا إلى الولايات المتحدة أو الكتلة الشيوعية مثل الاتحاد السوفيتي وسعت البقاء مستقلة.

لم أفهم المعادلات السياسية في ذلك الحين. ومع ذلك، فقد أثارت سيرة تيتو اهتمامي. فقد ولد لأب كرواتي وأم سلوفانية. وبدأت أرى التنشئة المشتركة بين والدين من خلفيات مختلفة أمر طبيعي وليس مختلفًا عن وضعي.

بعد بضع سنوات، بدأت أهتم بمنتخب يوغوسلافيا لكرة القدم (كان يأتي في المرتبة الثانية بعد منتخب البرازيل الذي أحبه). لم تكن تربطني بالبلاد أية صلة، ولا أعرف أحدًا منها. ومع ذلك، كنت أرى أن منتخب يوغوسلافيا

يلعب كرة قدم تشبه إلى حد كبير أسلوب اللعب في أمريكا الجنوبية. كنت أطلق عليهم لقب "الفريق الأمريكي الجنوبي في وسط أوروبا".

بين عامي ١٩٩٧ و١٩٩٨، أثناء إقامتي في كالجاري، التحقت زوجتي بدورة اللغة الإنجليزية لتحسين شهادة الثانوية العامة. كوّنت صداقة مع فتاة تدعى أورانيلا. كانت أورانيلا شابة من البوسنة والهرسك كانت قد فقدت والديها في بداية عام ١٩٩٧. وقد عبرت المحيط وحدها. وبعد فترة وجيزة من لقاء زوجتي، زارت أورانيلا منزلنا، وبدأت أطرح عليها أسئلة حول خلفيتها والحرب التي وقعت في أوائل التسعينيات. كانت شابة ذكية ولديها فهم جيد لما حدث في موطنها.

خلال الحرب، عملت مترجمة لدى اللجنة الدولية للصليب الأحمر، وهي منظمة إنسانية سويسرية. كانت تعمل على لم شمل الأسر، وملفات المفقودين، وتبادل الأسرى. وكلما شاركتنا قصصها، كانت ترويها بشجاعة وعمق. خلال إحدى زياراتها، ذكرت أن والديها كانا على وشك الانتقال إلى كندا، وكانت تتطلع بفارغ الصبر لوصولهما.

وصل والداها في خريف عام ١٩٩٧. طلبت مقابلتهم رغبة في الترحيب بهم في هذا البلد. اعتاد والداها، عصمت ورسيمة، وشقيقها الأصغر، أديس، على زيارة منزلنا في عطلات نهاية الأسبوع. خلال زياراتهم، بدأنا بالكشف عن قصص العقد الماضي ومشاركتها. تحدثنا عن صعوباتنا اليومية كمهاجرين جدد في كندا، وناقشنا الاختلافات الثقافية أملًا في بناء فهم مشترك حول معنى أن تكون كنديًا والعيش في بلد جديد. كما تناولنا في أحاديثنا العديد من الأمور المتعلقة بالحرب والخسارة والصدمات النفسية والحزن الذي عاشته عائلتهم.

٢٣٤

عانـت عائلتهـم مـن خسـارة لا يمكـن تصورهـا. كان أديـس وأليـس توأمـين متطابقـين، وُلـدا في عـام ١٩٨١. وفي عـام ١٩٩٥، وقـع حـادث مأسـاوي وتـوفي أليـس عـن عمـر يناهـز الأربعـة عـشر عامًـا فقـط. فقـد الوالـدان ابنهـما، وفقـد الأشـقاء أخاهـم. بعـد انتقالهـا إلى كنـدا، كانـت أورانيـلا متحمسـة لرؤيـة أخيهـا الأصغـر مـرة أخـرى. اسـتمتعا بصحبـة بعضهـما البعـض وقضيـا الكثـير مـن الوقـت معًـا منـذ إعـادة لم شـملهم في كنـدا. يبلـغ أديـس الآن أوائـل الأربعينيـات مـن عمـره ويعيـش مـع الخسـارة والألم والحـزن؛ غالبًـا مـا يفكـر في أخيـه التـوأم.

كان عصمـت مليئًـا بالطاقـة. كان رجـلًا يريـد بـدء حيـاة جديـدة في كنـدا. أمـا رسـيمة فكانـت امـرأة هادئـة ومركـزة وكريمـة. كان أديـس في الخامسـة عـشرة مـن عمـره وفي المدرسـة الإعداديـة عندمـا وصلـوا إلى كالجـاري. سرعـان مـا تطـورت علاقتنـا مـن مجـرد معـارف عاديـة إلى علاقـة أشـبه بالعائلـة، مـع زيارات متكـررة بيننـا. لاحـظ عصمـت أننـي لم أكـن ماهـرًا في الأعـمال اليدويـة، وعـرض دائمًـا إصـلاح أي مـن أشـياء مكسـورة في منزلنـا. كانـت رسـيمة تعـد دائمًـا وجبـات لذيـذة، وقضيـت أنـا وقتًـا طويـلًا في إصـلاح حاسـوب العائلـة وتثبيـت البرامـج.

حـاول هـو وزوجتـه تهدئـة الأمـور بينـي وبـين زوجتـي، ونصحانـا بمحاولـة إصـلاح الـزواج، قائلـين لنـا: "الـزواج عمـل جـار ومسـتمرٍ". وعندمـا أدركـا أن الأمـر قـد انتهـى ولا مجـال للإصـلاح، وجهـا اهتمامهـما إلى مسـاعدتي في الحفـاظ عـلى صحتـي النفسـية. علمتنـي رسـيمة الطبـخ. كانـا يدعـوان طفلتَـيَّ للمشـاركة في أنشـطة مختلفـة ويـزوران منـزلي لضـمان أنهـما يحصـلان عـلى الرعايـة اللازمـة.

بعـد انتهـاء زواجـي، اسـتمرت صداقتـي مـع هـذه العائلـة البوسـنية. وعـلى غـرار صديقـي الجيولوجـي منـير السـقاف وصديقـي الأسـتاذ الجامعـي لاش، أن الحيـاة ستسـتمر وأن الأمـور سـتكون عـلى مـا يـرام. شـجعني عصمـت عـلى ممارسـة المـشي والجـري للتغلـب عـلى التوتـر. بـدأ يأخـذني للمـشي، واصطحبنـي للجـري

وركوب الدراجات خلال الأشهر الأولى بعد انفصالي، مما ساعدني في الحفاظ على توازني.

قال لي: "نفقد الكثير من الأشياء في حياتنا، ومع ذلك ما زلنا ننجو".

نمى أديس ليصبح محترفًا ذا مكانة مرموقة حاصلًا على درجة الماجستير. تحوَّل من الصبي الذي كنت أعلّمه استخدام الحاسوب إلى رجل أتناقش معه حول الكفاءة الدولية والثقافية. يعمل الآن كمستشار للمهاجرين وأطفالهم. يرى أن تحدياتهم تتجاوز نقص الطعام أو الصعوبة في تلبية الاحتياجات الأساسية. وبدلًا من ذلك، كان يركز على مساعدتهم في بناء الكفاءة الثقافية.

يقول: "الكثير من أبناء المهاجرين لا يعرفون كيفية النجاة في هذه الثقافة". وأكد لي أن عائلتي ليست استثنائية.

الثاني عشر

مداواة الجبال

"ليست الجبال هي التي نقهرها، بل أنفسنا."

- السير إدموند هيلاري، متسلق جبال.

في مارس من عام ٢٠١٦، أفادت مدرسة سمر بأنها تعاني من تراجع أكاديمي، مما أدى إلى نقص الثقة بالنفس وظهور مشكلات سلوكية. طلبت مني إدارة المدرسة نقل سمر من برنامج التعليم الفرنسي. توسلت إلى معلماتها الرئيسيات ومدير المدرسة لإعطائي فرصة للعمل معها لتحسين درجاتها. ووافقوا بعد عناء.

خلال فصلي الربيع والصيف، ونظرًا للبيئة المعيشية في منزل زوجتي السابقة، استمرت سمر في الإقامة بمنزلي معظم الوقت. في ذلك الوقت، كان هناك خمسة أشخاص آخرين يعيشون في منزل زوجتي السابقة: والدها ووالدتها، ووالد شريكها، وطالبان تبادل ثقافي. لم يكن لدى سمر غرفة أو سرير وكانت تنام على الأرض في منزل والدتها ليلًا.

بينما كنت أقضي ساعات المساء مع ابنتي على طاولة العشاء، مساعدًا ومشجعًا إياها على إنهاء واجباتها المدرسية، أخبرتها أنني سأحزم حقائبي وأتحدى نفسي بتسلق جبل كليمنجارو إذا حسَّنت درجاتها.

في ربيع عام ٢٠١٧، تلقَّيت خطابًا من مدرسة سمر يذكر أنها تم اختيارها لجائزة "الطالب الأكثر تحسنًا". شعرت بالفرح وشاركت الخبر مع سمر، وأخبرتها أنني سآخذ إجازة من العمل لحضور الحفل في المدرسة عندما

تتسلم الجائزة.

قالت لي: "أفضل أن أتلقَّى الجائزة على انفراد"، وطلبت مني عدم الحضور إلى المدرسة.

سألتها: "لماذا يا حبيبتي؟"

أجابت: "لا أريد لأي من أصدقائي أن يعرف أنني كنت أعاني أكاديميًا".

وافقت على طلبها واحتضنتها.

بعد لحظة صمت، نظرت في عينيّ وقالت: "إذا كنت أتذكر جيدًا، قلت لي إنك ستتسلق كليمنجارو إذا حدث وتحسَّنت درجاتي".

ثم ابتعدَتْ متجهة إلى غرفتها.

قمة كليمنجارو

كنت أعلم أن كليمنجارو، أو "كيلي" كما يسميها المتسلقون، تقع في إفريقيا، لكنني نسيت جغرافيا المدرسة الابتدائية تمامًا ولم أتمكن من تذكر ما إذا كان هذا الجبل في كينيا أم تنزانيا.

يعد جبل كليمنجارو أحد "القمم السبع" -وهو أعلى قمة في كل قارة من القارات السبع-. قمته هي أعلى نقطة في قارة إفريقيا. كما أنه يُعد أطول جبل قائم بذاته في العالم.

في أبريل من عام ٢٠١٧، ذهبت أنا ولينا إلى بوسطن بولاية ماساتشوستس، للمشاركة في ماراثون بوسطن الـ ١٢١، مما جعل وضعي المالي أقل ملاءمة للسفر إلى إفريقيا لتسلق كليمنجارو.

عندما تخبر أصدقاءك وعائلتك بأنك تخطط لتسلق جبل كليمنجارو، يصبح معظم الناس قلقين على سلامتك.

"ألا يموت الناس هناك؟" يسألون.

يقول أولئك الذين وصلوا إلى القمة إن الشخص المصمم ذا اللياقة البدنية فوق المتوسط يمكنه على الأرجح الوصول إلى قمة كليمنجارو، خاصة إذا كان الإيقاع "بولي بولي"، وهو مصطلح سواحيلي يعني "بطيء" ولكن يُنطق بسرعة. مثل العديد من الكلمات والعبارات السواحيلية، من الممتع إطلاقها على اللسان. خذ لحظة وقلها بصوت عالٍ: بوليبولي!

يتسلق حوالي ٣٠,٠٠٠ شخص كليمنجارو سنويًا، ويبلغ عدد الوفيات المبلغ عنها بين السياح حوالي عشرة سنويًا. هذا يعني أن هناك احتمالًا بنسبة ٠.٠٠٠٣% فقط للوفاة؛ إنه عمليًا نسبة شبه معدومة. بعبارة أخرى، هناك

حالـة وفـاة واحـدة فقـط لـكل ٣,٣٣٣ متسـلقًا.

لم تكـن سـمر كبـيرة بمـا يكفـي لفهـم المخاطـر التـي تنطـوي عليهـا الفكـرة، وبـدأت أفكـر في مـدى فزعهـا إذا حـدث لي شيء في الرحلـة. كنـت قـد وعدتهـا، كيـف يمكننـي أن أكـسر هـذا الوعـد؟ لكننـي كنـت في صراع داخـلي.

هل سأكون واحدًا من بين ٣,٣٣٣؟

❖❖❖❖

كان الوقـت يقـترب مـن الثانيـة صباحًـا عندمـا جـاء الشـخص المكلـف لاسـتقبالي مـن مطـار كليمنجـارو الـدولي في تنزانيـا. كان رجـلًا طويـلًا ذا بـشرة سـمراء يحمـل لافتـة مكتوبًـا عليهـا اسـمي. عندمـا اقتربـتُ منـه، قمـت بتحيتـه وسـألته عـما إذا كان يسـتطيع مسـاعدتي في حمـل حقيبـة السـفر. أخـذت الكثـير مـن معـدات المـشي وملابـس تكفينـي لأسـبوعين، لأننـي كنـت أخطـط أيضًـا للسـفر بـين تنزانيـا وكينيـا وإثيوبيـا في رحلـة سـفاري إفريقيـة.

لم يكـن الرجـل ودودًا عـلى الإطـلاق. ربمـا انتظـرني لأكـثر مـن أربـع سـاعات بينـما وقفـت في طابـور مـع ٣٠٠ شـخص آخـر للحصـول عـلى تأشـيرة الدخـول، وكان مـن الواضـح أنـه تجـاوز موعـد نومـه. الجملـة الوحيـدة التـي قالهـا هـي إنـه كان يتوقـع أن أكـون امـرأة. وذلـك لأن بعـض الأوروبيـين لديهـم اسـم مشـابه مـع اختـلاف في التهجئـة (أديـل، أديلـل... إلـخ).

وانطلقنـا مـن موقـف سـيارات المطـار في الظـلام الدامـس، كنـت في المقعـد الخلفـي للسـيارة. لم نتحـدث عـلى الإطـلاق. كنـت مرهقًـا مـن الرحلـة الطويلـة، وكان هـو أيضًـا منهـكًا بعـد الانتظـار الطويـل. مـن المعلومـات التـي زوَّدَتْنـي بهـا شركـة السـياحة، تذكَّـرت أنـه سيسـتغرق حـوالي خمسـين دقيقـة للوصـول مـن المطـار إلى الفنـدق المحـدد. بـدت هـذه الرحلـة أطـول، عـلى الرغـم مـن أننـا كنـا

بارقة أمل

على الطريق لمدة سبعة عشر دقيقة فقط. واصلت التحقق من الوقت، لكن ساعتي كانت لا تزال مضبوطة على توقيت كالجاري، ومع فارق عشر ساعات، شعرت بالارتباك أكثر.

في منتصف الطريق، بدأت أشعر بالقلق وأسأل نفسي.

لا أعرف هؤلاء الناس. ماذا لو سجلت مع شركة سياحة وهمية؟ كان كل اتصالي عبر الإنترنت، ولم أتحقق مطلقًا مما إذا كانت هذه شركة سياحة صادقة أم مزيفة.

ماذا عن هذا الرجل؟ ماذا لو أخذني إلى موقع ناءٍ لقتلي وسرقتي؟ لن يعرف أحد في العالم أنني كنت معه وحدي. بعد كل شيء، هذه إفريقيا، ويمكن أن يغير ٢٠٠٠ دولار أمريكي نقدًا وملابس ومعدات المشي حياة شخص ما بسهولة هنا.

كنت قلقًا، وبدأت أصدق أن المشهد الذي تخيلته حقيقي. بدأت أفكر في خطط الهروب. خططت للركض.

أنا عدَّاء ماراثون. يمكنني أن أتفوق عليه في الجري.

فكرت أيضًا، انتظر." الأفارقة ولدوا عدائين. قد لا أتمكن من التفوق عليه في الجري!"

فكرت في إخفاء نقودي في جواربي وربما التفاوض على كل ما أملك مقابل أن يتركني حيًا.

بدأتُ أسأل نفسي، "لماذا أنا هنا؟ لماذا لم أنتظر الركاب أو سائحين آخرين لأشاركهم أجرة السيارة الأجرة إلى المدينة؟"

يا له من خيال جامح!

أعادني مطب السرعة إلى الواقع.

اقتربنا من نقطة تفتيش حيث كان الجنود يقفون على جانب الطريق ويفحصون السيارات. في البداية، اعتقدت أن الرجال يجب أن يكونوا زملاءه، وأننا وصلنا إلى المكان الذي سيقومون فيه بسرقتي وربما قتلي. في نفس الوقت، كنت سعيدًا بوجود علامات على الحياة البشرية إلى جانب السائق وأنا.

فحص أحد الضباط السيارة، وبعد أن تحدث لفترة وجيزة مع السائق، سُمح لنا بالمضي قدمًا.

سألت السائق عما كانوا يتحققون منه ولماذا كانوا في ذلك المكان.

"المطار تحت ولاية قضائية مختلفة، ونحن ندخل الآن الولاية القضائية التالية، حيث يوجد الفندق. عندما تعبر السيارات بين الولايات القضائية، يتم تفتيشها دائمًا. نحن الآن في موشي، والفندق على بعد عشر دقائق".

تنفَّست الصعداء.

لن أتعرض للقتل بعد كل ذلك!

بدأتُ أتساءل عن خيالي الجامح. قلت لنفسي، بدأت أتصرف وأشعر كشخص أبيض يخاف من السود! لماذا ظننت أن الأفارقة سيئون؟

بمجرد تسجيل الوصول في الفندق، أخبرني السائق أن الدليل سيكون في بهو الفندق لمقابلتي في الساعة السادسة صباحًا لبدء الرحلة.

كانت غرفة الفندق جيدة. كان بها دش، وقطعة صابون صغيرة، ومنشفة باهتة.

فكرت،" لقد رأيت نُزُلًا أفضل من هذا. إن تسميتها فندقًا مبالغ فيه بعض الشيء".

لكنه كان مكانًا نظيفًا وآمنًا للراحة قبل الرحلة المرهقة.

ربما لأنها كانت نهارًا في كندا، أو ربما بسبب الكافيين الذي تناولته خلال رحلتي التي استمرت ستة وثلاثين ساعة من كالجاري، لم أستطع النوم. تمكَّنت من إرسال رسالة نصية إلى ابنتَيَّ لأخبرهما بأنني وصلت إلى إفريقيا بأمان.

بابو

في الخامس والعشرين من يونيو عام ٢٠١٧، حوالي الساعة الخامسة والنصف صباحًا، توجهت إلى بهو الفندق لمقابلة المرشد، راما. كنت أعلم أنني وصلت مبكرًا، لكن ذلك لم يكن مهمًا لأنني لم أستطع النوم على أي حال، لذلك ربما كان الأفضل أن أكون بعيدًا عن غرفتي وأدرس المناطق المحيطة.

كان هناك المزيد من الأجانب يصلون إلى الفندق. تحدث معظمهم باللغة الإنجليزية، ولكنها لم تكن لغتهم الأم. وبعد تبادل بضع جمل عند مكتب الاستقبال، عاد الجميع سريعًا إلى لغاتهم الأصلية: الفرنسية، والهولندية، والبرتغالية، والألمانية، والكرواتية، والبلغارية، والبولندية.

وصل راما في الساعة السادسة وعشر الدقائق صباحًا ورحب بشابين دنماركيَّيْنِ. سمعتُ محادثتهما وهما جالسَيْنِ على الجانب الآخر من الأريكة التي أجلس عليها. كان قد قابلهما في اليوم السابق. لم يكن راما يعرف كيف أبدو، وقال لهما: "أنا أنتظر هذه الفتاة لتسأل عما إذا كان بإمكانها الانضمام إليكما".

سأل الشابان عن اسمها ومن أين هي.

"إنها كندية، واسمها أديل".

مثل السائق في الليلة السابقة، ظن الجميع أنني أنثى. افترضت مديرة مكتب الجولات السياحية أنني امرأة وأرسلَتْ مذكرة للجميع تخبرهم أنني امرأة. قمت بالوقوف لتصحيح ذلك.

تم وضعي مع شابين ذكيين من الدنمارك: فينسنت وسيباستيان. كانا أبناء عم، وكلاهما في العشرين من العمر. كانت فكرتي الأولى هي كيف سأتمكن من مواكبتهما. قررت شركة التوجيه إبقاءنا الثلاثة معًا من أجل توفير التكاليف والأغراض اللوجستية. وإلا، لكان لدي مجموعة من الحمّالين، ولديهم أيضًا. من خلال الجمع بين فريق الدعم، يمكننا تقاسم النصائح والحصول على قافلة كبيرة.

بعد اجتماع توجيهي، قررنا الاستمتاع بغض النظر عن النتيجة. كان المرشد الرئيسي، راما، والدليل المساعد، حميد، والطباخ، ستيف، بالإضافة إلى اثني عشر حمالًا، مكرسين لنا الثلاثة. تأكدت من أنني أتذكر تلك الأسماء الثلاثة، لأنهم كانوا العناصر الرئيسية بين مساعدينا الخمسة عشر. عندما نظرت إلى الطاقم بأكمله، لم يتجاوز عمر أي منهم السادسة والعشرين. عندما أخبرتهم أنني أبلغ من العمر خمسة وخمسين عامًا، لم يجعلوني أشعر بالشيخوخة فحسب، بل شعرت وكأنني مواطن كبير في السن. أطلق الحمَّالون عليّ على الفور اسم بابو. سألت عن معنى "بابو"، وتبين أنه يعني "الجد". أوضح راما قائلًا: "يعني اسم محترم يُطلق على رجل كبير في السن، كشخصية أبوية مثل السلف".

من تعاليم اليهودية في طفولتي، تذكرت أن الآباء هم إبراهيم وابنه إسحاق

وابـن إسحاق يعقـوب، جـد بنـي إسرائيـل.

سألت: "هل تقصدون أنني قديم مثل إبراهيم، يا رفاق؟"

قلـق رامـا مـن أن أعتـبر الأمـر سـلبيًا وبـدأ بالاعتـذار. أخبرتـه ألا يقلـق؛ سأسـتخدمه كحافـز لـركل مؤخـرات بعـض الشـباب أثنـاء الرحلـة. فضحـك..

طوال الرحلة، كان اسمي بابو.

"هل رأيت أعمدة بابو؟"

"ضعوا خيمة بابو أولًا".

"تأكـدوا مـن تجهيـز المناشـف المبللـة السـاخنة لبابـو ليتمكـن مـن تنظيـف نفسـه في الصبـاح الباكـر ".

أخبرتهـم أخـيرًا: "مـن الأفضـل دائمًـا الاسـتمتاع مـع الجيـل الأصغـر والاسـتماع إلى كبـار السـن، مثـلي".

أعجبهم ذلك!

التغلب على كليمنجارو

اخترنـا طريـق ماشـامي، المعـروف أيضًـا باسـم طريـق "الويسـكي"، وهـو أكـثر الطـرق شـهرة للوصـول إلى قمـة كليمنجـارو. يتميـز ماشـامي بجمالـه الطبيعـي الخـلاب. ولكـن نظـرًا لجدولـه الزمنـي الأقصـر، كان يعتـبر المسـار معقـدًا وشـديد الانحـدار ويعـد تحديًـا كبـيرًا. أخـبرني راما أن هـذا الطريـق أكثر ملاءمة للأشـخاص المغامريـن أو أولئـك الذيـن لديهـم خـبرة في الارتفـاع أو المـشي لمسـافات طويلـة أو التخييـم. قلـت لـه: "ولِمَ لا؟ أعيـش كل يـوم، ولكننـي أمـوت مـرة واحـدة." اخـترت هـذا الطريـق. واتفـق الشـابان الدنماركيـان معـي في الـراي.

يقترب المسار من جبل كليمنجارو من الجنوب، ويبدأ برحلة تستغرق أربعين دقيقة من مدينة موشي إلى بوابة ماشامي. يقود المسار المتسلقين عبر الغابات المطيرة إلى هضبة شيرا، حيث تتقاطع العديد من طرق كليمنجارو. ثم ينحرف طريق ماشامي شرقًا ويمر تحت الحقل الجليدي الجنوبي لكليمنجارو على مسار يعرف باسم "الدائرة الجنوبية" قبل أن يصل إلى القمة من مخيم بارافو. يتم النزول عبر طريق مويكا؛ وهو مسار يستخدم الآن فقط للنزول.

اليوم الأول: من موشي إلى مخيم ماشامي

الارتفاع: من ١٦٤٠ إلى ٢٨٥٠ مترًا / ٥,٣٨٠ إلى ٩,٣٥٠ قدمًا.

المسافة: ١١ كم / ٧ أميال.

مدة المشي: ٤ ساعات.

انطلقنا من الفندق في موشي إلى بوابة ماشامي، وهي رحلة استغرقت حوالي خمسين دقيقة. مررنا خلالها عبر قرية ماشامي الواقعة على المنحدرات السفلى للجبل. بعد وصولنا إلى بوابة الحديقة، بدأنا المشي عبر الغابة المطيرة الكثيفة على مسار متعرج صعودًا على طول الحافة حتى وصلنا إلى مخيم ماشامي.

بمجرد وصولنا إلى المخيم، شعرت بإعياء شديد وتقيأت. كانت الرحلة متعبة للغاية بالفعل؛ فبعد مغادرتي من كالجاري، سافرت لمدة واحد وعشرين ساعة، وتخللتها فترة انتظار من ثلاث إلى ست ساعات في تورونتو وأديس أبابا قبل وصولي إلى مطار كليمنجارو الدولي.

اليوم الثاني: من مخيم ماشامي إلى مخيم شيرا ٢

الارتفاع: من ٩,٣٥٠ إلى ١٢,٥٠٠ قدم.

المسافة: ٥ كم / ٣ أميال.

مدة المشي: ٥ ساعات.

غادرنـا الغابـات الممطـرة وواصلنـا الصعـود إلى قمـة صخريـة شـديدة الانحـدار. مررنـا عـبر "هيـذر"، و"خليـج النباتـات"، والمسـتنقعات المفتوحـة في هضبـة شـيرا، ثـم عبرنـا مضيـق نهـريٍ كبـيرٍ قبـل الوصـول إلى معسـكر شـيرا ٢.

شـعرت بتحسـن كبـير في هـذا اليـوم. تمكنـت مـن التقـاط الصـور وحتـى قضـاء الوقـت في التحـدث مـع سيباسـتيان وفينسـنت. كان كلاهـما يبلـغ طولـه حـوالي سـتة أقـدام. كان فينسـنت أول مـن تحـدث إلي. فينسـنت كان الأكـثر انفتاحـًا وابتسـامًا، بينـما كان سيباسـتيان متحفظـًا، ولكنـه كان مشـاركًا بفعاليـة في المحادثـات.

مـع تقـدم الرحلـة عـلى مـدى الأيـام التاليـة، وجـدت نفـسي محاطـًا بهذيـن الشـابين، أشـارك في محادثـات حـول السياسـة والشـؤون العالميـة الحاليـة وكنـدا والولايـات المتحـدة والأغذيـة المعدلـة وراثيـًا، وأوروبـا، والإسـلام. تسـاءلت عـن مـدى تعليـم وتقـدم هاذيـن الشـابين مقارنـة بأولئـك الذيـن قابلتهـم عندمـا هاجـرت لأول مـرة إلى الولايـات المتحـدة. كانـا شـابين ذكيـين، شـاملَيْنِ، ومتحدثَـيْنِ بلباقـة.

وجـداني أيضـًا مثـيراً للاهتـمام بسـبب خلفيتـي العرقيـة المتنوعـة، والتحاقـي بالجامعـات في الولايـات المتحـدة وكنـدا، قـدرتي في الحفـاظ عـلى لياقتـي البدنيـة في سـن الخامسـة والخمسـين! كـما اعتقـدا أن لـدي منظـورًا أفضـل للحيـاة مـن

معظم الأفارقة والشرق أوسطيين الذين قابلاهما. وبطبيعة الحال، كنت أكبر من آبائهما، ورأياني كشخصية محفزة.

في هذا اليوم، بدأنا تشغيل الأغاني على الأجهزة الموسيقية المحمولة. انضم فينسنت وسيباستيان إلى الحمّالين الأفارقة في دائرة رقص. لم يكونوا يفهمون اللغة السواحيلية، لكنهم كانوا يستمتعون بوقتهم. بينما كنت ألتقط الصور وأسجل مقاطع فيديو قصيرة، أدركت أن رغم الاختلافات في لون البشرة، ومستويات الدخل، والتعليم بين الحمّالين الأفارقة والأوروبيين القادمين من عائلات ميسورة الحال، كان بإمكانهم الاستمتاع بالحياة معًا. كان هناك شيء مشترك بينهم: حركة أجسادهم وفقًا للإيقاع.

اليوم الثالث: من مخيم شيرا ٢ إلى برج الحمم البركانية

الارتفاع: من ٣٨١٠ إلى ٤٦٣٠ متر / ١٢,٥٠٠ إلى ١٥,١٩٠ قدم.

المسافة: ٧ كيلومترات / ٤ أميال.

مدة المشي: ٤ ساعات.

واصلنا رحلتنا نحو الشرق، صاعدين على حافة، ثم اتجهنا جنوب شرق نحو برج الحمم البركانية، وهو تشكيل صخري بركاني شاهق يبلغ ارتفاعه حوالي ثلاث مئة قدم. هبطنا إلى مخيم بارانكو عبر غابة السينيشيو الفريدة الجميلة إلى ارتفاع ٤٢٦٧ مترًا (١٤٠٠٠ قدم). كانت الغابة أشبه بأدغال، مليئة بالنباتات الخضراء الكثيفة والأزهار في كل مكان. عندما كنا ننظر للأعلى من داخل الغابة، كل ما استطعنا رؤيته هو الصخرة البركانية جرداء

بارقة أمل

للجبـل. كان التبايـن بـين الغابـة الكثيفـة الزاهيـة والجبـل الجـاف القاحـل مذهلًا. على الرغـم مـن أننـا بدأنـا وانتهينـا اليـوم علـى نفـس الارتفـاع، إلا أن الوقـت الـذي قضينـاه علـى ارتفـاع أعلـى كان ضروريًـا للتأقلـم السريـع.

شـعر فينسـنت بالمـرض بسـبب الارتفـاع ولم يتمكـن مـن الاحتفـاظ بـأي شيء في معدتـه. رغـم أن الطبـاخ كان يُعِد وجبـات طازجـة يوميًـا مـع مجموعـة متنوعـة مـن الأطعمـة، إلا أن حالـة فينسـنت تدهـورت، وبـدأ في التقيـؤ وأصبح يعـاني مـن الجفـاف. لم يكـن كل مـن سيباسـتيان وفينسـنت مستعدين لمثل هـذا الموقف. لم يحضرا بأدويـة مسكنة للألم مثل أدفيل أو الإمـدادات الطبيـة أو الإلكتروليتـات (المعـادن والأمـلاح الموجـودة في الجسـم، والتـي لهـا شـحنة كهربائيـة). ومع بقـاء يومـين أو ثلاثـة أيـام فقـط قبـل الوصـول إلى القمـة، بـدأت أشعر بالقلـق علـى حالتـه.

في البدايـة، كنـت أعتقـد أن اليـوم الثالـث سيكون أسـهل مـع تأقلمنـا علـى الارتفـاع، لكننـي واجهـت بعـض الصعوبـات أيضًـا. ومـع انتقالنـا إلى ارتفاعـات أعـلى، أصبحـت الليالـي أكثـر بـرودة، وبـدأت أنـام مـع عـدة طبقـات مـن البلـوزات والجـوارب. بـدأت رائحـة الحمامـات السـيئة تزعـج جيـوب أنفـي وتسـبب لي صداعًـا شـديدًا، فبـدلًا مـن اسـتخدام الحمامـات المخصصـة، كنـت أحبس حاجتي حتى منتصف الرحلـة وأختار الاختبـاء خلف الصخور الكبيرة أو أي شيء آخـر يمكننـي الاحتمـاء خلفـه.

أعطتني بناتي ثلاث صخور عندما قررت الذهاب في هذه الرحلة. كل صخرة كانت تحمل كلمة واحدة مطلية عليها: "عِش"، "اضحك"، وأحب". قلن لي، "عندما تذهب إلى الجبل، ارمِ هذه الصخور هناك." سقطت بعض الصخور من جيبي بينما كنت أخرج من خيمتي في اليوم الثالث، مما ذكّرني بالتزامي تجاه بناتي وألهمني بعدم الاستسلام. عندما سقطت، توقفت والتقطتها.

رغم التحديات التي واجهتنا، لم يكن هناك نقص في الضحك أو الموضوعات التي يمكننا الحديث عنها. وكثيراً ما كنا نمر بالعديد من المتسلقين الآخرين الذين كانوا أيضًا في طريقهم إلى الأعلى.

اليوم الرابع: من مخيم بارانكو إلى مخيم كارنجا

االارتفاع: ٣٩٧٦ إلى ٣٩٩٥ متراً / ١٣,٠٤٤ إلى ١٣,١٠٦ قدمًا.

المسافة: ٥ كم / ٣ أميال.

مدة المشي: ٤-٥ ساعات.

بدأنا اليوم بالنزول إلى وادٍ للوصول إلى قاعدة جدار بارانكو. ثم تسلقنا الجرف الشاهق الذي يبلغ ارتفاعه حوالي ٢٧٤ متراً (٩٠٠ قدم)، رغم أنه لم يكن يتطلب مهارات تقنية، ولكنه كان شديد الانحدار. عبرنا سلسلة من التلال والوديان من قمة جدار بارانكو حتى هبطنا بشكل حاد إلى وادي كارنجا. ثم قادنا تسلق أكثر انحدارًا إلى مخيم كارنجا. كان هذا اليوم قصيراً ومخصصًا مرة أخرى للتأقلم مع الارتفاع.

في اليوم الرابع، وصلنا إلى ذروة صعوباتنا، سواء جسديًا أو نفسيًا. لم يكن

فينسنت قد أكل لمدة أربع وعشرين ساعة. استمررتُ في إعطائه مشروبات الإلكتروليت التي أحضرتها معي من كندا، وقد ساعدته، ولكنها لم تكن كافية. تحوَّل سيباستيان من كونه ابن عمه إلى التصرف كأخ. أظهر عاطفة ورعاية لم أرها بين شخصين منذ فترة سجني في أديس أبابا.

رغم أننا لم نناقش الأمر أمام فينسنت، تحدثت مع سيباستيان وراما حول إمكانية إرسال فينسنت إلى القاعدة، حيث كنا متأكدين من أنه لن يتمكن من الوصول إلى القمة. لم نكن نريد أن نخاطر بحياته أو بأي مشاكل أخرى قد تظهر أثناء تقدمنا في الرحلة. سألت عما إذا كان بإمكان الحمَّالين إحضار نقالة محمولة لإجلاء فينسنت بسرعة، الذي أصبح في ذلك الحين غير قادر على المشي بمفرده. كان راما وأنا نميل إلى إعادته مع بعض الحمَّالين ومع حميد، الدليل المساعد.. لكن سيباستيان أراد إشراك فينسنت في الحديث قبل اتخاذ أي قرار. وافقنا.

سألنا فينسنت عن رأيه بشأن العودة إلى المخيم الأساسي، حيث لم يأكل لمدة يومين وبدا ضعيفًا جدًا لمواصلة الرحلة.

نظر إلينا وقال: "لم أقطع كل هذه المسافة لأستسلم في منتصف الطريق. يجب أن أكمل، حتى لو كان ذلك يعني أنني سأموت."

صمتنا جميعًا.

قلتُ لفينسنت، "لديك روح جون ستيفن أخواري من تنزانيا."

سألني: "من ولماذا؟"

أخبرته، "في عام ١٩٦٨، خلال الألعاب الأولمبية الصيفية، أثناء مشاركته في سباق الماراثون في مدينة مكسيكو، في الكيلومتر الـ ١٩، سقط بشدة فأصاب

ركبتـه وخلـع كتفـه عندمـا اصطـدم بالرصيـف. ومـع ذلـك، اسـتمر في الركـض وأكمـل السـباق كآخـر شـخص يعـبر خـط النهايـة. عندمـا سـأله المراسـلون عـن سـبب عـدم استسـلامه، قـال: "لم ترسـلني بـلادي ٥٠٠٠ ميـل لأبـدأ السـباق، بـل أرسـلوني ٥٠٠٠ ميـل لأكمـل السـباق." هـذا أنـت!"

كان سعيدًا جدًا!!

تخلينـا عـن فكـرة إعادتـه. بـدلًا مـن ذلـك، أعطيتـه مـا تبقَّـى مـن مشروبـات الطاقـة التـي أحضرتهـا مـن كنـدا، وأعطتنـا عائلـة أمريكيـة التقيناهـا في مخيـم بارانكـو الكثـير مـن مسـكنات الإمـدادات الطبيـة الأخـرى. اسـتمر رامـا في مراقبـة حالـة فينسـنت ثـلاث مـرات في اليـوم باسـتخدام جهـاز لقيـاس الأكسـجين وسـماعة طبيـة لقيـاس النبـض ودرجـة الحـرارة وضغـط الـدم ومسـتوى الأكسـجين في الـدم. اسـتمر سيباسـتيان في مسـاعدة ابـن عمـه بحملـه أو دعمـه.

اليوم الخامس: من مخيم كارنجا إلى بارافو هات

الارتفاع: من ٣٩٩٥ إلى ٤٦٧٣ مترًا / ١٣,١٠٦ إلى ١٥,٣٣١ قدمًا.

المسافة: ٤ كم / ٢ ميل.

مدة المشي: ٤-٥ ساعات.

قررنا الاستمرار.

خـلال فـترة اسـتراحة الغـداء، سـألنا رامـا عـما إذا كنـا نرغـب في قضـاء الليلـة في مخيـم كارنجـا أو التوجـه مبـاشرة إلى مخيـم بارافـو لتوفـير يـوم. تباحثنـا نحـن الأربعـة، فينسـنت وسيباسـتيان ورامـا وأنـا، حـول مـا إذا كان ينبغـي علينـا الاسـتمرار في المـشي أو قضـاء الليلـة. مـع العلـم بضعـف فينسـنت وتعبـه مـن

دوار الارتفـاع، لم نعتقـد أن قضـاء ليلتـين إضافيتـين قبـل التوجـه إلى القمـة كان يسـتحق ذلـك، عـلى الرغـم مـن حاجتنـا ليـومٌ راحـة إضـافي. قررنـا الاسـتمرار إلى مخيـم بارافـو.

تركنـا كارنجـا واتجهنـا إلى التقاطـع الـذي يتصـل بطريـق مويـكا. واصلنـا الصعـود عـبر المنطقـة الصخريـة إلى كـوخ بارافـو. في هـذه المرحلـة، كنـا قـد أكملنـا الدائـرة الجنوبيـة والتـي قدمـت إطـلالات عـلى القمـة مـن زوايـا متعـددة. مـن هـذا الموقـع، كانـت قمتـا ماونـزي وكيبـو مرئيـة.

أقمنـا المخيـم هنـا واسـترحنا واسـتمتعنا بعشـاء مبكـر للاسـتعداد للانطـلاق نحـو القمة.

أخبرنـا رامـا أنـه سـيوقظنا حـوالي منتصـف الليـل. الانطـلاق في ذلـك الوقـت كان يعنـي أننـا سـنصل إلى القمـة مـع شروق الشـمس. قـام بفحـص حالـة فينسـنت، وذهبنـا جميعًـا إلى النـوم مبكـرًا.

خـلال الرحلـة، في كل مـرة وصلنـا فيهـا إلى مخيـم جديـد، كان الحمَّـالون يصلـون قبلنـا لإعـداد الخيـام، وطهـي وجبـات طازجـة، وغـلي المـاء مـع مناشـف نظيفـة لنتمكـن مـن تنظيـف أنفسـنا. كـما كان الحمَّـالون يحيوننـا بالرقـص والغنـاء. في هـذا اليـوم، لم يشـارك فينسـنت أو سيباسـتيان في الرقـص مـع الطاقـم. بالـكاد أنهينـا وجباتنـا قبـل التوجـه إلى خيامنـا للنـوم.

اليوم السادس: كوخ بارافو إلى القمة

الارتفاع: من ٤٦٧٣ إلى ٥٨٩٥ متراً / ١٥,٣٣١ إلى ١٩,٣٤١ قدمًا.

المسافة: ٥ كم / ٣ أميال.

مدة المشي: ٧ ساعات.

حوالي منتصف الليل، استيقظنا وبدأنا الصعود نحو القمة. كانت هذه أصعب مرحلة من الرحلة، سواءً من الناحية العقلية أو البدنية. كانت الرياح والبرد على هذا الارتفاع وفي هذا الوقت من اليوم شديدة. كانت درجة الحرارة حوالي -٥°م (٢٣° فهرنهايت)، ولكنها كانت تبدو أقرب إلى -٢٠°م (-٤° فهرنهايت) صعدنا في الظلام لعدة ساعات، نأخذ فترات استراحة قصيرة ومتكررة.

قرب نقطة ستيلا (٥٧٦١ متراً / ١٨,٩٠٠ قدمًا)، (كُرِّمنا) بأروع شروق شمس رأيته على الإطلاق، قادمًا من قمة ماونزي. تخيل أن هناك مصباحًا يدويًا ضخمًا موجهًا إلى باب غرفة نومك المغلقة. بمجرد فتح الباب، يضرب الضوء وجهك. إنه نوع خاص من شروق الشمس - يبدو أن الشمس تقترب منك. على ارتفاع منخفضة، يختلف شروق الشمس عن ذلك عند ٥٧٩١ متراً (١٩,٠٠٠ قدمًا). إنه مشرق لدرجة الغشاوة؛ يغطي السماء بأكملها. الشمس تبدو وكأنها فطيرة، ولا يوجد شيء سوى اللون البرتقالي فوق السحاب.

بعد أن مشينا لعدة ساعات نحو حافة الفوهة، رفع شروق الشمس معنوياتي. من تلك النقطة، كانت المسافة إلى قمة أوهورو قصيرة، وهي أعلى نقطة في جبل كليمنجارو وفي إفريقيا. دفء الشمس دفعنا لإنهاء ما خططنا له-الوصول إلى قمة كليمنجارو!

فينسنت، الذي بالكاد كان قادرًا على المشي في اليومين السابقين، استعاد قوته.

صرخ قائلًا: "لقد نجحنا!" وبدأ في البكاء.

لم يكن متأكدًا ما إذا كنا في القمة الحقيقية، وظل يسأل راما، "هل هذه هي؟"

وكان راما يجيب، "نعم، لقد فعلتَها! لقد فعلتَها!"

كان هناك احتفال وفرح لا يوصف! قفزتُ لأعلى ولأسفل من شدة الفرحة، وضحكنا جميعًا كالأطفال.

توقفت عن التقاط الصور. كنت عاجزًا عن الكلام وشعرت وكأنني زومبي. لم أكن قد شعرت بذلك من قبل، لكنني كنت أمشي كانسان آلي - بسبب نقص الأكسجين، شعرت وكأنني أطفو في حالة انعدام الجاذبية. واستمررنا أنا وسيباستيان وفينسنت في الضحك والعناق.

أعطيت الكاميرا إلى راما وطلبت منه أن يلتقط لي صورة عند القمة. سحبت علم كندا من حقيبتي ووقفت بجوار اللافتة التي تظهر ارتفاع القمة.

ظل راما يقول: "عادل، العلم مقلوب."

رأيت شفتيه تتحرك وسمعت صوته، لكنني لم أتمكن من فهم ما كان يقوله. لاحقًا، أدركت أن ذلك كان بسبب نقص الأكسجين الذي وضع عقلي في ضباب.

شعر راما بالإحباط وطلب من الدليل المساعد، حميد، أن يساعدني في قلب علم كندا حتى يتمكن من التقاط صورة لائقة للقمة.

لاحقًا، سألني لماذا لم أكن أحمل علم إثيوبيا أو اليمن.

أخبرته، "أولًا، لم أتمكن من العثور عليهما قبل القدوم إلى كليمنجارو. ثانيًا، رغم أنني ولدت في إثيوبيا وأنا جزئيًا يمني، إلا أن كندا هي البلد الذي منحني الفرصة لأكون هنا."

أعطيته علم كندا والصخور الثلاثة التي أعطتني إياها بناتي لأحملها معي، لابنه المولود حديثًا.

التفتُّ ورفعتُ يدي في الهواء، مواجهةً لشروق الشمس. طلبت من راما أن يلتقط لي بعض الصور. هذه الصور، بالنسبة لي، تلتقط لحظة الشروق الأكثر تميزًا في حياتي. بعد صعود استمر لست ساعات في ليلة القمة، وفي اليوم الخامس من الرحلة، وقفت على أعلى نقطة في إفريقيا، أرض ميلادي.

قمة كليمنجارو ترتفع إلى ٥٨٩٥ مترًا (١٩,٣٤١ قدمًا). هنا، رأينا الشمس تشرق فوق ماوينزي، واحدة من القمم البركانية الثلاثة في كليمنجارو.

اليوم السادس (تابع)، القمة إلى كوخ مويكا

الارتفاع: ٥٨٩٥ إلى ٣٠٦٨ مترًا / ١٩,٣٤١ إلى ١٠٠٦٥ قدمًا.

المسافة: ١٢ كم / ٧ أميال.

وقت المشي: ٤ ساعات.

بعد الوصول إلى القمة، بدأنا في النزول مباشرة إلى مخيم مويكا، مع التوقف في مخيم بارافو لتناول الغداء. كان الطريق صخريًا وشاقًا على الركبتين؛ لذا كانت أعمدة التسلق مفيدة. يقع معسكر مويكا في الغابة العليا، وشهدنا الضباب في فترة ما بعد الظهر، ولكن لم يكن هناك مطر. في وقت لاحق

من المساء، استمتعنا بآخر عشاء لنا على الجبل ونومًا مستحقًا بعد عناء الرحلة.

خلاصة القول

بالنسبة لي، يمكن مقارنة تسلق كليمنجارو بالحصول على درجة الدكتوراه أو الماجستير أو سداد تكلفة منزل باهظ الثمن. شعرت بقدر هائل من الراحة؛ لقد شعرت بأن الوصول إلى القمة إنجازًا عظيمًا.

كان الصعود إلى قمة جبل كليمنجارو مزيجًا من المعاناة والشعور الهائل بالإنجاز-تجربة رائعة تحدث مرة واحدة في العمر. من خلال تسلق الجبل عبر الأنظمة البيئية الخمسة لجبل كليمنجارو، تمتعت مجموعتنا بعرض بصري رائع لحياة نباتية فريدة ومذهلة. رأينا زهورًا ونباتات وأشجارًا قيل لنا إنها لا توجد في أي جزء آخر من العالم.

هل حقًا فعلت هذا؟

كانت مشاعري بعد الوصول إلى القمة متناقضة: شعرت بالكمال والفراغ في نفس الوقت. كنت منهكًا جسديًا وعاطفيًا. لكنني شعرت أيضًا بقدر هائل من الرضا. وأدركت في تلك اللحظة أنه إذا عقدت العزم على فعل شيء ما، أستطيع تحقيقه.

إذا استطعت فعل ذلك، فأستطيع فعل أي شيء. في أي سن وفي أي وقت.

قاد راما، دليلنا الرئيسي، وطاقمه المكون من اثني عشر عضوًا الطريق طوال الرحلة. تم تعيين حوالي أربعة حمَّالين لكل متسلق في هذه الرحلة. حمل الحمَّالون أغراضنا، وطهوا وجبات ساخنة ثلاث مرات في اليوم، وعاملونا مثل أفراد العائلة المالكة من مخيم إلى آخر. ومع ذلك، كانت ظروف عملهم

بائسة. كانوا يتقاضون أجورًا منخفضة ويعملون بلا كلل ويعانون من سوء التغذية. تأكدت من إكرامهم جميعًا جيدًا، ولاحظت أن الصبيين الدنماركيين كانوا سخيين أيضًا.

تسلقنا ٥٠ كيلومترًا (٣١ ميلًا) في اتجاه واحد (صعودًا) للوصول إلى ارتفاع ٥٨٩٥ مترًا (١٩٤٣١ قدمًا) فوق مستوى سطح البحر. لم يتمكن ثلث الأشخاص من الوصول. كنت المتسلق رقم ٨٦٠٧٢٢ منذ أن بدأ المنظمون في تسجيل بيانات المتسلقين، ولم يتلق سوى أولئك الذين وصلوا إلى القمة شهادات.

كانت خطتي الأولية الوصول إلى القمة في ستة أيام والنزول في يومين. حملت العلم الكندي حتى أتمكن من رفعه والتقاط صورة على قمة القمة في يوم كندا، ١ يوليو. ومع ذلك، وصلنا إلى القمة بعد خمسة أيام بدلًا من ستة، أي في ٣٠ يونيو الساعة ٦:٢٣ صباحًا، في الوقت المناسب لمشاهدة شروق الشمس. ببساطة لا يوجد شيء مثله.

الثالث والعشرون

الجبال تلقي بظلالها

لا شيء يُهيِّأ لخلق القلق العميق في النفوس أكثر من الافتراض الخاطئ بأن الحياة يجب أن تكون خالية من القلق.

- فولتون جيه شين، أسقف كاثوليكي أمريكي.

في أحد أيام ربيع عام ٢٠٢١، أرسل لي شخصان رابطًا لقصة إخبارية مع الرسالة التالية: "كم مرة تواجه التمييزالعنصري في الجبال؟"

قرأت المقال. كان مضمونه أن امرأة أسست حركة تسمى "الجبال السمراء". كان هدفها كسر الصور النمطية الشائعة وزيادة الشمولية في الرياضات الخارجية. دفعها إلى القيام بذلك تصريح لها شخص ما في رحلة تسلق أنه نادرًا ما يرى شخصًا أغمق منه على المسارات الجبلية.

أزعجني المقال والحركة ككل. لا أحب أن أرى وسائل الإعلام تركز على الجوانب السلبية للتجربة الإنسانية. معظم الناس طيبون؛ لا يحظى الأشخاص الطيبون بالقدر نفسه من الاهتمام، خاصة في الصحافة، مثل أولئك الذين يثيرون المشاكل. بسبب حبي للجبال والوقت الذي أقضيه فيها، شعرت بالحاجة إلى الرد على المقال: لذلك كتبت رسالة إلكترونية للصحفية.

وصفتُ في رسالتي، إنجازاتي في الجري والتسلق وأشرت إلى خلفيتي المختلطة من أصل إثيوبي وعربي، وشرحت أنني أفتخر ببشرتي الداكنة. كان عليَّ أن أذكر هذا لها حتى تكون لديها بعض السياق والفهم للشخص الذي يكتب لها.

وأضفت أنني أدعم وأشجع أي جهد لجعل الجميع يمارسون أسلوب حياة صحيًا، بما في ذلك التسلق. ومع ذلك، أعارض تحويل جميع الأمور إلى قضايا عرقية. لم أواجه أي معارضة أو تمييز في سعيي لأن أصبح متسابقًا ومتسلقًا أفضل. الحقيقة هي أن عددًا لا يحصى من الناس، بغض النظر عن العرق أو الدين أو حالة الأقلية، قد دعموني ووجهوني للنجاح في مغامراتي الخارجية.

على الرغم من أنني نادرًا ما أكتب أو أشارك في المواضيع السياسية أو الدينية، إلا أنني مجبر على الكتابة إليكم. إذا بقيت صامتًا، سأسيئ إلى أولئك الرجال والنساء الطيبين الذين تفاعلت معهم على مر السنين.

الغالبية العظمى من الناس الذين قابلتهم على مر السنين طيبون، خاصة أولئك الذين يمارسون الجري والمشي لمسافات طويلة. هناك شيء خاص حول الترابط بين الأشخاص النشطين. أحيانًا نسميها نشوة العدَّائين! ترتفع المواد الكيميائية الدماغية المرتبطة بالشعور بالسعادة والثقة وانخفاض التوتر عند ممارسة الرياضة عن طريق زيادة الإندورفين والدوبامين. من غير المحتمل أن نرى اللون والعرق والإثنية والجنس وأي اختلافات أخرى قد تكون لدينا.

هناك عدة أسباب تمنع الناس من جميع الأطياف، بما في ذلك أولئك في الأقليات، من المشاركة في العديد من الأنشطة الخارجية: الوسائل المالية، المعرفة، التاريخ العائلي، وما إلى ذلك.

يُضطر أغلب أفراد الأقليات للعمل في وظائف متعددة لتوفير سُبل العيش لأسرهم أو إرسال الدعم المادي لأقاربهم في الوطن، مما لا يترك أي دخل فائض للأنشطة الترفيهية. يا للأسف، فإن معدات التزلج والتخييم مكلفة للغاية، وهذه الرياضات تستغرق وقتًا طويلًا. لكن هناك العديد من الفرص المتاحة بأسعار معقولة التكلفة أو حتى المجانية للجميع للاستمتاع بالجبال.

بارقة أمل

على عكس الأبراج المكتبية، هذه الجبال مفتوحة ومتاحة للجميع مثل السماء. لا حاجة إلى تقديم طلب أو الخضوع لعملية فرز لبدء رحلة تسلق. الأشجار والصخور والحيوانات البرية ليس لها رأي في العرق: سواءً أكنا أسودَ أم أصفرَ، أم بنيًا، أو ورديًا، أو أبيضَ. لا يُطلب أي ترخيص أو تصريح لتسلق الجبال باستثناء التصريح الذي تحتاجه لإدخال السيارة إلى المتنزهات الإقليمية أو الوطنية. لم أر أبدًا أو أسمع عن شخص أبيض يمنعني من الذهاب إلى أي وجهة. الاستنتاج بسيط: اخرجوا واستمتعوا بالطبيعة أينما كان ومع من كان. شاركوا.

ما لا يحبه الناس هو ترك النفايات خلفنا (مثل تلويث الطبيعة بالبلاستيك وأعقاب السجائر... إلخ)، أو تعريض سلامة المتسلقين الآخرين للخطر عن طريق اصطحاب الأطفال غير المنضبطين، أو السماح للكلاب بالتجول دون ربطها أو طوق. هذه بعض المشاكل الأساسية التي ينبغي علينا أن نتصدى لها.

إن الإشارة إلى أن هناك تمييزًا عنصريًا على مسار تسلق أو في أي رياضة أخرى، ما هو إلا مجرد عذر واهٍ لإثارة موضوع العنصرية.

لتشجيع الشمولية وإتاحة الفرص، لا أنشئ مجموعات تسلق تعتمد على الأقليات. لماذا؟ لأنني أحاول أن أكون جزءًا من دوائر التسلق الموجودة بالفعل التي تعزز أسلوب حياة صحي. يتم تحقيق الشمولية بشكل عضوي من خلال العمل معًا، وليس بإنشاء مجموعة منفصلة. كل أسبوع، أنشر عدة صور ومقاطع فيديو على وسائل التواصل الاجتماعي، ليس لأنني أسعى إلى الاهتمام أو التأكيد، ولكن لتشجيع، إلهام، وتحفيز الناس من جميع مناحي الحياة.

أنـا ممـتن لتقريـرك وأهميـة تسـليط الضـوء عـلى مخـاوف أعضـاء الأقليـات (المتعلقـة بالكراهيـة). أنـا فقـط قلـق مـن أننـا نُبلِّـغ عـن حالـة قـد تكـون تصورًا شـخصيًا عابـرًا وحادثًـا معـزولًا لا يمثـل التجربـة العامـة. يعـد تسـلق جبـال روكي تجربـة جميلـة ومبهجـة تجمعنـا جميعًـا.

وبنـاءً عـلى ذلـك، أود أن أقـترح قصـة لتغطيتهـا. إنهـا قصـة كنديـة متعـددة الثقافـات عـن مهاجـر لبنـاني خبـير في التسـلق يسـتضيف بانتظـام رحـلات تسـلق لمشـاركة ثروتـه مـن المعرفـة حـول تسـلق جبـال روكي الكنديـة. غالبًـا مـا تكـون مجموعـات التسـلق الخاصـة بـه مزيجًـا مـن الأشـخاص المتحمسـين مـن خلفيـات متنوعـة مـن الفلبـين، والصـين، وآسـيا الوسـطى، وإفريقيـا، والـشرق الأوسـط (بمـا في ذلـك الكنديـون الذيـن جـاء أسـلافهم إلى هـذا البلـد منـذ أجيـال). لديـه أكـثر مـن ١٠٠٠ متابـع عـلى وسـائل التواصـل الاجتماعـي. كلهـم يشـاركون نفـس الاهتـمام في اكتسـاب تلـك التجربـة الفريـدة التـي يمكـن أن تتحقـق فقـط مـن خـلال الوصـول إلى المناظـر الطبيعيـة الخلابـة للقمـة.

يمكنـك، مـن خـلال الجمـع بـين تجاربـه وتجـاربي، تقديـم قصـة مختلفـة تركـز عـلى بعـض الجوانـب الإيجابيـة لتسـلق مسـارات جبالنـا مـع تسـليط الضـوء عـلى إدمـاج مجتمعاتنـا المهاجـرة (الأقليـات). لدينـا قصـة سـتوحدنا أكـثر. مـا رأيـك؟

لدينا أكثر من ٥٠٠ صورة مذهلة أيضًا!

ولكـن الصحفيـة لم تقبـل اقتراحـي. يبـدو لي أن وكالات الأنبـاء تنجـذب إلى السـلبية. لمـاذا؟

بارقة أمل

علي بابا

الصديق اللبناني الذي ذكرته في نهاية تلك الرسالة يلهمني ويخيفني في نفس الوقت. يشارك علي بابا بانتظام في مغامرات المشي لمسافات طويلة والتسلق الخطر، بما في ذلك تسلق الجليد. أنا أستمتع بتحدي نفسي في الأنشطة الخارجية، لكن علي بابا يتجاوز الحدود التي أشعر بالراحة عندها، حيث يقفز من جرف إلى جرف ويطلب مني التقاط الصور له في مواقع وأماكن محفوفة بالمخاطر.

ذهبت معه لتسلق الجليد، لأجربه لأول مرة في شتاء عام ٢٠٢٢. كنت مرعوبًا. على عكس تسلق الصخور، إذا سقطت أثناء تسلق الجليد، فلا يوجد شيء تتشبث به. أي خطأ في الحساب يمكن أن يؤدي إلى كارثة. أنت تحمل فأسًا، وتحتاج أيضًا إلى ارتداء أجهزة تسلق الجليد، التي تحتوي على مسامير أطول وأحدّ من الأجهزة العادية، لذلك إذا سقطت، يمكنك أن تطعن نفسك بالفأس أو المسامير الجليدية. كان خوفي شديدًا. ومع ذلك، شعرت ببعض التشجيع عندما رأيت شخصين أمامي. عندما وصلت إلى ارتفاع ١٠ أمتار (٣٢ قدمًا) عن الأرض، قلت لنفسي يجب أن أتوقف لكنني واصلت على أي حال. وصلت إلى قمة الشلال ثم نزلت.

عندما نزلت، شعرت بالسعادة بعد القيام بذلك، لكنني اعتقدت أنني لست بحاجة إلى القيام بذلك مرة أخرى. لدي بنات، وعليَّ أن أعيش حياتي. جربت ذلك مرة واحدة، ولا يستحق هذا النوع من النشاط المخاطرة.

كان علي بابا مذهولًا من أنني وصلت إلى ارتفاع ١٠٠ متر (٣٢٨ قدمًا) في أول (وآخر) محاولة لي. معظم الناس يصلون فقط إلى ٣ أو ٤ أمتار (١٠ أو ١٣ قدمًا) في المرة الأولى!

"يا رجل، لقد فعلتها! لقد فعلتها! أنا فخور بك! لم أعتقد أنك ستصل إلى هذا الحد!" طبطب على ظهري، مهنئًا إيّاي عندما وصلت إلى أرض صلبة.

كانت رحلة علي بابا الأولى إلى جبال روكي في مايو ٢٠١٧. يقول إنه منذ أن انغمس في كل هذا الجمال الطبيعي، أصبح مدمنًا. مثلي تمامًا، يتوجه إلى جبال روكي تقريبًا كل عطلة نهاية الأسبوع.

"بينما يذهب الآخرون إلى الحفلات والنوادي، أكون في الجبال. المشي لمسافات طويلة، والتسلق. حفلتي في الجبال"، كما وصفها.

كما أنه يفضل الذهاب بمفرده.

"إنه مثل المرة الأولى، في كل مرة. إذا ذهبت مع مجموعة، يمكنني رعاية الآخرين، ولكن إذا ذهبت بمفردي، يمكنني اصطحاب طائرتي بدون طيار، والتقاط الصور، والقيام بأشيائي الخاصة. لا آكل عندما أكون في الجبال. أكون مشحونًا بالطاقة؛ لا أستطيع الاسترخاء"

الرابع والعشرون

أصبح نمطًا متكررًا

بعد الماراثون فقط يمكنني القول إنني بذلت كل ما في وسعي. بسبب ضخامة المحاولة، والتطهير من الألم، يمكنني الجلوس، حتى لو كنت متيبسًا ومحبطًا، وأعرف نوعًا من السلام.

- كيني مور، رياضي أمريكي أولمبي.

قال لي عداء مخضرم ذات مرة: "يمكن لأي شخص أن يركض، لكن الأمر يتطلب نوعًا خاصًا من الغباء ليركض ماراثونًا". يمنح عبور خط النهاية بعد ٤٢٫٢ كيلومترًا (٢٦ ميلًا) شعورًا بالرضا والإنجاز، ولكن يشعر المرء أيضًا بشعور مشابهًا عند نهاية ٥ كم (٣٫١ ميل) أو ١٠ كم (٦٫٢ ميل) أو ميل سريع.

لم أبدأ في الجري في الماراثونات كما تعلمنا جميعًا ركوب الدراجة: فقط ابدأ وستحقق النجاح بعد العديد من المحاولات والأخطاء والجروح والكدمات! هذا ليس يعمل الأمر. كانت العملية معقدة ومتعددة المراحل.

بعد انتهاء زواجي، كنت في خضم معركة حضانة وعدة قضايا قضائية. وفقدت وظيفتي. كنت بحاجة إلى البحث عن نفسي للتعامل مع الضغوط الناتجة عن كل هذه التغيرات المهمة في حياتي. كنت أتلقى علاجًا نفسيًا لمساعدتي في إيجاد طرق لإدارة كل ما كنت أواجهه.

استفدت من العديد من الاستراتيجيات والأدوات التي تعلمتها من العلاج أثناء مناقشتي كيفية التعامل مع "رأس المهندس المتورم"، وتأثير فقدان الأنا

المتضخمة لحامل شهادة الماجستير في إدارة الأعمال الذي وجد نفسه فجأة بلا عمل، وزواج فاشل، والصرعات الطويلة التي تشمل صدمات طفولة مكبوتة. إحدى الأدوات التي اقترحَتْهَا عليّ معالجتي لإدارة التوتر كانت التمرين البدني.

عندما أخبرت أحد أصدقائي اليمنيين أنني أخطط للركض، قال لي: "لا يمكنك ذلك".

قلت له: "يمكنني ذلك لأن لدي دمًا إثيوبيًا في داخلي".

أجاب أن النصف الآخر مني كان عرقًا فاسدًا كسولًا (مشيرًا إلى دمي اليمني. أعتقد أنه يمكنه قول ذلك لأنه يمني نفسه!).

أساسيات التواضع

ليس كل الكنديين لاعبين جيدين في الهوكي، وليس كل البرازيليين يستطيعون مراوغة كرة القدم مثل بيليه. وليس كل الإثيوبيين عدائين ماراثون. لكنني أستمتع بالركض وممارسة الرياضة، لذلك أصبحت عداءً رسميًا. سجلت في نادٍ للعدو بالقرب من منزلي في أواخر الأربعينيات من عمري. وضعني مدير النادي في مجموعة تسمى "تعلم الجري". شعرت بالإهانة وبالتقليل من شأني قليلًا. كان معظم الناس في المجموعة أكبر سنًا مني كثيراً. كنت على وشك مغادرة المجموعة والذهاب إلى المنزل، ولكن قررت البقاء على الأقل لحضور واحدة حيث كنت قد دفعت مقابل الدورة.

مشينا أنا ومجموعتي من المبنى إلى نقطة الانطلاق المحددة. أخبرنا كابتن الفريق بالركض لمدة دقيقتين والمشي لمدة دقيقة واحدة. كانت المسافة الإجمالية حوالي ٣ كيلومترات أو ١,٥ ميل. انطلقت أولًا وركضت بأسرع ما

بارقة أمل

يمكن لإثبات أنني كنت أفضل من أعضاء المجموعة الآخرين. بعد حوالي ١٠٠ ياردة (٩١ مترًا) تقريبًا، نفدت من قوتي وبدأت ألهث بشدة للحصول على الهواء. مر بي بقية المجموعة. بعد بضع دقائق، توقف رجل يبلغ من العمر ٧٤ عامًا من مجموعتي ليسألني إذا كنت بخير.

قلت: "أنا بخير".

لكنني لم أكن كذلك. على الرغم من محاولتي الجادة، لم أتمكن من مواكبة أعضاء المجموعة الآخرين وكنت سعيدًا عندما انتهى التمرين.

عندما وصلنا إلى المبنى مرة أخرى وأثناء التمدد، اقترب القائد وتحدث إليَّ عن وتيرة الجري والملابس المناسبة. كنت قد حضرت مرتديًا شورت كرة قدم من الثمانينيات وأحذية رياضية من وول مارت. على مدار الأشهر الثلاثة التالية، تعلمت أساسيات الترطيب والتغذية والملابس المناسبة، وخاصة حول اختيار أحذية الجري.

لم أكن أعلم أنه في النهاية سأتمكن من الجري في ماراثون كامل، ولكن الخطوة الأولى كانت الأهم. في اليوم الذي أكملت فيه مسافة ٣٫٧ كيلومتر (٢٫٣ ميل) دون توقف، بعد حوالي اثني عشر أسبوعًا من تلك البداية المحرجة للجري، أرسلت رسالة نصية إلى كل شخص أعرفه لأعلمهم بإنجازي. واصلت نشر مسارات الجري الخاصة بي والمسافة على منصات التواصل الاجتماعي الخاصة بي. بعد اثني عشر أسبوعًا أخرى، في السادس أكتوبر ٢٠١٢، سجلت في سباق ٥ كيلومترات (٣٫١ ميل) وركضته. أهديت ذلك السباق لإحدى بنات عمومي الذي توفيت بسرطان الثدي.

تدريجيًا، توسع مجتمع الجري الخاص بي ودائرة أصدقائي، وتم تشجيعي على الجري في المزيد من سباقات ٥ كم (٣٫١ ميل). بعد ذلك إلى سباقات ١٠

كم (٦,٢ ميل) ثم نصف الماراثون. وبدأ المزيد والمزيد من الناس يشجعونني على الجري في ماراثون كامل. على ما يبدو، داخل مجتمعات الجري، لست عداءً إلا إذا ركضت ماراثونًا. كنت أعلم أن الشخص الأول الذي ركض ٤٢,٢ كيلومترًا أو ٢٦ ميلًا من مدينة ماراثون (اليونان) إلى أثينا توفي أثناء الجري. كان جنديًا يونانيًا طُلب منه نقل خبر النصر في معركة ضد الفرس، وسقط ومات بعد تسليم الأخبار. بالطبع، سأموت يومًا ما، لكنني لم أرغب في أن تنتهي حياتي أثناء أو حتى عند خط النهاية لماراثون!

بعد العديد من أشهر التدريب، في سن الثانية والخمسين، ركضت أول ماراثون لي في الأول يونيو ٢٠١٤، في كالجاري. سجلت وقتًا قدره أربع ساعات وسبع وعشرين دقيقة. كانت التجربة الأكثر إرهاقًا وألمًا التي تحملها جسديًا. كنت سعيدًا بانتهائها وتعهّدت بعدم تكرارها. لم أتمكن من المشي لعدة أيام.

واصلت مقابلة المزيد من الأشخاص من خلال الجري، وفي يوم من الأيام، قابلت مجموعة من العدائين خارج نادي الجري. نظموا جدولهم وجمعوا أشخاصًا متشابهين في التفكير من أجل تدريب ماراثون على مدار العام. كان ثلثاهم أكبر من عمري. كان أكبرهم رجلًا في الثمانين من عمره يدعى جيري، وكان الأصغر في عمري أو ربما أصغر بسنة. أطلقوا على أنفسهم اسم "بينيرز" "لأنهم بعد الجري الطويل في صباح الأحد، كانوا يتجمعون في مقهى يسمى "إكستريم بين"، حيث كنت أقضي الكثير من الوقت أيضًا. بدأت أراهم بشكل متقطع في نادي الجري أيضًا، لكنهم كانوا يستخدمون موقع النادي كنقطة التقاء.

شيلاغ كانت منظمة ورئيسة المجموعة، إلى جانب زوجها آل. كانت قد بدأت المجموعة منذ حوالي عشرين عامًا. وافقوا على إدراجي في قائمة

بارقة أمل ─────────

توزيـع البريـد الإلكترونـي حتـى أتمكـن مـن الاطـلاع عـلى المواقـع المختلفـة التـي يتجمعون فيها للركض ثلاث مرات في الأسبوع. لم أعتقد أن بقية المجموعـة يحبونني، لكنني شعرت بالراحة مع آل وشيلاغ. كان الاثنان قد خاضا ستين ماراثونًا معًا في تلك المرحلة. كانـوا يعرفون الكثير عـن إصابـات العدائـين والعلاجـات المناسبـة. توقفـت عـن قـراءة الكتـب عـن الماراثونـات وبـدأت أستمع إليهـم لأن معظـم كتـب الماراثون وجداولها كانـت مخصصة للعدائـين النخبـة ولم تتنـاول بالضـرورة نـوع المعدات والملابس الأساسيـة في المناخ الفريد الـذي كنـت أتعامـل معـه في كالجـاري. عـلى وجـه الخصـوص، كان آل وشيلاغ أكثر درايـة بكيفية للاستعداد بشكل أفضل للركض في فصول الشتاء القاسية في كالجـاري والارتفـاع هنا.

سألني آل إذا كنت قد فكرت يومًا في الركض في بوسطن. صدمت مـن هـذا السـؤال لأننـي لم أكـن أعتبر نفـسي عداءً بعـد، ناهيك عـن التفكير في إمكانيـة ركض ماراثون بوسطن.

أجبت: "لا أعرف."

كانـت لينـا قـد تخرجـت للتـو مـن المدرسـة الثانويـة، وأردت أن آخذهـا إلى مـاوي كهديـة تخـرج. كان لـدي أيضًـا الدوافـع الخفيـة لهـذه للرحلة. لقـد تأثـرت علاقتـي معهـا بعـد الطـلاق، ورأيـت الرحلـة كفرصـة لقضـاء الوقـت معًا، وإعادة الاتصال والاستمتاع بجزيـرة جميلة. أيضًا، كانـت ترغب في أخذ استراحة لمدة عـام قبـل الالتحـاق بالجامعة. كنـت قلقًـا مـن أنه إذا أخـذت سـنة إجـازة للعمـل، فقـد لا تذهـب إلى الجامعـة أبـدًا. كنـت بحاجـة إلى أن أكـون مـع ابنتـي وحـدي وأن أناقـش مسـتقبلها. عـلى وجـه الخصـوص، أردت أن أوضـح لهـا أن فتـاة مثلهـا، التي تعتبر مـن الأقليات المرئية، ستكون لديها فـرص محـدودة في كنـدا، وأن التعليـم سـيكون المفتـاح لنجاحها. ربما كان ماوي

هو المكان المثالي لإجراء محادثة عميقة وجهًا لوجه معها. عندما سمعت سمر عن خطتي لأخذ لينا إلى ماوي، احتجّت وقالت إنه يجب أن تأتي هي أيضًا، لذلك أخذت كلتا ابنتيَّ في هذه الرحلة.

عندما ذكرت الرحلة لشيلاغ، سألتني إذا كنت قد فكرت في الركض في ماراثون ماوي.

"أثناء وجودك هناك" قالت: "فقط افعلها".

أرشدني كل من آل وشيلاغ في التحضير لماراثون ماوي. نظرًا لأنه كان يُعقد في أواخر يناير، كان عليَّ التدريب خلال فصل الشتاء. غالبًا، خلال الأيام الباردة، عندما أظهر للجري، كنت أقل ارتداءً مما يجب. كان آل يسمح لي باستعارة قفازاته الثقيلة وقبعته الصوفية وغطاء الرأس. كانت شيلاغ قد ركضت في ماراثون ماوي من قبل وجهزتني للتحضير للجري في ظروف حارة.

أكملت الماراثون في ماوي وحصلت على المركز الرابع في فئتي العمرية. لقد قلصت حوالي ثلاثين دقيقة من وقت أول ماراثون لي في كالجاري. كانت ابنتاي تقودان على طول مسار السباق وينتظرانني عند محطات المياه المختلفة لتشجيعي.

المضحك في الأمر أن ابنتَيَّ اقترحن عليّ خلع قميص الجري عند عبوري خط النهاية، وأن يلتقطن لي صورًا وأنا ألوح به. وافقت على الفكرة. ومع ذلك، لم يعجبني شعري الأبيض على صدري، فقررنا صبغه. لم نكن نعرف كيفية تطبيق المواد الكيميائية أو القيام بذلك بشكل صحيح، وانتهى بي الأمر بصدر ملطخًا، أشبه بخريطة للعالم. عندها أخبراني بأن لا أخلع قميصي! كان بإمكاني أن أحلقه بدلًا من ذلك، ولكن كان الأوان قد فات لفعل أي شيء حيال الأمر.

في نفس العام، وبإرشاد من آل وشيلاغ، خضت ماراثوني الثالث برفقتهما في هاملتون، أونتاريو. أنهيت السباق في ثلاث ساعات وثلاثين دقيقة، أي أقل بحوالي ساعة عن زمني في أول ماراثون لي! هنأتني شيلاغ وأخبرتني أنني تأهلت لماراثون بوسطن! لم أكن أعرف وقت التأهل، واضطررت للتأكد من ذلك عن طريق التواصل مع اتحاد بوسطن الرياضي؛ وكانت على حق!

ماراثون بوسطن ٢٠١٧

يمتلك ماراثون بوسطن مكانة خاصة لدى العديد من الأشخاص، سواء كانوا عدائين أم لا. يسعى العداؤون من جميع أنحاء العالم للحصول على فرصة المشاركة في بوسط، ويُعتبر إكمال السباق إنجازًا بارزًا في مسيرة أي عدّاء. اكتسبت بوسطن مكانتها في قمة عالم الماراثون لأسباب عدّة.

أولًا: ماراثون بوسطن هو سباق مؤهل. يجب أن يكون العداؤون الذين يرغبون في الركض في بوسطن قد سبق لهم الركض في ماراثون بوتيرة محددة وسريعة نسبيًا. تتغير أوقات التأهيل كل عام وتختلف لكل فئة عمرية. على عكس أي حدث نخبة آخر، بوسطن قابلة للتحقيق للعدّائين غير النخبة على الرغم من متطلبات التأهيل. يعرف كل من يرى شخصًا يرتدي قميص أو سترة ماراثون بوسطن أن هذا العدّاء استوفى معيارًا عاليًا للحصول على تلك القطعة.

ثانيًا: يُعد ماراثون بوسطن هو واحد من أقدم الماراثونات في العالم. أقيم السباق الأول في عام ١٨٩٧ مستوحى من نجاح أول سباق ماراثون حديث في الأولمبياد حديث في عام ١٨٩٦. يتميز ماراثون بوسطن بأنه مليء بالتقاليد والتاريخ، ويضم بعضًا من أفضل المتفرجين في العالم. نظرًا لأن الماراثون يقام في يوم البطل، وهو عطلة إقليمية، يكون لدى السكان المحليين يوم عطلة،

ويخرج الكثيرون لمشاهدة السباق وتشجيعه. يمر المسار بعدة جامعات، بما في ذلك كلية وليزلي. تشجع طالبات كلية وليزلي العدائين في نفق الصراخ - وهو جزء من السباق يبلغ طوله ٠,٤ كيلومتر (٠,٢٥ ميل). تنتظر الطالبات الإناث على طول هذا الجزء، يصرخن ويقدمن القبلات للمشاركين في السباق. يكون الصراخ عاليًا لدرجة أن العدائين يقولون إنهم يستطيعون سماعه من على بعد ميل.

أخيراً، وبكل أسى، تسبَّب التفجير في ماراثون بوسطن عام ٢٠١٣ في أن يصبح الحدث أكثر توحيدًا ووطنيًا لكل من العدائين ومدينة بوسطن. أعلنت المدينة يوم "يوم بوسطن المتحدة" في عام ٢٠١٤ كوسيلة لتذكر المأساة وتكريم أولئك الذين تأثروا بالتفجيرات.

لم أدرك ضخامة التأهل لبوسطن حتى بدأت أتلقَّى التهاني. والأهم من ذلك، كنت قد وعدت لينا بأنني سأشارك في بوسطن إذا قررت الالتحاق بالجامعة، وهو ما ذكَّرتني به لاحقًا عندما التحقَتْ ببرنامجها الجامعي في عام ٢٠١٥.

أخذتُ لينا معي إلى بوسطن عندما ركضتُ الماراثون في عام ٢٠١٧ حتى تتمكن من زيارة جامعة هارفارد. كنت آمل أن يحفزها ذلك على متابعة دراساتها العليا. قمنا بزيارة مكتبة ومتحف جون إف كينيدي الرئاسي، حيث كان جون كينيدي أحد أبطالي في الطفولة. تجولنا لاستكشاف المدينة وتجربة جميع أنواع المأكولات المختلفة.

أما بالنسبة للسباق، فقد أخذت التأهل أكثر جدية من الماراثون نفسه. بدلًا من الراحة والتمرن على نهجي للسباق، كنت أتجول في المدينة سيراً على الأقدام وبالسيارة. بحلول الوقت الذي اقترب فيه السباق، كنت منهكًا وشعرت أنني كنت أصاب بنزلة برد. لم أكترث. أردت فقط الركض حتى

بارقة أمل

النهاية على أي حال. كان هذا أهم حدث شاركت فيه حتى الآن، وكانت التجربة ساحقة.

بدأ السباق في الموعد المحدد. وفقًا للمجموعات، تم نقل العدائين إلى نقطة الانطلاق في هوبكينتون، وهي بلدة تبعد ٤٨ كيلومترًا (٣٠ ميلًا) عن بوسطن. نظرًا لعدد العدّائين الضخم (٣٧٠٠٠)، كان من الضروري تقسيمنا إلى مجموعات مختلفة مع أوقات بدء متباينة لجعل السباق أكثر سلاسة.

عندما نزلت من الحافلة المدرسية، أسرعت إلى أقرب منطقة مشجرة لقضاء حاجتي. في منتصف العملية، التفت لأرى سيدة بجانبي تفعل نفس الشيء. يبدو أنه لم يكن هناك أهمية لأي شيء في تلك اللحظة.. جميعنا بشر، ونستجيب لنداء الطبيعة.

كانت الأجواء خيالية عندما توجَّهت نحو خط البداية. كنت محاطًا بأشخاص من ثقافات متعددة، وكلنا هناك لنفس السبب. كانت الأجواء رائعة؛ كما لو كنت في قرية أولمبية، مع رياضيين من جميع أنحاء العالم. كان الجميع سعداء، وكان الهواء مليئًا بالحماس. جاءت العائلات لتشجيع أحبائهم. بعد أربع سنوات فقط من التفجير، كانت الطاقة والروح لا تزال جديدة.

متى في حياتي كنت أتخيل أنني يمكن أن أركض في ماراثون بوسطن؟ فكرت. هذا إنجاز كبير!

أنا متأكد أن كل عدّاء يشعر بذلك عندما يشارك في بوسطن لأول مرة. كان الأمر أشبه بالسير على الممر في حفل زفاف – أو كما لو كنت خروفًا يُقاد إلى الذبح.

بوسطن هو سباق مميز. إنه ذو مكانة رفيعة!

حفَّزت نفسي، واستمررت في السير. لكن كان عليّ السير ٢ كيلومترًا (١,٢٥ ميلًا) للوصول إلى خط البداية حتى. كنت منهكًا قبل أن أبدأ السباق حتى!

كان العدّاؤون النخبة ينهون سباقهم عندما وصلت إلى خط البداية. حفزني نجاحهم أكثر. كنت مستعدًا!

خلال السباق، توقّفت لأقبّل حوالي خمس فتيات من كلية ويلزلي وصافحت العديد من الأطفال الذين كانوا يشجعوننا.

عند حوالي الكيلومتر ٣٢ (٢٠ ميلًا)، على الرغم من أن مجموعتي كانت قد بدأت قبل حوالي ثلاثين دقيقة منه، جاء آل، زميلي في الجري من كالجاري، من الخلف لينهي السباق قبلي. أنهيت السباق في أربع ساعات وتسع دقائق، وهي مدة أطول بكثير من وقت التأهل الذي سجلته، لكنني شعرت بالفرح لإكمال السباق. لو لم يشجعني آل على الركض معه معظم آخر ١٠ كيلومترات (٦,٢ ميلًا)، لاستغرق الأمر وقتًا أطول لإنهاء السباق.

لم أقدم أداءً جيدًا في بوسطن، لكنني كنت أعلم أنه يمكنني العودة لتعويض ذلك. في السنوات التالية، تأهلت ثلاث مرات أخرى لكنني قررت عدم المشاركة مرة أخرى. أعرف العديد من العدّائين الذين ركضوا في بوسطن عدة مرات لأنهم أرادوا تحسين رقمهم القياسي الشخصي، لكنني لا يهمني ذلك. في البداية، كنت أريد العودة والإنهاء بوقت أفضل، ولكن مع مرور الوقت، فقدت الأرقام القياسية الشخصية جاذبيتها. يهتم معظم العدائين بأوقاتهم التي يحققوها، لكن ابنتيَّ يهتمان فقط بما إذا كنت أنهيت السباق أم لا، وبدأت أركز على ذلك أيضًا. كان إكماله كافيًا بالنسبة لي.

ماراثون شيكاغو ٢٠١٨

بعد أن طويت صفحة ماراثون بوسطن، بدأت في تنويع أنشطتي البدنية، بما في ذلك المشي لمسافات طويلة، وركوب الدراجات، والتزلج عبر البلاد. بين عامي ٢٠١٤ و٢٠١٨، ركضت عشرة ماراثونات في دبي، وتورنتو، وهونولولو، وإدمونتون، وبانف، وفانكوفر، وركضت ماراثون كالجاري أربع مرات، حتى إنني تأهلت للعودة إلى بوسطن ثلاث مرات مختلفة. ومع ذلك، أعطاني طبيب العائلة شيئًا للتفكير فيه: المشاركة في الماراثونات الستة الكبرى والقارات السبعة (ماراثون واحد لكل قارة) بدلًا من تكرار بوسطن.

سلسلة ماراثونات أبت العالمية هي سلسلة تتألف من ستة من أضخم وأشهر ماراثونات العالم: ماراثون طوكيو، وماراثون بوسطن، وماراثون لندن، وماراثون برلين، وماراثون شيكاغو، وماراثون مدينة نيويورك. والمشاركة في أحد سباقات هذه السلسلة يُعد إنجازًا رياضيًا بالغ الأهمية على مستوى العالم.

بالنسبة للمنظمين والرعاة للماراثونات، تعتبر البطولات الكبرى بمثابة أحداث مالية. يمكن لأي عداء الحصول على رعاية، ولكن الفائزين أيضًا يحصلون على مكافآت مالية كبيرة. على سبيل المثال، يمكن لعداء كيني يفوز بمئة ألف دولار في سباق أن يحصل على أكثر من الناتج المحلي الإجمالي السنوي للمدينة التي ينحدر منها. بالنسبة للرياضيين النخبة، مثل أولئك من إفريقيا، فإن الركض في الماراثونات بمثابة وظيفة - وهي وسيلة للارتقاء

فوق مستوى الفقر. بالنسبة لبقية الناس، بالنسبة للأشخاص العاديين مثلي، إنها مجرد رياضة. إكمال السباق هو إنجاز شخصي! بحلول إتمام ماراثون طوكيو في عام ٢٠٢٣، كان عدد العدائين الذين أكملوا جميع الستة الكبار أقل من ١٢,٠٠٠ عداء. "١٩" أردت بشدة أن أكون جزءًا من هذا الرقم!

بعد إتمام بوسطن، تخلّيت عن فكرة العودة لبوسطن لتحسين وقتي. بدأت أركز انتباهي على إكمال الستة الكبار أولًا، ثم القارات السبعة. بعض الماراثونات الكبرى، مثل نيويورك وبرلين، ليست سهلة الدخول حيث إن أوقات التأهل تكاد تكون مستحيلة.

بعد بوسطن، شاركت في ثلاث سباقات مختلفة ضمنت لي التأهل لشيكاغو وبرلين.

في أكتوبر ٢٠١٨، حان الوقت للسفر إلى شيكاغو للمشاركة في الماراثون وزيارة المدينة. قضيت عدة ساعات في جولة نهرية للتعرف على الهندسة المعمارية والطعام والحياة في الشوارع. الفندق الذي نزلت فيه كان يتمتع بإطلالة مذهلة على البحيرة.

وتعرفت إلى بعض الأصدقاء الجدد. عندما كنت عند خط البداية منتظرًا بدء السباق، كنت أرتجف وأغطي نفسي بالبلاستيك في محاولة للبقاء دافئًا. كانت هناك سيدة بالقرب مني ترتدي ملابس خفيفة.

"ألا تشعرين بالبرد؟" سألتها.

"من حيث أتيت، هذه درجة حرارة مريحة." ابتسمت لي.

بارقة أمل ───────

"من أين أنتِ؟" "كندا."

"أين في كندا؟"

"الجزء الغربي" أجابت.

"أين في الغرب؟" تابعت الاستفسار بإصرار. "ألبرتا؟ كولومبيا البريطانية؟" "ألبرتا."

"كالجاري؟ إدمونتون؟" تابعت الاستفسار.

"في الوسط" ضحكت.

"آه، ريد دير!"

تقع ريد دير على بعد أقل من ساعتين بالسيارة من مكان إقامتي. أصبحنا أصدقاء ولا نزال على اتصال.

تعرفت أيضًا إلى صديق جديد، مارك جيرشمان، الذي يعيش في فينيكس. عندما أصدرت المجلد الأول من مذكراتي، كتب مارك التالي على صفحته على فيسبوك:

"كما ذكرت عدة مرات، الجري يتيح لي فرصًا لا حصر لها للتعرف على أشخاص رائعين طوال الرحلة. العلاقات القصيرة والطويلة الأمد لا تُقدر بثمن. قبل عدة سنوات، في حافلة مشتركة متجهة إلى ماراثون شيكاغو، تعرفت إلى صديق جديد رائع، عادل بن هرهرة. في تلك الرحلة القصيرة، أصبحنا أصدقاء فوريين وما زلنا نتواصل منذ ذلك الحين. أتطلع لرؤيته

مـرة أخـرى في ماراثـون نيويـورك هـذا الخريـف (أبطـأ مـن ينهـي السـباق يدفـع ثمـن العشـاء - لقـد استسـلمت بالفعـل). كنـت متواضعًـا للغايـة ومتشرفًـا بـأن يُسـمح لي بقـراءة نسـخة مقدمـة مـن كتابـه الجديـد "ألَّا يكـون لديـك شيء: بـارك اللـه في الطفـل الـذي حصـل عـلى كتابـه". تـم إصداره للتـو عـلى أمـازون. هـذا الكتـاب هـو الأول مـن ثـلاث مجلدات مذكـرات. إنـه خـام ويمـس القلـب. سـتأسرك القصـة مـن البدايـة. إنهـا قصـة عـن الصمـود والشـجاعة والدافـع والمثابـرة وعقليـة تتجـاوز سـنوات عمـره. عـادل، شـكرًا لمشـاركتك هـذه الرحلـة معـي مـن البدايـة. سـأراك في غضـون بضعـة أشـهر."

ظللـت أنـا ومـارك صديقـين عظيمـين. رغـم أننـا نعيـش في بلـدان مختلفـة، إلا أننـا حصلنـا عـلى فرصـة لقضـاء الكثـير مـن الوقـت معًـا عـلى مـر السـنين عندمـا كنـا في نفـس المدينـة للمشـاركة في الماراثونـات.

ماراثون لندن ٢٠١٩

أثنـاء تواجـدي في لنـدن، أردت تحقيـق بعـض الأهـداف إلى جانـب الماراثـون. كان أولهـا وأهمهـا زيـارة المتحـف الوطنـي للجيـش، حيـث يتـم حفـظ السـجلات العسـكرية، عـلى أمـل أن أتمكـن مـن رؤيـة صـور الحـرب التـي شـارك فيهـا والـدي.

كان هـدفي الثـاني متعلقًـا بالآثـار المسروقـة مـن قبـل بريطانيـا. أتذكـر بوضـوح قـراءة الكتـب عندمـا كنـت طفـلًا، والتـي ذكـرت أن بريطانيـا أرسـلت أربعـة وسـتين ألـف شـخص (بمـا في ذلـك ١٢,٠٠٠ مـن المقاتلـين) تحـت قيـادة السـير روبـرت نيبـير لغـزو إثيوبيـا لتحريـر رهائـن أوروبيـين كان الملـك الإثيـوبي ثيـودور

قد أسرهم. لم يقتصر الأمر على تدمير نيپير لحصن ثيودور، بل سمح لقواته بنهب مدينة مجدالا. عُقد مزاد هائل للغنائم المسروقة، واستُخدم خمسة عشر فيلًا ونحو ٢٠٠ بغل لنقل الكنز إلى الساحل، ومن هناك أُرسل إلى المملكة المتحدة. كما أخذ البريطانيون ابن الملك، أليمايهو، معهم. وهو نفس الاسم الذي أعطته لي والدتي عندما كنت طفلًا. أردت أن أرى هذه الآثار وأن أستعيد وأصالح بين الصور التي كانت في ذهني وبين الأشياء الملموسة المتبقية في المتحف. ما زلت أتساءل: لماذا سرق الأوروبيون الكنوز الإفريقية (وليس في هذه الحالة فقط، بل عبر التاريخ)؟

ماراثون لندن هو الأكثر شهرة بين الماراثونات الستة الكبرى، ويُعرف بجذب أفضل العدائين في العالم. يسميه البعض "سباق النخبة" بين الماراثونات الكبرى بسبب مستوى المنافسة.

كان المسار يمر عبر شوارع ضيقة ذات العديد من المنعطفات. لندن هي الماراثون الوحيد الذي أعرفه الذي يحتوي على نقطتي انطلاق مختلفتين؛ يشكل الطريق حرف Y، حيث تندمج نقطتا البداية عند نقطة منتصف الطريق تقريبًا.

في عام ٢٠٢١، بينما كنت أعمل على مذكراتي، شارك صديقي جيري ميلر، وهو شخص في الثمانين من عمره من كالجاري، في ماراثون لندن، وأصبح بطلًا عالميًا وأكمل النجوم الستة.

تعرفت إلى جيري منذ سنوات عديدة عندما كنا نشارك في تدريبات الماراثون. لم يسبق لأي منا أن شارك في برنامج تدريب للعدائين، لكننا دائمًا ما نجتمع مع أصدقاء الماراثون، نتبادل الأفكار والعثرات، والأهم من ذلك، نشارك صداقتنا في أوقات صعبة، ولكن السعيدة بشكل عام.

في الوقت الذي أكتب فيه هذا، يبلغ جيري أواخر الثمانينيات من عمره. إنه أكبر من والدتي بخمسة عشر عامًا! على الرغم من فارق السن، أصبحنا صديقين عظيمين بسبب حبنا المشترك للركض، لكننا أيضًا توحدنا من أجل سبب أقوى بكثير. كنا كلانا نعاني من طفولة صعبة ونشأنا بدون أمهاتنا.

جد جيري، فيلهلم مولر، وصل إلى كندا في عام ١٩٠٣ قادمًا من شرق ألمانيا. وعند هجرته إلى وينيبيغ، تغير اسم عائلته من مولر إلى ميلر. ولد والد جيري، ويليام ميلر، في مجتمع زراعي في ساسكاتشوان، ثم انتقل لاحقًا إلى شمال شرق ألبرتا للعمل.

من جانب والدته، تم إرسال جد جيري من فرنسا للتحقيق في المستعمرات الفرنسية في شمال ألبرتا. أثناء وجوده هناك، بدأ يواعد شابة فرنسية من منطقة سانت بول. أنجبت هذه السيدة صديقة جده والدة جيري، دوروثي ريفاردي، وبعد ذلك بوقت قصير، توفيت جدة جيري. لم يحب جده العزلة في شمال ألبرتا وطلب العودة إلى فرنسا. تم تبني الفتاة الصغيرة، والدة جيري، من قِبَل زوجين إسكتلنديين محبين وحنونين هما عائلة فيرث. كبرت دوروثي كطفلة وحيدة، مدللة نوعًا ما ولم تكن تفتقر إلى شيء. أثناء وجودها في الكلية، بدأت في مواعدة والد جيري، ويليام ميلر. تزوجا وبدآ في تكوين أسرة.

أنجب ويليام ودوروثي عدة أطفال: كين، ماري، وفي عام ١٩٣٧، وبعد رحلة بعربة يجرها حصان عبر نهر نورث ساسكاتشوان، وُلد جيري وشقيقه التوأم دونالد في مستشفى إلك بوينت.

عندما كان جيري في الثالثة والنصف من عمره، تفككت الأسرة في نزاع مرير. وفي حكم المحكمة، حصل كين على ترتيب ممتاز، حيث عاش مع جديهما

فيرث عبر الزقاق من منزل والدتهما الجديد في فيرميليون، ألبرتا.

تمكنت ماري من البقاء مع والدتهم؛ سرعان ما تم وضع جيري على قطار مع والدهما إلى إدمونتون، ثم على قطار آخر شرقًا إلى بلدة منعزلة جدًا تُدعى أليانس في ألبرتا. كان زوجان شابان من المزارعين بحاجة إلى مساعدة في توسيع عمليتهم الزراعية، وهكذا أصبح جيري ودونالد طفلين بالتبني ووُضعا مع الزوجين، آل جاكسون.

حوالي مرتين في السنة، كانت والدتهما الحقيقية تقود السيارة مع كين وماري من فيرميليون لزيارة جيري ودونالد في المزرعة، لكن تلك كانت أوقاتًا مليئة بالإحباط بسبب بعض المشاعر المتباعدة بين العائلتين.

خلال أول سنتين من المدرسة، ركب دون وجيري حصانًا عجوزا شريرًا ثلاثة أميال إلى مدرسة مؤلفة من غرفة واحدة. كان جيري هو السائق، وكان دون يركب خلفه ويتمسك بجيري. في معظم الأَصْبَاح، كان الحصان يطرحهما في خندق، وكانا يعانيان بشد في العودة إلى هذا الحصان.

قبل أن يبدأ جيري الصف الثالث، انتقلت العائلة إلى مزرعة أكبر بالقرب من غالاهاد، حيث بدأوا تشغيل منتج الألبان بالإضافة إلى زراعة ستة أرباع مقاطعة من الأرض. كان عليه هو ودون المساعدة في حلب الأبقار وفصل الحليب. في استعادته، قال إن أعمالهم المنزلية تشبه العمل بالسخرة.

ومع ذلك، قال لي أيضًا: "يجب أن نتذكر دائمًا أن نحصي نعم الله. استمتعنا بأفضل طعام في المزرعة، وكان مسموحًا لنا بالمشاركة في الأنشطة الرياضية. بالإضافة إلى ذلك، تواصلنا اجتماعيًا مع العديد من مجموعات الشباب المرتبطة بالكنيسة. أتذكر ركوب عربات القش والمباريات النارية، ودائمًا ما كان هناك بعض التودد إلى الفتيات الصغيرات الجميلات. استمتَعَ أخي وأنا

بالذهاب إلى المدرسة. تفوقنا في الرياضة، خاصة الهوكي. خلال الشتاء، كنا نأكل ساندويتشات الظهر بسرعة، ثم نركض إلى ملعب التزلج للعب هوكي التدريب."

كان جيري متلهفًا لمغادرة المزرعة. بعد التخرج من تلك المدرسة الثانوية الريفية، حصل على منحة دراسية لحضور جامعة ألبرتا. أصبح مدرسًا ثم سرعان ما أصبح مدير مدرسة؛ كان مدير مدرسة لمدة ثلاث سنوات. ثم حصل على منحة بحثية لإكمال درجة الماجستير وأصبح دكتور فلسفة.

نعم، لدينا قصة مماثلة، حيث جئنا من جذور متواضعة ونشأنا بدون توجيه أمهاتنا، لكننا عملنا جاهدين لنصبح رجالًا متعلمين جيدًا أصحاب مواقف إيجابية ومحبين للحياة.

جيري، في سن السابعة والثمانين، أكمل الماراثونات الست الرئيسية في العالم على الأقل عشرون مرة.

عندما أخبرت جيري أنني أود تضمين جزء من قصة حياته في مذكراتي، أخبرني بالمعلومات المذكورة أعلاه. كما قال لي هذا:

"عادل، لقد كنت دائمًا أقدر تفاعلاتك الإيجابية والمدروسة جدًا والأفكار المفيدة المتعلقة بالعديد من قضايا الحياة. هذه الجوانب من صداقتنا هي أهم بكثير من الماراثونات. ككاتب بارع، وهذا هو كتابك الثالث، أنت تقدم للعالم تسلسلًا مثيرًا لحياة مثيرة، جاءت من لا شيء ووصلت إلى ما أنت عليه الآن في الحياة. أنت صديق مدى الحياة ورفيق جري بالنسبة لي، حيث تسألني كثيرًا عن طفولتي، والأوضاع التي مررت بها لاحقًا، وتجارب الجري. نعم، نشارك بعض أوجه التشابه في الحياة. أشعر بالتواضع الشديد والقلق، وفي المقام الأول، يشرفني قبول دعوة أن أكون جزءًا من مذكرتك."

ماراثون برلين ٢٠١٩

في عام ١٩٩٠، استضاف ماراثون برلين أكثر من ٢٥ ألف عداء، الذين مروا لأول مرة عبر بوابة براندنبورغ إلى شرق برلين. كان العدّاؤون يبكون وهم يتوقفون لتقبيل الأرض. ومنذ ذلك الحين، يستمر العدّاؤون في التوافد إلى برلين كل عام لتجربة أحد أفضل الماراثونات تنظيمًا في العالم.

أنا أيضًا بكيت عندما كنت في برلين لأشارك في الماراثون، لكن ليس بسبب السباق نفسه. زرت عدة مواقع تاريخية: مقابر يهودية، وعدة نصب تذكارية من حقبة الحرب العالمية الثانية. كما زرت الملجأ الذي انتحر فيه هتلر، ومبنى مجلس النواب الألماني الاتحادي، وبالطبع، وبسبب معرفتي وانخراطي في الماركسية في شبابي، رغبت في رؤية تمثال كارل ماركس. كنت أعرف عن تاريخ ألمانيا أكثر مما كنت أعرف عن المملكة المتحدة أو فرنسا منذ دراستي في الطفولة. خلال وقتي في برلين، حاولت المزج بين الصور التي حملتها من طفولتي والواقع الذي رأيته.

عندما كنت أتجول في متحف الذكرى، رأيت رسائل كتبها الأولاد والبنات يشرحون فيها كيف تم التعامل معهم في معسكرات الاعتقال. بدأت أتخيل ابنتَيَّ وهما في نفس عمر هؤلاء الأطفال. لم أتمكن من إكمال الجولة واضطررت للمغادرة وأنا أبكي.

بالطبع، تأثرت كثيراً عندما زرت بوابة براندنبورغ، حيث تحدث الرئيس جون كينيدي، وحيث ناشد الرئيس ريغان غورباتشوف قائلًا: "اهدم هذا الجدار".

كان الماراثون حدثًا ثانويًا، ولم أعانِ إلا قليلًا مقارنةً بما رأيته في المواقع التاريخية لهذه المدينة.

دون أن أعلم أن جائحة كوفيد-١٩ كانت على الأفق، كنت قد خططت لإكمال ست ماراثونات كبرى بحلول نوفمبر ٢٠٢٠، قبل أن أبلغ الستين من العمر. لقد تأهَّلت وكان من المقرر أن أركض في ماراثون نيويورك في نوفمبر ٢٠٢٠. لكن خططي للمشاركة في ماراثوني نيويورك وطوكيو كان يجب تأجيلها بسبب الجائحة. وفي يناير ٢٠٢٢، كنت قد ضمنت دخولي لماراثون نيويورك في نوفمبر ٢٠٢٢، وخططت للمشاركة في ماراثون طوكيو في مارس ٢٠٢٤.

كنت أتطلع إلى الركض في نفس الطريق الذي ركض فيه بطل الأولمبياد الإثيوبي في الماراثون آبيبي بيكيلا.. لكنني سأركض وأنا أرتدي الأحذية!

ماراثون مدينة نيويورك ٢٠٢٢

عندما سمعت لأول مرة باسم مدينة نيويورك، كنت صبيًا في الثانية عشرة من عمري، وكنت أعتقد أنها عاصمة أمريكا. أتذكر رؤية شوارعها ومبانيها في الأفلام عندما كنت صغيراً. ومع تقدمي في العمر، تطور فهمي للمدينة وتاريخها. نعم، إنها أكبر وأكثر المدن الأمريكية نفوذًا، وهي المدينة الأكثر اكتظاظًا بالسكان وتنوعًا على الصعيد الدولي، لكنها ليست العاصمة.

تعلمت أن هناك على الأرجح مئات اللغات التي يتم التحدث بها يوميًا في المدينة، وأن العادات والطعام والملابس تعكس التنوع الثقافي النابض بالحياة في المدينة. كنت أشعر دائمًا أنها المدينة الأكثر تنوعًا في البلاد. يقول البعض إنه بغض النظر عما تفعله، ستندمج دائمًا. ومع ذلك، كنت أشعر دائمًا أنني لا أنتمي إلى هناك، ولا أعلم السبب.

قدَّم لي ماراثون مدينة نيويورك فرصة لإعادة تقييم انطباعي عن المدينة. لم أزرها من قبل، لكنني قرأت وسمعت الكثير عنها. بالإضافة إلى تحضير

معدات السباق، قمت بإعداد قائمة بالأماكن السياحية التي أرغب في زيارتها: تمثال الحرية، مبنى إمباير ستيت، نصب ٩\١١ التذكاري والمتحف، جولة في غراند زيرو ٩\١١، مرصد وان وورلد، متحف متروبوليتان للفنون، كاتدرائيات المدينة، عروض برودواي، مكتبة نيويورك العامة، والمشي فوق جسر بروكلين. أردت أيضًا رؤية بعض المواقع الشهيرة المهمة في تاريخ الأمريكيين من أصول إفريقية، مثل المعبد في هارلم حيث كان مالكوم إكس يلقي خطبه، وكذلك مسرح أبولو حيث قدم أبطال موسيقيون لي مثل سامي ديفيس جونيور وبيلي هوليداي عروضهم. كل هذا كان يجب أن يتم خلال خمسة أيام، بالإضافة إلى السباق.

بالنسبة لصبي من خلفية متواضعة كان يقرأ عن تلك المواقع فقط، كان من المذهل أن أكون قادرًا على رؤية هذه الأماكن، ولمسها، واستيعاب القيمة التاريخية الكبيرة التي تحملها. التقطت العديد من الصور ومقاطع الفيديو وأضفتها إلى مدونتي على يوتيوب وحساباتي على وسائل التواصل الاجتماعي لكي يراها العالم.

أما السباق نفسه فلم يكن مختلفًا كثيرًا عن السباقات الأخرى التي شاركت فيها. وصلت إلى نيويورك منهكًا، حيث كنت قد شاركت في ماراثون فيكتوريا، كولومبيا البريطانية، قبل ثلاثة أسابيع فقط. كما أكملت رحلتين كبيرتين في جبال روكي خلال الأسبوعين السابقين. لم يتبقَ لدي أي طاقة، لكنني لم أرغب في تفويت هذه الفرصة.

كالعادة، كان مجتمع العدائين ممتازًا. حصلت على رقم السباق وقضيت بعض الوقت في زيارة مع مارك جيرشمان وفوادا فيليك، وهما عدّاءان تعرفت إليهما في شيكاغو عام ٢٠١٨.

أكملت السباق في واحد من أبطأ الأوقات المسجلة في مسيرتي في الجري -أكثر من أربع ساعات- وكنت سعيدًا بانتهائه. كان يوم السباق حارًا ورطبًا؛ وصلت درجة الحرارة إلى ٢٧ درجة مئوية (٨١ درجة فهرنهايت). أثناء الجري، قابلت امرأة أوكرانية تدعى سفيتلانا كانت تكافح. شجعتها على الاستمرار في الجري بشكل أسرع وعبور خط النهاية. سجل المنظمون أقل عدد من النهايات في تاريخ السباق بسبب الظروف الجوية. تعرض البرازيلي دانيال دو ناسيمنتو لانهيار مخيف بعد أن انطلق بسرعة في بداية السباق في ظروف دافئة بشكل غير معتادة في نيويورك في ذلك اليوم.

عندما عبرت خط النهاية، وجدت نفسي أشعر بنفس الشعور الذي شعرت به عندما وصلت إلى قمة جبل كليمنجارو: منهكًا، منتشيًا، مرتاحًا. سقط العديد من العدائين، لكنني لم أكن من بينهم. خلال السباق، كان عليَّ أن أتأقلم من خلال الجري ببطء أكبر وشرب المزيد من الماء. أدركت أن لدي النضج الكافي لمعرفة أن الجري ليس عن الانطلاق بسرعة، بل عن إنهاء السباق والشعور بالإنجاز. شعرت أنني كنت عداءً أكثر حكمة بعد هذا السباق مما كنت عليه من قبل.

ماراثون طوكيو ٢٠٢٤

أدهشني كيف أن حياتنا في مرحلة البلوغ ترتبط ارتباطًا وثيقًا بطفولتنا. كل ما سمعناه أو قرأناه عندما كنا صغارًا يميل إلى أن يتحوَّل إلى واقع يمكننا لمسه وسماعه وشمه والإحساس به ورؤيته في مرحلة البلوغ.

في سبعينيات القرن الماضي، عندما كنت أتعلم القراءة والكتابة، كانت المجلات الرياضية في إثيوبيا مليئة بالمقالات عن آبيبي بيكيلا العداء الإثيوبي الذي فاز بماراثون الألعاب الأولمبية في ١٩٦٠ و١٩٦٤، ليصبح أول رياضي يفوز

بارقة أمل

بالسباق مرتين متتاليتين.

رغم أن الإثيوبيين فازوا بالعديد من الميداليات في سباقات المسافات الطويلة على مر السنين، إلا أن بيكيلا كان يُحتفى به بشدة، لكونه أول إفريقي وأول إثيوبي يحقق هذا الإنجاز.

الألعاب الأولمبية لعام ١٩٦٠ في روما أُقيمت قبل ولادتي بوقت طويل. وفي عام ١٩٦٤، كانت اليابان أول دولة آسيوية تستضيف الألعاب الأولمبية الصيفية. ومع ذلك، كانت أخبار انتصارات بيكيلا لا تزال حديثة ومعروفة بالنسبة لي بعد عقد من الزمن. حاولت أن أتخيل بوضوح شوارع روما التي ركض فيها بيكيلا حافي القدمين، وشوارع طوكيو التي ركض فيها أمام المتفرجين اليابانيين في يوم حار ورطب.

وبعد ستين عامًا من فوزه في طوكيو، كنت في طوكيو لأركض في سادس سباق رئيسي لي. كانت رحلة الحصول على "النجوم الستة" لماراثونات العالم الكبرى قد بدأت في عام ٢٠١٧، وانتهت في ماراثون طوكيو في مارس ٢٠٢٤.

إكمال ثلاثين ماراثونًا قبل طوكيو كان إنجازًا كبيرًا أفتخر به أنا وعائلتي. وكان طوكيو هو آخر ماراثون لي. في ذلك الوقت، قررت عدم المشاركة في أي سباقات ماراثونية أخرى للحفاظ على ركبتيَّ مع تقدمي في السن. وبما أن شغفي بالجري لن يموت أبدًا، اخترت أن أركض فقط في سباقات نصف الماراثون بعد الانتهاء من طوكيو.

مع النية لتسلق جبل فوجي بعد السباق، حزمت معدات التسلق الشتوية التي أستخدمها عادة في كندا، مثل فأس الجليد، والقفازات المدفئة، والخوذة، وكاميرا جو برو عالية الجودة، والكرامبون (حذاء الجليد)، ومصباح الرأس، والملابس الشتوية، وما إلى ذلك، وانطلقت إلى اليابان.

عند وصولي إلى الفندق في طوكيو، اكتشفت أنني فقدت محفظتي مع رخصة القيادة وثلاثًا من بطاقات الائتمان الخاصة بي، إما في الرحلة أو في الحافلة من المطار إلى الفندق. لحسن الحظ، تدخّل زميلاي في الجري من كالجاري، جيري وجودي رابي، وأنقذاني. لقد دفعا ثمن وجباتي وغيرها من النفقات حتى وصلت ابنتي الكبرى، لينا، من كندا.

شارك في ماراثون طوكيو ٢٠٢٤ أكثر من ٣٨ ألف رياضي من جميع أنحاء العالم. على الرغم من أن ماراثون بوسطن هو الأصعب في التأهل له، فإن طوكيو يبدو أنه الأصعب في الدخول، ربما بسبب عدد المتقدمين.

لم أقترب من سباق ماراثون قط برعب وخوف كما فعلت مع هذا السباق. كان هناك سببان: بعد جامحه كورونا، بالكاد ركضت أو تدربت أو شاركت في أي سباق؛ لذلك، لم تكن حالتي البدنية على المستوى الذي كانت عليه سابقًا. لست متأكدًا مما إذا كان ذلك مرتبطًا بفيروس كورونا، الذي أصبت به في عام ٢٠٢٣، أو بسبب ردود فعل جسمي للقاح، ولكن إيقاع تنفسي ليس كما كان عليه سابقًا.

يُقام ماراثون طوكيو خلال الأسبوع الأول من مارس. يجب أن يبدأ التدريب للماراثون قبل اثني عشر أسبوعًا على الأقل، وفي هذه الحالة، كان يعني ذلك التدريب في وسط شتاء كالجاري القاسي. التدريب في الخارج في الجليد والثلج أمر صعب للغاية. لأتمكن من إنهاء السباق بدون إصابات، كان عليّ السفر إلى فانكوفر عدة مرات لأقوم بجري طويل (٣٢ إلى ٣٤ كيلومترًا / ١٩-٢١ميلًا) والطيران إلى جزر البهاما للمشاركة في نصف ماراثون.

وأخيرًا، كانت إمكانية الاستبعاد تلوح في ذهني. مقارنة بالماراثونات الأخرى، لدى طوكيو العديد من القواعد، وكنت قلقًا من أن أقوم بشيء قد يؤدي

إلى استبعادي عن غير قصد.

إحدى قواعد ماراثون طوكيو كانت أنه يجب على العداء عبور نقاط التحقق عند ٥ كيلومترات، و١٠ كيلومترات، و١٥ كيلومترًا، و٢٠ كيلومترًا ضمن زمن محدد. ذلك أضاف ضغطًا إضافيًا؛ كنت أخشى أن يمنعوني عن متابعة السباق إذا لم أعبر النقاط ضمن الزمن المحدد.

قاعدة أخرى كانت عدم إلقاء النفايات على المسار مثل الجل الرياضي أو الملابس، وما إلى ذلك. كان علينا الاصطفاف لمدة حوالي تسعين دقيقة قبل بدء السباق. كانت درجة الحرارة قريبة من الصفر (٣٢ درجة فهرنهايت) في ذلك الصباح، كانت الساعة حوالي السابعة والنصف، لذلك كنت أرتدي طبقات إضافية للبقاء دافئًا. كانت هناك أماكن مخصصة يمكننا ترك الملابس فيها. كنت قلقًا من أنني لن أتمكن من رؤيتها أو العثور عليها؛ إلقاء الملابس في مكان آخر على المسار كان سيؤدي إلى الإقصاء تلقائيًّا.

كان تصنيفي المعتاد في (المجموعة ج) للمشاركين الذين يستهدفون زمنًا نهائيًا بين ٣:٣٠ و٣:٤٥. ومع ذلك، ربما بسبب النتيجة السيئة التي حققتها في ماراثون نيويورك في عام ٢٠٢٢، تم وضعي في مؤخرة المجموعة لطوكيو (المجموعة ج).

في أي سباقات ماراثون في المدن الكبرى، وخاصة في الماراثونات الستة الكبرى، يتم اصطفاف الآلاف من العدائين للخروج إلى الطريق. لم يكن طوكيو استثناءً؛ كان محمومًا. لم تكن وضعي في (المجموعة ج) والشعور وكأنني البطريق البشري -الشعور وكأنني كنت أتدحرج بدلًا من الركض- مشكلة؛ كان التحدي الحقيقي هو كيفية التنقل بين عدد العدائين، الأمر الذي يتطلب طاقة إضافية. كان عدد العدائين في (المجموعة ج) أعلى بكثير مما

اعتدت عليه، لذلك شعرت بالازدحام.

بسبب الازدحام، تعثرت وسقطت على سور حديدي. أصيبت ذراعي اليمنى وشعرت بالألم عبر كتفي وعنقي. كان عليَّ أن أبتلع آلامي ولا أُظهِر أي علامة على الإصابة حتى لا يتم إخراجي من السباق.

بشكل عام، لم أستمتع بهذا السباق بقدر استمتاعي بالعديد من السباقات الأخرى. كنت سعيدًا بأن يتم إخراجي بسرعة من خط النهاية والعودة إلى فندقي. على عكس العديد من السباقات التي ركضتها، كان هذا هو الأكثر إثارة للقلق والأقل دافعًا. أردت فقط إكماله. وفعلت ذلك. حصلت على ميدالية خاصة لإكمال الماراثونات الستة الكبرى. إنجاز رائع!

على الرغم من أنني لست مهتمًا حقًا بتتبع الإحصائيات أو الأرقام القياسية، فقد فوجئت وفخورًا بمعرفة أن ٧١٦ كنديًا فقط أكملوا الماراثونات الستة الكبرى. راجعت قاعة الشهرة، وكنت في المرتبة ٤١ من أصل ٧١٦ من المتسابقين الكنديين و١٤ من أصل ٣٩٢ من المتسابقين الكنديين الذكور، اعتبارًا من مارس ٢٠٢٤، لم يكن هناك يمني واحد وثلاثة إثيوبيين فقط أكملوا الماراثونات الست الكبرى. لذلك، أنا أول يمني ورابع إثيوبي يتم إدراج اسمه في قاعة الشهرة. الحياة جيدة!

كان إكمال ماراثون طوكيو أيضًا لحظة للاسترخاء واغتنام الفرصة للتعبير عن امتناني لزملائي في الجري وأصدقائي وأقاربي على دعمهم المستمر على مر السنين، وكندا، التي قدمت لي الفرصة لتحقيق هذا الإنجاز!

❖❖❖❖

غالبًا ما يكون ما نتعلمه من هوليوود ووسائل الإعلام وما نختبره شخصيًا مختلفًا تمامًا. أول تفاصيل عن اليابان التي دهشتني هو عدد اليابانيين

الذين لم يتحدثوا الإنجليزية. بالنظر إلى مستوى التقدم الذي حققته اليابان في التكنولوجيا والعلوم، كنت أعتقد إلى حد كبير أن الناس قد يكونون متمرسين في لغات دولية مختلفة. لقد سافرت في مناطق نائية من إفريقيا؛ تمكن العديد من السكان المحليين من إجراء محادثات بسيطة وتسويق بضائعهم باللغة الإنجليزية. لم يكن هذا هو الحال في اليابان.

اليابان نظيفة، وطوكيو ربما أنظف مدينة رأيتها. لم أر سلة مهملات في الشارع. وهذا يعكس أن النظافة هي ببساطة أسلوب حياة بالنسبة للشعب الياباني. حتى المياه نظيفة للغاية لدرجة أن سمك الكوي قادر على العيش في قنوات الصرف الصحي في الشارع. لا يمكن للكوي البقاء على قيد الحياة إلا في المياه النقية للغاية، مما يثبت جودة المياه في البلاد.

اليابان هي موطن أكثر معبر للمشاة ازدحامًا في العالم حيث يعبر ٢٫٥ مليون شخص تقاطع شيبويا في طوكيو يوميًا.

وهناك أكثر من ٦٠٠٠ غطاء مجاري في جميع أنحاء الجزيرة الرئيسية (هونشو)، مزينة بالفن. كل واحد منها فريد من نوعه، ويعكس الثقافة المحلية.

نعم، كان شرط الصمت في المطاعم وأثناء ركوب القطار أصعب شيء أعتاد عليه. على الرغم من أنني شخص انطوائي، إلا أنني رجل ثرثار ويمكنني التحدث مع أي شخص لساعات.

أثناء رحلة القطار إلى جبل فوجي، سألتني ابنتي لينا إذا كان بإمكانها تناول إحدى ثمار الموز التي كنت أحملها في حقيبتي. قلت لها إننا لا يمكننا الأكل في القطار.

لقد اندهشنا من كيفية تمكن نظام النقل العام من الالتزام بجدول زمني

دقيق يستوعب ملايين الأشخاص يوميًا. ولكن إذا فاتتك وسيلة النقل، فأنت بحاجة إلى شراء تذكرة جديدة لأن كل تذكرة تكون لوقت محدد وعربة ومقعد.

بشكل عام، استمتعت بالثقافة وتجربتي. انبهرت بنظافة وترتيب المجتمع الياباني. الأنظمة منظمة جيدًا والناس مهذبون ومنضبطون. كان العيب الوحيد بالنسبة لي في هذا الصدد هو أنه بسبب التزامهم بالانضباط واتباع القواعد، لم يُسمح لي بتسلق جبل فوجي، حيث إنه مغلق في مارس.

بارقة أمل

الخامس والعشرون

منخفض داناكيل ٢٠٢٠

لقد أُطلق عليها أحد أكثر الأماكن غرابة على وجه الأرض، "بوابة الجحيم"، وبحسب تعبير المستكشف البريطاني ولفريد ثيسيجر، فإنها بحق "أرض الموت".

- مونيكا بيتريلي، محررة في سي إن بي سي للسفر.

الحياة مليئة بالتقلبات، وكذلك كوكبنا الجميل.. كما هو الحال مع كوكبنا الجميل. فقد شاهدت قمة إفريقيا بتسلق جبل كليمنجارو، وهو أعلى جبل في إفريقيا. ووجدت أنه من المغري أن أزور أحد أدنى وربما أكثر الأماكن حرارة على وجه الأرض، والذي يوجد أيضًا في إفريقيا (إثيوبيا).

تتراوح درجات الحرارة في منخفض داناكيل بمتوسط ٣٤٫٥ درجة مئوية (٩٤ درجة فهرنهايت)، وقد تم تسجيل درجات حرارة تتجاوز ٥٠ درجة مئوية (١٢٢ درجة فهرنهايت).

يوجد جبلان في الطرف الجنوبي لمنخفض داناكيل، جبل أييلو وإرتا أليه، وهما أيضًا براكين نشطة. جبل أييلو يقع في أقصى الغرب والأقدم من الاثنين. إرتا أليه هي واحدة من عدة بحيرات فوهة بركانية في المنطقة مع حمم تتدفق باستمرار فيها. تحتوي المنطقة أيضًا على الينابيع الساخنة في دالول.

تقوم الأنشطة البركانية بتسخين مياه الينابيع، وتجلب الكبريت والحديد إلى السطح، تاركة وراءها رواسب صفراء وخضراء وبرتقالية. وعلى مر القرون، كان السكان المحليون يسيرون في قوافل الجمال لاستخراج الملح يدويًا، وفي السنوات الأخيرة، قام بعضهم بإرشاد السياح إلى هذا المنظر الطبيعي الذي

يشبه عالمًا غريبًا.

طلبت من بعض أصدقائي من كالجاري مرافقتي في هذه المغامرة الجديدة. ولكن، كما هو الحال مع معظم الرحلات الدولية، كان من الصعب تنسيق رحلات متعددة بين أشخاص لديهم التزامات عمل متنوعة وخطط عطلات مختلفة، لذلك اضطررت إلى خوض هذه الرحلة بمفردي. قمت بحجز رحلتي السياحية مع شركة محلية وتوجهت إلى إثيوبيا خلال الموسم الأكثر برودة وراحة - يناير وفبراير ٢٠٢٠.

من أديس أبابا إلى ميكيلي لا تزيد المسافة عن ٥٠٠ كيلومتر (٣١٠ ميلًا)، ولا تستغرق الرحلة الجوية سوى ساعة واحدة. ولكن التكلفة البالغة ٣٥٠ دولارًا أمريكيًا مرتفعة للغاية بالنسبة للسكان المحليين، بالنظر إلى أن متوسط الدخل للأشخاص الذين يعيشون هناك حوالي ٧٥ دولارًا شهريًا. خلال رحلتي، كانت قوات الأمن في حالة تأهب قصوى بسبب التوترات في إثيوبيا بين الحكومة المركزية والسلطات المحلية. على الرغم من وجود العديد من الزائرين الأجانب على متن الرحلة وفي المطار، لاحظت أن أفراد الأمن كانوا يراقبونني. في الأساس، كنت أبدو مثل السكان المحليين النموذجيين، ولكن مع بعض حركات الجسم الغريبة. بعد أن عشت في كندا والولايات المتحدة لمدة أربعين عامًا تقريبًا، فقدت الطرق التي يستخدمها الشعب الإثيوبي؛ أستخدم إيماءات مختلفة وأنواع أخرى من لغة الجسد. بدا واضحًا للسكان المحليين أنني جديد على البيئة. والجزء المضحك كان مقدمة الدليل السياحي الذي كان ينتظرني في محطة المطار حاملًا لافتة باسمي. اقتربت منه لأقدم نفسي، وشعر بالحيرة بسبب اسمي، لأن اسمي ليس إثيوبيًا، ولكن وجهي كذلك؛ أربك اسم عائلتي الجميع.

كنت جزءًا من مجموعة مكونة من اثني عشر شخصًا، وقد تم تقسيمنا إلى

بارقة أمل

عدد من الحافلات الصغيرة ونُقِلنا إلى مكتب الجولات السياحية. تم توزيعنا على مجموعات أصغر، وتم تخصيص سيارة تويوتا لاند كروزر رباعية الدفع لكل مجموعة في المكتب. كنت معجبًا بحالة السيارات. نظرًا للوضع في البلاد وبالنظر إلى وجهتنا، كنت قلقًا بشأن نوع السيارات التي سنركبها.

الأفراد الاثنا عشر كانوا من البرازيل، وألمانيا، وكندا، والصين، وفرنسا. تم ضمي إلى مجموعة مع عائلة فرنسية - الأم وابنها وابنتها. جلست الأم وابنها وابنتها في المقعد الخلفي، بينما جلست في المقعد الأمامي بجانب السائق. كان عمر الابن والابنة أربعة وعشرين وثمانية وعشرين عامًا. تحدثوا الإنجليزية، لكن الأم لم تكن تتحدثها. سرعان ما انسجمنا مع بعضنا البعض. المرشد، الذي كان أيضًا السائق، كان يتحدث الإنجليزية بقدر محدود، وكان سعيدًا بهذا المزيج؛ لأنني كنت أتمكن من التحدث إليه بالأمهرية وترجمة المعلومات للعائلة الفرنسية إلى الإنجليزية.

أخبرني أنه اعتقد خطأً أنني من أصل سريلانكي.

فسألته متعجبًا: "لماذا؟"

قال: "أنتَ تبدو إثيوبيًّا، ولكنك لا تتصرف أو تتحدث مثلنا. علاوة على ذلك، لم أرَ إثيوبيين يأتون إلى هذا المكان لزيارة منخفض داناكيل. معظم الإثيوبيين لا يعرفون بوجود دالول أو مكان وجودها." (دالول هو الاسم المحلي لمنخفض داناكيل).

اليوم الأول: من بيرهالي إلى حامد

بدأنا في قرية بيرهالي الصغيرة الواقعة على أطراف منخفض داناكيل؛ يمكن القول إن منخفض داناكيل يبدأ من هنا.

سافرنا عبر بلدة بيرهالي الصغيرة، حيث تتوقف قوافل الجمال قبل أن تواصل رحلتها إلى المرتفعات الشمالية. في طريقنا إلى حامد إلا، رأينا العديد من القوافل الطويلة التي كانت متجهة إلى مناجم الملح وأخرى كانت تخرج من داناكيل مع جمال محملة بالملح.

مررنا بجانب قافلة جمال تحمل الملح إلى أقرب المدن الكبيرة. طلبت من المرشد أن يتوقف لالتقاط الصور. الرجل الذي كان يقود القافلة توقف لتحيتنا. تحدثت معه بالأمهرية وطلبت منه أن يسمح لي بالسير مع الجمال. وافق.

قيادة قافلة الجمال كانت تجربة أشبه بتجربة خارج الجسد. هذه الحيوانات الطويلة جدًا كانت هادئة للغاية. سحبها جعلني أشعر أنه لو بقيت في إثيوبيا، لكان هذا هو عملي-روتيني اليومي. دون وعي، وضعت العصا على كتفي وبدأت في قيادة هذه الحيوانات الضخمة. خمسة عشر جملًا تبعوني دون تردد أو مقاومة. شعرت باتصال عميق معهم لم أختبره من قبل. كان هناك شعور عميق بالثقة المتبادلة؛ أن هذه الحيوانات ستبقى هادئة وستسير خلفي ببساطة، وكنت أشعر أنهم يثقون بي أيضًا. شعرت أن وجود هذه الخمسة عشر جملًا خلفي أعادني إلى اليمن؛ شعرت أنني غمرت في هذه التجربة الفريدة.

قلت له: "لو لم أغادر إثيوبيا منذ أكثر من أربعين عامًا، لكنت نافستك على وظيفتك."

لم يستطع التوقف عن الضحك لفترة طويلة. أخيرًا قال: "أنا سعيد لأنك غادرت. لم أكن لأتمكن من المنافسة معك."

اليوم الثاني: من حامد إلا إلى دودوم

بدأنا مبكرًا، بعد فترة وجيزة من تناول الإفطار في الساعة السادسة والنصف، وسافرنا إلى دودوم عند قاعدة بركان إرتا أليه. استغرقت الرحلة التي تبلغ ٨٠ كيلومترًا (٥٠ ميلًا) حوالي ست ساعات، حيث مررنا عبر منظر طبيعي متغير من الحمم البركانية المتصلبة والصخور والرمال والواحة المحاطة بالنخيل في بعض الأحيان. مررنا بعدة قرى صغيرة متناثرة في هذه الصحراء قبل الوصول إلى دودوم. ثم بدأنا بقية الرحلة سيرًا على الأقدام؛ واستغرق السير من دودوم إلى إرتا أليه حوالي ثلاث ساعات.

حملت الجمال كل مواد التخييم والنوم والطعام والماء إلى حافة البركان، حيث قضينا الليل نشاهد المشهد الدرامي للحمم البركانية المغلية.

كان رؤية الحمم البركانية تغلي وتتدفق مشابهًا لمشاهدة غليان إناء على الموقد، ولكن الفرق هو أن الإناء محصور وأصغر بكثير. كانت مشاهدة الحمم البركانية المغليّة التي تتجاوز حجم ملعب كرة القدم مخيفة. بدأت أتساءل عما إذا كانت الأرض التي أقف عليها ستنهار. خاف أن أصبح جزءًا من ذلك الخليط المغلي. الهواء كان مليئًا بالدخان وكان عليَّ ارتداء قناع. شعرت بصغر حجمي مقارنةً بالظاهرة الطبيعية أمامي. كنت ممزقًا بين الشعور بالحماس والانبهار والخوف؛ ظللت أتساءل، هل تأكد أحد من أن هذا المكان آمن؟ هل أقف على أرض ثابتة؟ إذا ابتلعني هذا البركان الغاضب، هل كانت الرحلة تستحق ذلك؟

يعد بركان إرتا أليه موطنًا لبحيرة الحمم البركانية الوحيدة الدائمة في العالم. إرتا أليه هو بركان درعي (الذي يتكون نتيجة تدفق الحمم البركانية المستمر) ويعد واحدًا من أجمل المعالم الطبيعية في إثيوبيا. يبلغ قطر قاعدته حوالي ٣٠ كيلومترًا (١٨,٦ ميلًا). قضينا ليلة لا تُنسى على قمة الجبل. الهدوء، السكون، مشاهدة السماء، والنوم تحت ضوء القمر على حصيرة رغوية بدون خيمة أو مأوى.. شعرت بالحرية والتحرر.

دودوم إلى إرتا أليه ثم العودة إلى حامد إلا

في الصباح الباكر، استيقظنا مع شروق الشمس وقمنا بجولة سريعة حول الحفر والفوهات البركانية. الفوهة الرئيسية، التي يبلغ عمقها ٢٠٠ متر (٢١٩ ياردة) وعرضها ٣٥٠ مترًا (٣٨٣ ياردة)، شبه دائرية ومكونة من ثلاث طبقات. أما الحفرة الجنوبية الأصغر فهي بعرض ٦٥ مترًا (٧١ ياردة) وعمق حوالي ١٠٠ متر (١٠٩ ياردة). بدأنا المشي حوالي الساعة السابعة صباحًا وعدنا إلى المخيم في حوالي الساعة العاشرة والنصف لتناول الإفطار. بعد قسط من الراحة، انطلقنا نحو حامد إلا، وهي قرية يبلغ عدد سكانها حوالي ٥٠٠ نسمة. قضينا الليلة في التخييم هناك.

لاحظت أن مسؤولي الأمن في نقاط التفتيش كانوا يركزون عليّ في هذا اليوم أيضًا. كانوا يسحبون سيارتنا الجيب لفحصها، لكنهم كانوا يسألون عني باستمرار، "من هذا الشخص؟ لماذا هو هنا؟ أين هويته؟"

طُلب مني التَرَجّلَ من السيارة في كل محطة تقريبًا خلال الرحلة، وكان الضباط يفحصون جواز سفري بعناية. لاحظت العائلة الفرنسية التي كنت أسافر معها نفس النمط. سألتني الأم مازحة ما إذا كنت مطلوبًا على قائمة أو إذا كان شخص يشبهني قد هرب من السجن. ضحكنا. التفسير الوحيد

الـذي كان لـدي هـو أننـي لم أكـن أبـدو كأوروبي، وأنـه نـادرًا مـا يسافـر أشـخاص مـن لـوني مـع الأوروبيين. لذلـك، كنـت أسـترعي انتباه ضبـاط نقطة التفتيش.

حدث موقفان طريفان آخران بسبب لون بشرتي.

في كل مـرة كان المرشـدون السياحيون يحصـون الأفـراد للتأكد مـن أنهـم لم يفتقـدوا أحـدًا، كانـوا يبحثـون عـن خمسـة عـشر شخصًـا، لكنهـم يفترضون أنهـم يبحثـون عـن سياح بأشكال أوروبيـة أو آسيوية.

كانوا دائمًا يسألون "أين الأجنبي الآخر؟"

أحصوا أربعـة عـشر شخصًا، لكنهـم تجاهلوني عنـد العـد لأنهـم اعتقـدوا أننـي مـن السكان المحليين.

أمـا الحادثـة الأخرى، فكانت لصالحي المـادي! عندما ذهبنا إلى الينابيـع الحـارة الطبيعيـة، كان عـلى كل شخص دفـع حـوالي ٥٠ دولارًا كرسـوم دخـول، لكنهـم لم يطلبـوا منـي ذلك لأنهـم اعتقـدوا أنني مـن السكان المحليين!

اليوم الرابع: من حامد إلا إلى دلول وبحيرة عسل

سـافرنا إلى أسيبو في الصبـاح، حيـث يتم استخراج الملـح الملون. لاحظنـا العمال وهـم يكسرون الملـح مـن الأرض ويقطعونـه إلى قطـع مستطيلة ويحملونـه عـلى الجمال.

بعـد ذلـك، انطلقنـا إلى دلـول، التـي تقـع عـلى عمـق ١١٦ مـترًا (٣٨٠ قدمًـا) تحت مسـتوى سطح البحر، وهي واحدة مـن أخفض الأماكـن في العالم، وزرنـا المناظر الطبيعيـة المختلفـة التـي تشـكلت بفعـل النشـاط الـبركاني. ثم زرنـا بحـيرة عسـل، وهـي بحـيرة فوهـة بركانيـة في صحـراء داناكيـل، وتبـع ذلك جولة

سيراً على الأقدام مع قوافل الجمال والشعب المحلي من عفار.

أخيراً، سافرنا بالسيارة إلى حامد إلا ثم توجهنا إلى ميكيلي، عاصمة منطقة تيجراي.

من أكثر الجوانب المدهشة لهذه الرحلة أنه عندما ذهبت إلى أديس أبابا، أربعة من بين خمسة إثيوبيين تحدثتُ إليهم لم يسمعوا حتى عن هذا المكان؛ لم يعرفوا أنه كان في بلادهم. سألني البعض لماذا ذهبتَ إلى هناك. كان الأمر أشبه بالتحدث إلى كندي لم يكن لديه أي فكرة أن شلالات نياجرا أو بانف كانت في كندا.

السادس والعشرون

شلالات النيل الأزرق مع ابنتَيَّ

النيل، جديد وقديم إلى الأبد،

بين الأحياء والأموات،

جدوله القوي الغامض قد تدفق.

- هنري وادزورث لونغفيلو، شاعر.

في عام ٢٠١٠، اصطحبت ابنتَيَّ إلى إثيوبيا لزيارة بحيرة تانا ومشاهدة شلالات النيل الأزرق.

أخذنا رحلة طيران مدتها ساعة من أديس أبابا إلى بحير دار، حيث قضينا ليلة واحدة. من هناك، قمنا بجولة بالقارب إلى بحيرة تانا لاستكشاف الأديرة القديمة على الجزر قبل زيارة الشلالات في فترة الظهيرة. شاهدنا حوالي خمسة أديرة، وأُخبِرنا أننا لن نتمكن من زيارة أربعة أديرة أخرى على الأقل لأن النساء والفتيات لم يُسمح لهن بالدخول إلى الجزر.

أثناء زيارتنا لتلك الأديرة الخمسة، شاركنا مرشد الجولة تاريخ المسيحية الغني في إثيوبيا وتاريخ ملكة سبأ. أوضح أن ابن الملكة، منليك، كان إثيوبيًا. بينما كان يشرح لنا الصور المرسومة على جدران الأديرة التي تصف زيارة الملكة إلى الملك سليمان ثم عودتها إلى إثيوبيا، شرح لنا تفاصيل زيارتها.

من دراساتي المسيحية والإثيوبية والقرآنية، كنت أعرف أن الأصل الجغرافي الدقيق لملكة سبأ قد تم نقاشه على نطاق واسع لعدة قرون. سرعان ما

ذكّرتني لينا بأنني أخبرتها أن ملكة سبأ كانت يمنية.

بالعربية، رددت عليها بلطف، "لنناقش هذا لاحقًا"، حيث لم أرد أن أحرج أو أزعج مرشد الجولة، الذي شرح بشغف الروابط بين إثيوبيا وأرض سليمان (أرض كنعان). كان المرشد مصممًا وفخورًا بأن ملكة سبأ إثيوبية، ولم أرد أن أثير أي تساؤلات حول ذلك.

استمرت بناتي في النظر إلى اللوحات على الحائط وسألن عن سبب فاتح لون الشخصيات مقارنة بالإثيوبيين النموذجيين. قالت لينا، "إذا كان هذا التراث والتاريخ الإثيوبي، فإن الصور يجب أن تمثل أيضًا هوية السكان المحليين". لم يكن لدي أي كلمات لشرح التناقض، كما أن المرشد لم يكن لديه إجابة!

تقع شلالات النيل الأزرق على بعد حوالي ٣٠٠ كيلومتر (١٨٦ ميل) شمال أديس أبابا. أثناء فيضان النهر، يكون الماء مرتفعًا لدرجة أنه يبدو شبه أسود. في اللغة السودانية المحلية، تُستخدم نفس الكلمة لكل من "أسود" و"أزرق"، لذا يُطلق عليه اسم النيل الأزرق. قبل الوصول إلى الشلالات، رأت ابنتاي كوخًا خشبيًا بجانب الطريق مع علم إثيوبي يرفرف بالقرب من المدخل. طلبت لينا منا إيقاف السيارة.

سألت لينا المرشد، "ما هو ذلك المبنى؟" أجاب، "إنه مدرسة."

"هل يمكننا الزيارة؟"

أجاب، "بالتأكيد"

عندما اقتربنا من بوابة الكوخ، وجدنا حوالي خمسة عشر طالبًا - صبية وصبايا في غرفة واحدة. كان هناك معلمة واحدة.

توقف الدرس عندما رأتنا المعلمة والطلاب وجودنا عند الباب. جاءت

للاستفسار عن سبب وجودنا هناك. أخبرتُ المعلمة باللغة الأمهرية أنني وابنتَيَّ قد وصلنا للتو من كندا وأن الفتاتين قد طلبتا رؤية المدرسة. ابتسمَتْ وسألتني، "ماذا تود أن تعرف؟" سألتُ ابنتَيَّ إذا كان لديهن أي أسئلة للمعلم.

حاصرت لينا المعلمة بالأسئلة: "كم عدد المعلمين هنا؟ كم مادة تدرسين؟ من أين تأتي الكتب الدراسية؟ كم يبعد الطلاب عن المدرسة؟".

أجابت المعلمة، "أنا المعلمة الوحيدة وأدرس جميع المواد. الحكومة النرويجية تبرعت بالكتب الدراسية. الأطفال يمشون ١٠ كيلومترات (٦،٢ميل) من المنزل إلى المدرسة والعودة."

سكتت لينا من الدهشة والذهول. أما سمر، التي كانت في السادسة من عمرها آنذاك، فلم ترغب في أن تُفوت فرصة المشاركة.

كان سؤالها الأول، "أين صالة الألعاب الرياضية؟"

أما سؤالها الآخر فكان عن الراعي الذي كان يرعى الأبقار بالقرب. كان صبيًا يبدو أنه في العاشرة من عمره.

سألت: "لماذا هذا الصبي ليس في الفصل؟"

كانت المعلمة تتقن اللغة الإنجليزية لكنها لم تكن لديها إجابة فورية على سؤالها. ابتسمت ونظرت إليّ طلبًا للمساعدة. توجهتُ إلى سمر وقلت لها إن الحقل الذي تراه خلف المدرسة هو صالة الألعاب الرياضية الخاصة بهم، وإن الصبي كان قد ترك المدرسة الابتدائية للعمل لدعم عائلته. ضحكت

لينا، وكانت سمر راضية عن إجابتي.

غادرتُ هذا الموقع بعد أن تعلمتُ درسًا هائلًا: لا يمكن لأي كتاب مدرسي أو فيلم أن يُعلِّم الأطفال معنى التضحية وما يعنيه عدم امتلاك الرفاهيات التي يتمتعون بها في المنزل. أدى توقف بسيط وغير متوقع إلى درس لم أكن أعتزم تعليمه لبناتي.

في اليوم الذي وصلنا فيه إلى شلالات النيل الأزرق، بدأت الحكومة الإثيوبية في تحويل مجرى نهر النيل الأزرق لبناء سد ضخم لتلبية احتياجاتها من الطاقة.

الهدف الأساسي من السد هو إنتاج الكهرباء لتخفيف نقص الطاقة الحاد في إثيوبيا وتصدير الكهرباء إلى البلدان المجاورة. سيكون السد أكبر محطة للطاقة الكهرومائية في إفريقيا والسابع في العالم عند اكتماله.

بسبب حجم السد، بدت الشلالات صغيرة جدًا مقارنةً بالصور التي عرضتها على ابنتَيّ قبل مغادرتنا كندا.

سألَتْ ابنتاي، "هل سافرنا كل تلك المسافة من كندا فقط لرؤية هذا؟"

كانت شلالات أصغر بكثير من الشلالات التي أريتهما إياها في الفناء الخلفي لمنزلنا في جبال روكي ألبرتا. لم أجد إجابة سوى أن أخبرهما أن المياه يتم تحويلها للطاقة الكهرومائية.

"كان ينبغي عليك التحقق من ذلك قبل أن تحجز الرحلة!" قاموا بتوبيخي.

بارقة أمل

"لقد انكشف أمري، تلك هي مشكلة تربية البنات ليكُنَّ ذكيات ونقديات!"

❖❖❖❖

منذ تلك الرحلة، سافرت لينا إلى جنوب إفريقيا وغانا وإثيوبيا لتعليم طلاب المدارس الابتدائية والمتوسطة الرياضيات وكيفية القراءة والكتابة باللغة الإنجليزية. كل عام، تنفق بضع مئات من الدولارات لشراء وشحن الدفاتر والأقلام والأدوات المكتبية إلى المدارس التي زارتها سابقًا. سافرت ابنتاي أربع مرات إضافية إلى إثيوبيا لمساعدة المنظمة الإنسانية الكندية للإغاثة الدولية. بالإضافة إلى ذلك، كلتاهما يشاركان في أنشطة جمع التبرعات في كالجاري لإرسال الأموال إلى الأطفال الإثيوبيين الذين فقدوا والديهم بسبب فيروس نقص المناعة البشرية / الإيدز.

أنا فخور بأنني ربيت ابنتين تقدران ما تقدمه لهما كندا ولديهما التعاطف والكرم لمساعدة الآخرين. إنهما قادرتان على مقارنة حياتهما بحياة الأشخاص الذين يملكون أقل، وإضفاء الطابع الشخصي على هذه القضايا، واتخاذ إجراءات. وبوجه خاص، إنهما اختارتا دعم الأشخاص الأقل حظًا في القارة التي وُلدت فيها، يجعلني سعيدًا.

كتب أخرى في هذه السلسلة

المجلد الأول

عندما يتم تعريف الحياة ومناقشتها من خلال المقاطع الصوتية ووسائل التواصل الاجتماعي، من يريد أن يسمع قصة عن صبي اجتاز ثقافات ولغات وأديان ومناطق جغرافية متعددة؟

"من لا شيء"، المجلد الأول من مذكرات عادل بن هرهرة المكونة من ثلاث مجلدات، يتعمق في رحلة صبي انفصل عن والدته عندما كان طفلًا صغيرًا وتيتَّم بشكل أساسي في سن الخامسة عندما تُوفي والده. مع عدم قدرة والدته على توفير الدعم، كان الصبي بلا مأوى، وغالبًا ما تُرِك في الشوارع بين سن الثامنة والحادية عشرة. كيف نجا؟

وُلِد الصبي في أديس أبابا لأم إثيوبية فقيرة تبلغ من العمر خمسة عشر عامًا ورجل أعمال ثري يبلغ من العمر خمسين عامًا، وهو جندي بريطاني متقاعد من الشرق الأوسط.

تلقَّى الصبي تعاليم دينية واسعة في اليهودية والإسلام والمسيحية عندما كان طفلًا. عندما كان ماركسيًّا مراهقًا في إثيوبيا، سجن لمشاركته في حركة شبابية للحزب الشيوعي. بالكاد تجنَّب رصاص فرقة الموت قبل أن ينتقل إلى أرض أجداده: اليمن.

هذه هي قصة ذلك الصبي، قصة ملهمة عن المثابرة

والبقاء.المجلد الثاني

يتحدَّث "أمل يلوح في الأفق"، وهو المجلد الثاني من مذكرات عادل بن هرهرة المكونة من ثلاث مجلدات، عن ملايين اليمنيين المولودين في الخارج الذين يكافحون من أجل المساواة في الحقوق والمواطنة. كان شابًا واحدًا أمضى اثني عشر عامًا في شمال اليمن، حيث عانى من التحيز والتمييز وآثار الحرب الأهلية..

لقد تحمَّل معاملة قاسية لأنه كان يرتدي بشرة داكنة، ووُلِد في شرق إفريقيا، ولم يكن قادرًا على الاندماج في مجتمع متخلف يعيش وفقًا للتقاليد الثقافية البدائية. لقد صمد وتمكَّن من مغادرة أرض أسلافه، ليس لأنه كان قاسيًا، ولكن لأنه لم يكن لديه خيار.

ماذا حدث لواحدة من أقدم الدول على وجه الأرض، مهد الحضارة العربية، موطن ملكة سبأ التوراتية، قرينة الملك سليمان؟ مع روابط مع الأراضي السامية إلى الشمال وثقافات القرن الإفريقي عبر البحر الأحمر، فإن اليمن متجمد في الوقت المناسب ولا يزال يمارس تقاليد العصور الوسطى. وتعمل الأمية والصراعات القبلية المستمرة كعوامل محفِّزة في قمع التنمية والتحديث وفي إبقاء البلد والمناطق المحيطة به مشبوهة ومهددة للعالم.

هل تريد أن تتعلم الأعمال الداخلية للحياة اليمنية من خلال نضالات صبي يبلغ من العمر ستة عشر عامًا هاجر إلى أرض أجداده؟ واصِل القراءة.

الاعترافات

أنا ممتن للغاية للدعم المذهل والإيمان والتوجيه والمرونة التي تلقيتها في رحلتي. إن الدعم الثابت من مؤيدي المهتمين، والإيمان الذي لا يتزعزع من الموجهين المشجعين، والحكمة التي لا تُقدَّر بثمن من مرشدي ذوي الخبرة، والقدرة التي لا تتزعزع على التكيُّف من رفاقي الاستيعابيين - لعبوا جميعًا دورًا حاسمًا في مساعدتي على تحقيق إمكاناتي الكاملة. فيما يلي أسماء الأفراد الذين لم يتم تضمينهم في إهداء الكتاب، وهو أمر مهم بنفس القدر لنجاح كتابي وحياتي.

خاتمة

لا يدرك المرء حقًا فردًا إلا إذا نظر إلى الأمور من منظوره... حتى يدخل في جلدهِ ويتجول فيه.

- هاربر لي، روائية، "قتل الطائر المغرد".

كيف بدأ كل شيء، هذه الفكرة المحمومة عن كتابة مذكراتي؟

لقد ساعدني الوقت الذي أخصصه لجبال روكي الكندية في تطوير تقدير عميق للأرض التي اخترت أن تكون موطنًا لي، وفهمًا أعمق لنفسي. إنه علاج بالنسبة لي! كان التحول إلى تسلق الجبال لا يمكن أن يكون في وقت أفضل في حياتي، ربما لأنني كنت بوعي أو دون وعي أعد نفسي للإرهاق الشديد في أواخر الأربعينيات من عمري.

أصبح قضاء الوقت في جبال روكي بنفس أهمية كرة القدم في أيام شبابي. ربما أكثر. كلما زاد الوقت الذي أقضيه في الجبال، زاد انجذابي إليها. إن النظر إلى هذه الهياكل الضخمة يجعلني أشعر بالتواضع؛ فأنا أتأمل مدى ضخامتها - كم هي هادئة، ساكنه، وثابتة. الثلج، الشلالات، الأشجار كلها هادئة للغاية؛ فهي تملؤني بالسلام. تخبرني تلك الهياكل الصخرية العملاقة أنها بحاجة إلى أن تكون في انسجام معي. إن التواجد في هذه الطبيعة يجعلني أشعر بالاسترخاء والنشاط. متأصل.

ربما أنا حقًا طفل بري في أعماقي، وأستطيع أخيراً إعادة الاتصال بذلك الجزء من نفسي بينما أتجول في الجبال. أو ربما أنا فقط أعكس القصص التي سمعتها عن والدي وأقلد بشكل غير واعٍ أفعاله ونمط حياته، مثل حبه للتخييم والطبيعة. عندما أنظر إلى الوراء، أشعر أن جميع القرارات

الكبيرة التي اتخذتها مؤخرًا يمكن تتبعها إلى طفولتي.

بعد عامين من طلاقي، انتقلت ابنتاي للعيش معي بدوام كامل. بينما كانت معارك الحضانة والقانون محتدمة، شجَّعني أصدقائي على التسجيل لدى مستشار فردي لنفسي ومعالج عائلي للثلاثة منا. كان المعالج العائلي ضروريًا لأنني كنت أواجه صعوبة في الترابط عاطفيًا مع ابنتَيَّ. ببساطة، لم أكن أمتلك مهارات التواصل لفهم ودعم فتاتين مراهقتين. كانت هناك حاجة إلى العلاج الفردي لأنني كنت أحمل ألمًا غير محلول من ماضِيَّ.

كانت المرة الأولى التي فهمت فيها ميلي نحو الطبيعة وجبال الروكي عندما سألني معالجي: "متى كانت آخر مرة شعرت فيها بالهدوء التام وكنت حقًا في اللحظة؟" فكرت لبضع ثوانٍ ثم تذكرت لحظة واحدة خلال رحلة إلى نزل تيكارا في جبال الروكي. كنت جالسًا في كرسي على ضفاف نهر أتاباسكا في حديقة جاسبر الوطنية. كانت الشمس تغرب. كنت أراقب تدفق النهر بلطف. أدهشتني جبال الروكي الشامخة، بقمتها المغطاة بطبقة ناعمة من الثلج وخطوط الأشجار الطويلة تتلألأ تحت أشعة الشمس الذهبية في المساء. لا أعتقد أنني شعرت بالسلام أكثر من تلك اللحظة.

ربما تأتي في المرتبة الثانية الساعات التي قضيتها على البحر الأحمر في المخا، أراقب الألوان الرائعة من الأحمر والبرتقالي والأزرق، التي تركتني في حالة من الدهشة بينما كانت الشمس تغرب نحو الأفق. توفر أشعة الشمس الساطعة اثنتي عشرة ساعة من الضوء المنعش وتغرق بسلام في البحر وكأنها تتنعم بالنوم.

في كل مرة يمتلئ رأسي وأشعر بالغمر، أفكر في ذلك المساء في جاسبر وأحاول استعادة ذلك الشعور بالسلام. نعم، أعلم. لقد تغيَّرت. يمكنني أن أكون

هادئًا ومطمئنًا. من كان يدري؟

كنت دائمًا أعتبر نفسي شابًا مدنيًا حقيقيًا، من نوع رجال الأعمال - متخصصًا في المكاتب. كنت أتباهى بعدد نقاط المكافآت التي كنت أجمعها خلال الرحلات التجارية وبأنني كنت قد حصلت على مكتب في زاوية. كان تقديم بطاقة عمل أنيقة بلقب مبالغ فيه يجعلني أشعر بأنني أطول. كنت أستمتع بمشاهدة العمارة الخلابة للمدن، وأتناول الطعام في مجموعة متنوعة من المطاعم، وألعب ألعاب الحاسوب. كنت أحب كل ذلك.

لكن بعد ذلك حدث شيء ما. لست متأكدًا ماذا، أو متى، أو كيف، لكن شيئًا ما تغيَّر. لقد تغيَّرت. لم يستطِع هذا الرجل المدني الانتظار لمغادرة غابة الإسفلت والضياع في أحضان الطبيعة. ربما بدأ كل شيء برحلتي الأولى مع بناتي إلى منتزه بانف الوطني، حيث وقعت في حب الشعور بأنني صغير جدًا عند أقدام شيء كبير وعظيم. شيء لم يُصنع، بل خُلق بواسطة أم الطبيعة. وخلال وقتنا في الجبال، طرأت على ذهني فجأة فكرة: لماذا نعيش في مدن مكتظة بينما هناك الكثير من الجمال في الخارج؟

خلال رحلاتي إلى الجبال، بدأت في التقاط الصور باستخدام هاتفي المحمول لتذكرني بتلك اللحظات عندما عدت إلى المنزل. في بعض الأحيان، أشارك تلك الصور على وسائل التواصل الاجتماعي. لاحظت سيدتان، ميكي وماري، لقطاتي. لاحظ كلاهما موهبتي في التصوير - وهي مهارة لم أكن أعرف أنني أمتلكها! كانتا تشجعانني غالبًا على التقاط المزيد من الصور، بل اقترحتا عليّ استثمار في معدات أفضل وبعض التدريب. سألت ميكي إذا كان بإمكانها حفظ صوري على جهازها لأنها أحبتهم كثيرًا. سمحت لها باستخدام صوري، مسرورة بأن صوري كانت محل تقدير كبير. ومنذ ذلك الحين، أظهرت لي دليلًا على أن صوري الآن معلقة على جدران مكتبها ومنزلها.

ماري نوزوورثي، الصديقة الأخرى، هي طبيبة ومساعدة أستاذ سريري في قسم طب الأطفال بجامعة كالجاري. ماري أيضًا مديرة في مستشفى ألبيرتا للأطفال في عيادة الربو. وهي أم لأربعة أطفال.

في يوم جمعة في أواخر ديسمبر ٢٠١٩، اتصلت بماري لأسألها إذا كانت ترغب في أن ترافقني إلى الجبال.

قالت: "بالتأكيد!"

توقفت مؤقتًا وقالت: "سيكون هذا تمامًا كأصدقاء".

"بالطبع! ماذا يمكن أن يكون غير ذلك؟"

اصطحبتُها في صباح اليوم التالي حوالي الساعة ٦. لم يكن لديها وقت لتناول الإفطار قبل وصولي، لذلك أحضرتُ شيئًا لنا لتناوله أثناء القيادة.

تضمن خطة اليومين زيارة عدد من الشلالات المتجمدة بين بانف وجاسبر: شلالات بانثر، شلالات أثاباسكا، وشلالات سنوابتا. توقفنا أيضًا عند بحيرة لويز لزيارة منحنى مورانت، وهو منطقة في جبال الروكي يمر بها القطار. في اليوم الثاني، زرنا وادي مالين، حيث عرضت ستة جسور مياه متجمدة. وقد مكّنتنا الجسر الخامس من الاستمتاع بمنظر ملحمي لشلال الوادي. كانت المحطة الأخيرة في طريق عودتنا إلى كالجاري هي بحيرة أبراهام، أكبر بحيرة صناعية في ألبرتا. كانت فقاعات الجليد تتفتح تحت البحيرة كأنها زهور، مما خلق مشهدًا مذهلًا. حاولنا التركيز على البحيرة وتجاهل الرياح التي كانت تصل سرعتها إلى ٩٠ كم/س (٥٥ ميل/س) التي كان علينا تحملها.

خلال هذه الرحلة التي استغرقت يومين، سألت ماري عن طفولتي وحياتي في سن الشباب. في تلك الثماني والأربعين ساعة التي قضيناها معًا، ربما

تحدثت عن قصص حياتي لمدة عشرين ساعة. لم تكن ماري تمانع على الإطلاق واستمرت في الاستماع بينما كانت تستفسر عن المزيد. بعد سماع العديد من تجاربي الغريبة في نهاية اليوم الثاني، قالت: "عادل، يجب عليك كتابة كتاب!"

"أنا غير قادر على تجميع بريد إلكتروني قصير دون ارتكاب بعض الأخطاء الإملائية أو النحوية. سيكون كتابة كتاب مستحيلًا!" جادلت.

"عادل، أنت لا تعرف، لكنك راوي قصص ممتاز ولديك الكثير من القصص لتشاركها."

أكنُّ احترامًا كبيرًا لماري كشخص متزن. لم تشجعني فقط على كتابة قصة حياتي، بل كان أيضًا لها دور كبير في مساعدتي على استعادة سجلات والدي العسكرية من الحكومة البريطانية. كانت تذكّرني باستمرار بعدم تجاهل فكرة كتابة كتابي، وعندما بدأتُ عملية الكتابة، كانت تستفسر باستمرار عن آخر تطورات العمل.

عند زيارة اليمن وإثيوبيا مع ابنتَيَّ في عام ٢٠١٠، طلبتا مني كتابة مذكراتي. لم أستوعب الفكرة بالكامل حتى أثارت ماري الموضوع مرة أخرى بعد عشر سنوات. لم أعتقد أن اقتراح ابنتَيَّ كان مقنعًا بما فيه الكفاية، حيث كانتا في الثانية عشرة والسادسة من العمر. بالإضافة إلى ذلك، كانت أفكاري مشتتة تمامًا حينها؛ كان من المستحيل التركيز على كتابة كتاب.

ولكن بعد عدة سنوات، بعد التفكير في اقتراحات ابنتَيَّ وماري، فكرت، "نعم، ربما لديَّ قصة لأرويها. وربما يمكن للآخرين الاستفادة من سماع قصتي." بدأت في جمع يومياتي، وذكرياتي، وغيرها من الوثائق التي احتفظت بها على مر السنين.

المذكرات

عندما شرعتُ في كتابة مذكراتي، كان من الضروري أن أضفي معنًى لحياتي؛ استكشف أفكاري؛ أشاهد التقدم الذي أحرزته في كيفية نظرتي إلى الناس والمجتمع والعالم؛ فحص تفاعلاتي مع الناس؛ والأهم من ذلك، التفكير في الوعي الذاتي. التأمل الذاتي هي واحدة من أهم المهارات البشرية التي يجب إتقانها لتصبح شخصًا أكثر تعاطفًا وأفضل بشكل عام. دائمًا ما سمح لي الاحتفاظ بمذكرات يومية بممارسة ذلك التأمل الذاتي -حتى لو كان لمحة بسيطة- للتفكير فيمن كنت في ذلك اليوم بالذات.

كنت بحاجة إلى الإطار الزمني الدقيق لتسلسل الأحداث. لقد كانت لديَّ تفاعلات عديدة وهامة مع الناس طوال حياتي. يساعدني الاحتفاظ بمذكرة في تسجيل تلك التفاعلات. مراجعتها بين الحين والآخر تساعدني على تذكُّر وفهم سبب بقاء هؤلاء الأشخاص مهمين بالنسبة لي طويلًا بعد مرور الأحداث.

التقدم هو عنصر حاسم في نمو وتطور أي شخص. لم أصبح الشخص الذي أنا عليه اليوم بين عشية وضحاها. في سياق أهداف حياتي المهمة وأهدافي الشخصية، تساعدني مذكراتي على رؤية ما هو مهم بالنسبة لي. أسجل أفكاري في يوم معين. معظمها غير ذي صلة، ولكن هناك لحظات ملهمة وتعليمية بالنسبة لي مع تقدمي في العمر والتأمل. معنى الحياة هو مفهوم ذاتي فريد لكل شخص. تسجل مذكرتي أحلامي وتطلعاتي، ومن خلال الهيكل، تسمح لي بتحديد ما هو الأكثر أهمية بالنسبة لي.

كانت مذكراتي مصادر للمعلومات بالنسبة لي لهذا الكتاب والكتابين الأولين. على الرغم من أنني قدمت جزءًا صغيرًا من أحداث حياتي في كتبي، إلا أن

بارقة أمل

٩٠ في المئة من قصتي كانت تستند إلى مذكراتي

بعد أن انتهيت من استخراج المعلومات من مذكراتي -التي تخص السنوات الست عشرة الأولى من حياتي- أخذتها إلى بحيرة أبراهام في ألبرتا وأحرقتها في نار المخيم. بالنظر إلى اللهب، شعرتُ كأني أُحرق كل ما حدث لي. شعرتُ بالتحرر - غير مقيد. كانت تلك هي النهاية بالنسبة لي. كل شيء قد تم حله. كنت أخيرًا أغلق الباب وأغلقه خلفي على تلك الجزء المؤلم من ماضي.

❖❖❖❖

وصلت مذكراتي التي تعود إلى عام ١٩٧٣، بعد انتظار طويل، إلى صندوق بريدي في ربيع عام ٢٠٢٠ من اليمن وإثيوبيا. وصلت الدفعة الأخيرة إليَّ في يونيو ٢٠٢١. فقدت العديد من السجلات المكتوبة مع رحلاتي من إثيوبيا إلى شمال اليمن، ومن شمال اليمن إلى الولايات المتحدة، ومن الولايات المتحدة إلى اليمن، وإلى كندا. على الرغم من انتقالاتي عبر ثلاث قارات، ووفاة العديد من الأفراد المهمين من طفولتي وسنوات بلوغي المبكرة، وظروف أخرى، تمكنت، مع ذلك، من استعادة الكثير من السجلات بفضل أولئك الذين احتفظوا بها من أجلي. احتفظت شقيقتي وعائلتي السابقة في القانون بمذكراتي في اليمن وأرسلوها إليَّ من هناك. ما زلت مندهشًا أيضًا من أن خالتي، التي عشت معها في إثيوبيا عندما كنت بين العاشرة والسادسة عشرة، احتفظت بمذكرات طفولتي كل هذه السنوات. أنا ممتن لأنها فعلت ذلك ولأنه أرسلتها إليَّ عندما بدأت في كتابة مذكراتي.

بينما كنت ممتلئًا بالفرح لرؤية خط يدي في مرحلة الطفولة المبكرة، كان لدي تحدٍ كبير. نظرًا للوقت الذي مر دون قراءتي، كتابتي، وتحدثي باللغة

الأمهرية (حوالي خمسة وأربعين عامًا)، لم أتمكن من إعادة قراءة تأملاتي في الطفولة. كنت سأتعرف على الحروف والكلمات الفردية، ولكن لم أتمكن من فهم ما كُتب بشكل صحيح. عند كتابة مذكراتي، كنت قد غيَّرتُ الأسماء بشكل دائم؛ في بعض الحالات، كتبتُ فقرات تخلط وتطابق الجمل والكلمات باستخدام العربية والأمهرية وبعض الإنجليزية. كان الهدف هو أنه إذا تم العثور على المذكرات، فلن يتمكن الشخص الذي يقرؤها من قراءة اللغات الثلاث. كان احتمال أن يفهمها شخص ما ضئيلًا للغاية في تلك الأيام. كنت أخشى أن يقرأها شخص ما ويعرف ما فكرت وقلت عن الشخصيات. بصفتي بالغًا، كنت الآن ضحية مخططي!

عندما بدأت في مراجعة مذكراتي والتخطيط لمذكراتي، تواصلت مع بيتي، ابنة صديقة طفولتي من إثيوبيا، التي كانت تدرس في جامعة وينيبيغ، مانيتوبا. كان لديَّ أشقاء غير أشقاء وأبناء عم وأصدقاء يمكنهم قراءة المذكرات بالنسبة لي، وسأفهم بسهولة ما هو مكتوب إذا قرأها لي شخص ما. لكن بيتي تيلاهون كانت مناسبة لهذا، حيث ولدت بعد عقود من مغادرتي إثيوبيا. لم يكن لديها أي صلة بالشخصيات المذكورة في مذكراتي، لذلك ستكون أفكاري الخاصة حول الأقارب والأصدقاء محصورة.

نجح الترتيب بشكل جيد. أخذت صورًا للمذكرات وأرسلتها لها عبر البريد الإلكتروني أو الرسائل النصية، وحددنا وقتًا في ساعات المساء حتى تتمكن من قراءتها لي. في الغالب، كانت متفاعلة، حيث كانت القصص التي تقرؤها مثيرة للاهتمام ومضحكة ومحزنة. لم تمانع في بذل الطاقة والوقت، ولم تشعر بالملل. مرت عدة أسابيع وأشهر على هذا الروتين: كانت تقرأ، وأنا أدوّن الملاحظات.

في إحدى الأمسيات، اتصلت، مستعدًا لتدوين الملاحظات.

قالت بيتي: "السيد عادل، لن أتمكن من قراءة قسم المجلة هذا."

"لماذا؟"

"إنه أمر محرج بعض الشيء بالنسبة لي أن أراجع التفاصيل."

"ماذا تقصدين؟"

"حسنًا، لقد كتبتَ عن شيء أشعر بعدم الارتياح لمناقشته."

لم أكن متأكدًا ممَّا يحدث. لم أعتقد أنه يجب أن تكون هناك أي مشاكل، حيث تم كتابة قسم المجلة الذي كانت تقرؤه في عام ١٩٨٢ بينما كنت في شمال اليمن. ما كان ينبغي أن يكون هناك أي شيء يجر أحدًا في إثيوبيا إلى المسؤولية. اعتذرتُ وألححتُ عليها لتشرح لي.

"حسنًا، لقد كتبتَ بضع صفحات، عن اليوم الذي شاهدت فيه مقطع فيديو إباحيًا لأول مرة."

ساد الصمت التام على الهاتف.

جمعتُ نفسي وقلت: "لم أكن أعلم أنني كتبت عن هذا الموضوع! أعتذر. لم أكن لأرسلها إليكِ لو كنت أعلم المحتوى."

قالت: "لا داعي للقلق. يمكنني قراءة مدخلات أخرى أرسلتَها إليَّ في نفس البريد الإلكتروني، لم أكن أعرف ماذا أقول في تلك اللحظة. كانت قد قرأت شيئًا كتبته قبل أربعين عامًا تقريبًا. سألت نفسي، ماذا كتبت؟".

بينما كنتُ أتأملُ، كنت أستمعُ إليها.

ثم سمعتها تقول: "إذا جاز لي أن أسأل؟ هل تمانع إذا طرحتُ عليكَ سؤالًا؟"

عن ماذا؟

"شكرًا لتفهمك موقفي في هذه المسألة، لكن لدي سؤال."

قلت: "تفضلي."

" - بعد ثلاث صفحات من الملخص والتحليل للفيديو الإباحي، قلت، "هذا ليس ما كنت أتوقعه". ما هي توقعاتك، إذا سُمح لي بالسؤال؟

لم يكن لديَّ رد. لم أكن أعرف حتى إنني كتبت تحليلًا من ثلاث صفحات!

كان هذا آخر ما قرأته لي من مذكراتي.

❖❖❖❖

بعد تلك المحادثة مع بيتي، شعرت بالخوف مما قد يكشفه باقي مذكراتي، لذا انتهيت من العمل معها. توجهت بتركيزي إلى ابن خالتي، ساحلي ماندفرو، الذي يعيش في أتلانتا، جورجيا، الولايات المتحدة. هو واحد من أبناء خالتي إيمبيبت، وكان يبلغ من العمر حوالي ثماني سنوات عندما غادرت إثيوبيا. (خالتي إيمبيبت هي المرأة التي أنقذتني من العيش في شوارع نازريت، إثيوبيا، عندما كنت في العاشرة من عمري. كان ساحلي رضيعًا في ذلك الوقت.) كانت علاقتي القريبة في طفولتي مع أخيه الأكبر، لكن ساحلي وأنا طورنا علاقة قائمة على الثقة بمرور الوقت. ما فاجأني بشأن ساحلي هو أنه احتفظ بالرسائل التي أرسلتها للعائلة من شمال اليمن إلى إثيوبيا خلال السنوات القليلة الأولى التي عشت فيها في تعز والحديدة (١٩٨٠-٨٠).

تولّى ساحلي قراءة المذكرات المتبقية ومساعدتي في ترجمتها إلى الإنجليزية. معظم المحتوى في المجلدين الثاني والثالث من مدخلات مجلتي ينبع من مساهماته.

يعد قراءة مذكراتي، أبدى ملاحظة واحدة اعتبرتها ملاحظة جيدة عن وضعي

في صغري: "لو لم تأتِ والدتنا لإنقاذك في سن مبكرة، لكان من المستحيل وضع أي حدود أو سيطرة عليك. لحسن الحظ، كان توقيتها ممتازًا!"

يقال إن الأمر يتطلب قرية لتربية طفل؛ وهذا هو بالضبط ما احتجته لتربيتي، وكان من الضروري أيضًا أن يكون هناك مجموعة من الأشخاص، بما في ذلك ساحلي، لإكمال كتبي.

ربما استمتعَتْ كل من بيتي وساحلي بقراءة مذكراتي أكثر من كتبي!!

تأملات ختامية

تـم إصـدار المجلديـن الأول والثـاني في عـام ٢٠٢٠. في ذلـك الوقـت، كان المجلـد الثالـث في مرحلـة متقدمـة، لكننـي كنـت بحاجـة إلى اسـتراحة. كان العمل بشـكل مكثـف عـلى ثلاثـة كتـب عـن حيـاتي متعبًـا، وبصفـة خاصـة جعـل الكتـاب الأول صدمـات طفولتـي تطفـو عـلى السـطح. أوقفـت المجلـد الثالـث لمـدة تزيـد قليـلًا عـن عـام ومنحـتُ نفسي فرصـة لالتقـاط أنفـاسي. بعـد كل شيء، كان هـذا المشروع ماراثونـًا، وليـس سـباقًا سريعًـا.

خـلال فـترة الاسـتراحة، قمـت بمزيـد مـن التأمـل. نظـرت إلى حيـاتي بالكامـل -الستين عامًـا الأولى منهـا- واعترفـتُ أنـه عـلى الرغـم مـن صراعـاتي وصدمـاتي في أيامـي الأولى، ورغـم تعـرضي للعنصريـة في كل بلـد عشـت فيـه، ورغـم حرمـاني مـن التربيـة عـلى يـد والديـن في منـزل عائـلي تقليـدي، إلا أننـي عشـت حيـاة جيـدة.

لم أتجـه إلى اللـه مطلقًـا وطلبـت منـه مسـاعدتي، لكنـه كان دائمًـا هنـاك، يعتنـي بي.

مـاذا لـو لم تنقـذني خالتـي مـن الشـوارع؟ مـن المحتمـل أننـي كنـت سـأموت في سـن مبكـرة جـدًا أو أُعتقـل لسرقـة الطعـام مـن الأسـواق.

مـاذا لـو لم يحـدث لقـائي بالصدفـة مـع بانـسر؟ مـا كنـت لأتواصـل مـع جانـب والـدي مـن عائلتـي، وربمـا مـا كنـت لأذهـب إلى اليمـن.

مـاذا لـو لم يكـن لـدى الحـراس في السجن في إثيوبيـا رحمـة بفتـى مراهـق؟ كانـوا سـيعذبونني ويقتلوننـي كـما فعلـوا بالكثيريـن الآخريـن الذيـن كنـت محتجـزًا معهـم.

ماذا لو لم يعُد الدبلوماسي العراقي الذي اصطدمت بسيارته ودافع عني؟ كنت سأتعفن في ذلك السجن اليمني لأسابيع أو أشهر أو أكثر.

ماذا لو لم أعمل مع جون ريس في اليمن؟ لما كانت لدي أي اتصالات بكلجاري، ولربما كنت سأهاجر إلى مكان آخر في كندا أو لا أهاجر على الإطلاق.

كل هذه النقاط المتصلة سمحت لي بالاستمرار في المضي قدمًا في دراستي وعملي وهواياتي. لا يمكنني تفسير أي من هذه النقاط الحاسمة إلا بأن الله يبارك طفلًا لا يملك شيئًا ويحتاج إلى المساعدة. لقد أرسل إليّ كل هؤلاء الملائكة، لإنقاذي والاعتناء بي. قصتي هي نتيجة الجهد الجماعي للإنسانية.

كلمة ختامية (كلمة أخيرة)

سيكون أبسط شيء أن نقول: وطني هو المكان الذي ولدت فيه. ولكن عندما عدت، لم تجد شيئًا. ماذا يعني ذلك؟ سيكون أبسط شيء أن نقول: وطني هو المكان الذي سأموت فيه. ولكن يمكنك أن تموت في أي مكان أو على الحدود بين مكانين. ماذا يعني ذلك؟ بعد فترة، سيصبح السؤال أكثر تحديًا. لماذا غادرت؟ لماذا ذهبت؟ منذ عشرين عامًا، تسأل، لماذا غادروا؟ الذهاب ليس نفيًا للوطن، ولكنه يحول المشكلة إلى سؤال. لا تكتب تاريخًا الآن. عندما تفعل ذلك، تترك الماضي وراءك، والمطلوب هو محاسبة الماضي. لا تكتب تاريخًا إلا تاريخ جروحك. لا تكتب تاريخًا إلا تاريخ منفاك. أنت هنا - هنا، حيث وُلدت. وهناك حيث سيقودك الشوق إلى الموت. إذن، ما هو الوطن؟

- محمود درويش، شاعر وكاتب فلسطيني

لم يكن من الضروري بالنسبة لي جمع أدلة علمية للإشارة إلى أن تجربتي في مواجهة العقبات المستدامة في الحياة قد أفادتني بميل أكبر للصمود عند التعامل مع المواقف العصيبة اللاحقة. أنا المنتج! من المؤكد أنه بسبب الأحداث المؤلمة في الحياة، عانيت من الاكتئاب والقلق، لكنني أظهرت مرونة رائعة. على مر السنين، اكتسبت القدرة على تنظيم عواطفي كأداة للحماية والحفاظ على الذات. اليوم، أعترف أن القتال من خلال حياة مليئة بالمصائب قد أحضر لي نتائج أفضل مما كان سيحدث حياة خالية من الصعوبات.

ما الذي يتطلبه النجاح عندما تترك وراءك كل ما تعرفه وتحاول احتضان طريقة جديدة للحياة في قارة جديدة؟ الجميع يحب أن يفهمه ويحترمه ويقدره ويصفه بشكل مناسب. لسوء الحظ، غالبًا ما يتم سوء فهم أو عدم احترام أو سوء تصنيف المقيمين الجدد في كندا والولايات المتحدة بسبب

التصورات والمفترضات غير الدقيقة من قِبَل جميع الأطراف.

ربما يكون من الأفضل إعادة صياغة صدمة الثقافة على أنها صراع ثقافي.

المهاجرون من جميع مناحي الحياة لديهم آلام ومكاسب مشتركة.

إن التباين بين كيفية نظر الغرب إلى المستوطنين وكيفية تصور المهاجرين لأنفسهم في وطنهم الجديد مختلف بشكل صارخ. عندما يتم فهمنا، نحتفل. وعندما نحترم / نقدر، نقيم مهرجانًا. لا يمكننا النوم بسبب فرحتنا عندما نكون محظوظين بما يكفي ليتم وصفنا بشكل صحيح..

أنا ممتن لحياتي في كندا. أستمتع بالحرية التي لم أكن أتمتع بها في اليمن والفرص التي لم أكن سأحصل عليها في إثيوبيا. امتلاك جواز سفر كندي هو امتياز. هذا الوثيقة تجعلني أشعر بالقوة والثروة. حتى لو كانت معدتك فارغة، يفتح ذلك الجواز الأبواب للسفر، والعالم يصبح أكثر ترحيبًا بك. لقد سافرت بعيدًا في الفترة التي قضيتها بين العيش في الشوارع المغبّرة في إثيوبيا كشاب. أنا على وشك التقاعد بعد عقود من العمل كمحترف في بلد احتضنني منذ سنوات عديدة.

هذا ليس كتابًا في علم الاجتماع أو التاريخ. لا أزعم أنني خبير في الدين أو التاريخ أو حتى الثقافة. أشارك قصة حياتي حتى يتمكن الآخرون من التفكير والتعلم عن أنفسهم من خلال تأملاتي وتجربتي؛ أريد أن أثير تساؤلات في أذهان القراء. الدرس الذي آمل أن يتأمل فيه قرائي هو أن شخصين لا يجب أن يتشاركان نفس لون البشرة أو الدين أو النسب... إلخ، ليشعروا وكأنهم إخوة أو أخوات.

لقد ساهمت ذكرياتي، ومذكراتي في طفولتي، والدروس التي تعلمتها من دراستي وجميع الكتب التي قرأتها في تشكيل فهمي وتفسيري لطفولتي.

لقد حاولت أن أعرض وجهة نظري كشخص بالغ لحياة متنوعة ومجزية ومليئة بالتحديات في بعض الأحيان.

لقد وصلت إلى هنا من لا شيء. ومن خلال الأمل والتفاؤل والمثابرة والعزيمة، فإن قدرتي على الصمود هي شهادة على بصيص الأمل الذي بداخلي.

بارقة أمل ─────────────

Bibliography

""""Mississippi Masala (1991) Starring Denzel Washington." YouTube, November 23, 2022. youtube.com/watch?v=jHQrw_s28qA. 1:28:1739-1:28-. Accessed April 12, 2024.

"Wikipedia: Battle of Madgala." Wikimedia Foundation. Last edited March 8, 2024, 12:55. en.wikipedia.org/wiki/Battle_of_Magdala.

"Wikipedia: Black people and Mormonism." Wikimedia Foundation. Last edited March 19, 2024, 5:25. en.wikipedia.org/wiki/Black_people_and_Mormonism.

Allen, James. "As a Man Thinketh: The Secret Edition – Open Your Heart to the Real Power and Magic of Living Faith and Let the Heaven Be in You, Go Deep Inside Yourself and Back, Feel the Crazy and Divine Love and Live for Your Dreams." p.27. 2013. Lulu Press, Inc.

American History: From Revolution to Reconstruction. "John Fitzgerald Kennedy, Ich bin ein Berliner Speech." June 26, 1963. let.rug.nl/usa/presidents/john-fitzgerald-kennedy/ich-bin-ein-berliner-speech-1963.php.

Comic Strips Wiki. "Joe Btfsplk." Accessed February 11,2024.

comicstrips.fandom.com/wiki/Joe_Btfsplk

John F. Kennedy Presidential Library and Museum. Historic

Speeches. "Televised Address to the Nation on Civil Rights." June 11, 1963. jfklibrary.org/learn/about-jfk/historic-speeches/televised-address-to-the-nation-on-civil-rights.

Marathon Tours & Travel. "Abbott World Marathon Majors." Accessed April 4, 2024. marathontours.com/abbott-world-marathon-majors#:~:text=At%20the%20end%20of%20the,Star%20journey%20more%20than%20once.

Marathon Tours & Travel. "BMW Berlin-Marathon." Accessed April 4, 2024. marathontours.com/races/bmw-berlin-marathon-382.

Merriam-Webster.com Dictionary, s.v. "Peter Principle." Accessed March 31, 2024, merriam-webster.com/dictionary/Peter%20Principle.

Thought Catalog. "36 Of The Most Ridiculous 911 Calls In The History Of The Universe." Accessed April 4, 2024. thought.is/36-of-the-most-ridiculous-911-calls-in-the-history-of-the-universe/.

Endnotes

Introduction

James Allen, "As a Man Thinketh: The Secret Edition – Open Your Heart to the Real Power and Magic of Living Faith and Let the Heaven Be in You, Go Deep Inside Yourself and Back, Feel the Crazy and Divine Love and Live for Your Dreams", p.27.

Major Life Events

بارقة أمل

Volumes Two (Yemen) and Three (the US and Canada) are both divided into two parts, as I lived in the US between the two periods I lived in North Yemen, and then I moved to Canada.

III

Throughout this book, I have used the word "nigger" in certain scenes. I recognize this word is offensive; I have chosen to use it to show the true character, mindset, and speaking patterns of the people I encountered. The use of this word does not reflect my values and attitudes nor those of my editors.

John F. Kennedy Presidential Library and Museum, Historic Speeches, "Televised Address to the Nation on Civil Rights."

V

Qat: leaves that Yemenis chew during social gatherings in the afternoons and during ceremonies. Qat is like chewing tobacco and dulls the senses.

VIII

"Peace be upon him" will be abbreviated in subsequent mentions as "pbuh".

Wikipedia; Wikipedia's "Black people and Mormonism": entry, Wikipedia's entry outlining the history of attitudes towards and the role of Black people in the Mormon church.

XI

Cecelia Ahern, Irish novelist.

American History: From Revolution to Reconstruction, "John Fitzgerald Kennedy, Ich bin ein Berliner Speech," June 26, 1963.

XII

Out of respect for her privacy, I have chosen not to include my ex-wife's name in this book.

XV

"Peter Principle: an observation: in a hierarchy employees tend to rise to the level of their incompetence," Source: Merriam-Webster.com Dictionary, s.v. "Peter Principle," accessed March 31, 2024, merriam-webster.com/dictionary/Peter%20Principle.

"Mississippi Masala (1991) Starring Denzel Washington."

XVI

Abebe Bikila was an Ethiopian marathon runner who won back-to-back Olympic marathon races. He was Ethiopia's first Olympic gold medalist, winning the marathon at the 1960 Summer Olympics in Rome while running barefoot. He then won the marathon at the 1964 Tokyo Olympics. He won both races in world record time.

Comic Strips Wiki, "Joe Btfsplk."

XIX

Thought Catalog, "36 Of The Most Ridiculous 911 Calls In The

History Of The Universe."

XXII

Moshi: a town in Tanzania near the Kenya border.

XXIV

Buff: a tube of lightweight, stretchy material that hikers, cyclists, runners, etc., wear around their heads to keep warm.

Corral (or wave): a grouping of runners in a marathon. Not all runners can start the race at the same time, so runners are placed into corrals, or groups, and corral start times are staggered with the fastest runners being in the first corral to start and the slowest in the last.

Marathon Tours & Travel, "Abbott World Marathon Majors."

"The Battle of Magdala was the conclusion of the British Expedition to Abyssinia fought in April 1868 between British and Abyssinian forces at Magdala, 390 miles (630 km) from the Red Sea coast. The British were led by Robert Napier, while the Abyssinians were led by Emperor Tewodros II." Source: Wikipedia; Wikipedia's "Battle of Magdala" entry; Wikipedia's description of the Battle of Magdala.

Marathon Tours & Travel, "BMW Berlin-Marathon."

www.ingramcontent.com/pod-product-compliance
Lightning Source LLC
Chambersburg PA
CBHW021359010225
21202CB00006B/60
9781778023309